公共政策负排斥及其治理研究

Improper Exclusion of Public
Policy and Its Governance

钟裕民　著

图书在版编目(CIP)数据

公共政策负排斥及其治理研究/钟裕民著.—北京:北京大学出版社,2019.10
国家社科基金后期资助项目
ISBN 978-7-301-30810-3

Ⅰ.①公… Ⅱ.①钟… Ⅲ.①公共政策—研究 Ⅳ.①D035-01

中国版本图书馆 CIP 数据核字(2019)第 209068 号

书　　　名	公共政策负排斥及其治理研究 GONGGONG ZHENGCE FU PAICHI JI QI ZHILI YANJIU
著作责任者	钟裕民　著
责 任 编 辑	梁　路
标 准 书 号	ISBN 978-7-301-30810-3
出 版 发 行	北京大学出版社
地　　　址	北京市海淀区成府路 205 号　100871
网　　　址	http://www.pup.cn
新 浪 微 博	@北京大学出版社　　@未名社科-北大图书
微信公众号	ss_book
电 子 信 箱	ss@pup.pku.edu.cn
电　　　话	邮购部 010-62752015　发行部 010-62750672 编辑部 010-62765016
印 刷 者	北京虎彩文化传播有限公司
经 销 者	新华书店
	650 毫米×980 毫米　16 开本　14.25 印张　224 千字 2019 年 10 月第 1 版　2019 年 10 月第 1 次印刷
定　　　价	48.00 元

未经许可,不得以任何方式复制或抄袭本书之部分或全部内容。
版权所有,侵权必究
举报电话: 010-62752024　电子信箱: fd@pup.pku.edu.cn
图书如有印装质量问题,请与出版部联系,电话: 010-62756370

国家社科基金后期资助项目
出版说明

后期资助项目是国家社科基金设立的一类重要项目,旨在鼓励广大社科研究者潜心治学,支持基础研究多出优秀成果。它是经过严格评审,从接近完成的科研成果中遴选立项的。为扩大后期资助项目的影响,更好地推动学术发展,促进成果转化,全国哲学社会科学工作办公室按照"统一设计、统一标识、统一版式、形成系列"的总体要求,组织出版国家社科基金后期资助项目成果。

全国哲学社会科学工作办公室

目　录

导　论 ·· 1

第一章　概念性框架：公共政策负排斥的基本考察 ·························· 16

　　第一节　公共政策负排斥相关概念界定 ··· 16
　　第二节　公共政策负排斥的特征与类型 ··· 34
　　第三节　公共政策负排斥的本质 ·· 41
　　第四节　公共政策负排斥的多维审视 ··· 51

第二章　当代中国公共政策负排斥基本类型之流变 ·························· 60

　　第一节　政治主导型政策负排斥 ·· 60
　　第二节　资本主导型政策负排斥 ·· 69
　　第三节　身份主导型政策负排斥 ·· 77

第三章　当下中国公共政策负排斥的实证考察 ································· 85

　　第一节　社会保障领域：以养老保险政策为例 ································· 85
　　第二节　医疗领域：以医疗保险政策为例 ·· 94
　　第三节　教育领域：以高考政策为例 ··· 102
　　第四节　住房领域：以保障房政策为例 ··· 113

第四章　公共政策负排斥的形成过程：基于政策过程的理论阐释 ······ 123

　　第一节　公共政策负排斥的启动：政策问题的界定 ······················· 126
　　第二节　公共政策负排斥的发展：政策议程的设立 ······················· 131
　　第三节　公共政策负排斥的演进：政策方案的制定 ······················· 137

第四节　公共政策负排斥的确定：政策的合法化 …………… 141
　　第五节　公共政策负排斥的实现：政策的执行 ……………… 144
　　第六节　公共政策负排斥过程典型案例剖析：户籍政策 …… 148

第五章　当下中国公共政策负排斥成因的多维理论检视 ……… 161
　　第一节　决策理论视阈的政策负排斥成因分析 ……………… 161
　　第二节　博弈理论视阈的政策负排斥成因考察 ……………… 166
　　第三节　"他者"理论视阈的政策负排斥成因探究 …………… 172
　　第四节　新制度主义视阈的政策负排斥成因论析 …………… 176

第六章　合作治理：当下中国公共政策负排斥治理方略综论 … 183
　　第一节　树立合作思维：公共政策负排斥治理的
　　　　　　价值导引路径 ………………………………………… 185
　　第二节　建构合作平台：公共政策负排斥治理的
　　　　　　博弈改善路径 ………………………………………… 188
　　第三节　优化合作过程：公共政策负排斥治理的
　　　　　　过程优化路径 ………………………………………… 192
　　第四节　积聚合作能量：公共政策负排斥治理的
　　　　　　国家义务强化路径 …………………………………… 194
　　第五节　落实合作责任：公共政策负排斥治理的
　　　　　　结果矫正路径 ………………………………………… 198

第七章　分类治理：当下中国公共政策负排斥治理方略分论 … 201
　　第一节　政治主导型政策负排斥的治理 ……………………… 201
　　第二节　资本主导型政策负排斥的治理 ……………………… 204
　　第三节　身份主导型政策负排斥的治理 ……………………… 207

余论：认识当下中国公共政策负排斥及其治理问题的方法论 …… 211

参考文献 …………………………………………………………… 219

导 论

理国要道,在于公平正直。

——吴兢

在资源稀缺的社会中,每一个个体对资源的占有就意味着别人所用资源的减少,因此,个人与个人之间,个人与群体之间,个人、群体与政府之间在某种利益上难免会产生矛盾或冲突。为解决这种矛盾和冲突,决策者就需要运用政策手段对不同社会成员或社会群体的利益和利益要求进行区分和选择,以实现对不同群体间的矛盾或冲突的协调,为实现决策者的最终价值目标服务。正如有学者所言:"政策是区分不同群体的利益和利益要求的措施和手段,这种区分在任何有差别的社会都是不可避免的和必要的。"①因此,就本质而言,制定与执行一项公共政策,或是把某些社会成员、群体或区域排斥在政策受益范围之外,或是否定、遏止、排斥某些社会成员的不当价值或不当行为,以实现、增进社会公正和资源的优化配置,以推动经济社会发展与公共生活的良性运行。可见,排斥性是公共政策的基本属性。

公共政策的排斥性可区分为正向排斥与负向排斥,如果其排斥有利于促进、实现和维护社会公正,即为公共政策正排斥;反之,则为公共政策负排斥。在以正向排斥政策与负向排斥政策为两端的排斥性政策延长线上,存在不同排斥向度与强度共存的混合排斥型政策区间。人类文明的发展史证明,公共政策正排斥是推动一个国家或地区的社会进步、长远发展的根本路径和强大动力。然而,公共政策负排斥背离公共政策的公共性、公正性与合法性铁律,会引发社会不满情绪,扩大社会疏离隔阂,破坏资源配置效率。然而,当前学术界对该议题却鲜有研究,难以对现实中的公共政

---

① 黄健荣:《政策、决策及其研究》,《理论探讨》2001年第1期,第68页。

策负排斥问题做出理论解释。因此,开展公共政策负排斥的理论建构和实证研究,理应成为学术界和实践界的重要议题。

一

公共政策负排斥,是指政策主导者通过显性或隐性的政策安排,自觉或不自觉地将本应同等受惠于某项或某些政策的个人、群体、阶层、地区排除在政策受益范围之外,使其未能公正享受某种权利和社会机会,或使其某种价值或行为遭受不公正排斥的过程、状态和结果。为进一步理解这一概念,我们有必要将顺政策负排斥与政策排斥、社会排斥、政策性排斥、制度排斥之间的关系。首先,政策排斥是指政策主导者运用政策手段将部分社会成员或社会群体排除在政策受益范围之外,实现对社会价值进行分配的过程或结果。它包含政策正排斥与政策负排斥。可见,政策排斥与政策负排斥是母概念与子概念的关系。其次,社会排斥是社会学研究者用于解释处于社会不利处境的人们的生活状态及其原因的分析工具。在社会排斥视阈中,自身能力、社会、市场、政策等都是导致某些人群被置于社会排斥地位的重要因素。可见,政策负排斥(政策导致的社会排斥)是社会排斥的一个重要表现,也是考察社会排斥的一个重要维度。但是,两者具有显著的区别:社会排斥属于社会学的分析视角,侧重于排斥结果;政策负排斥属于政策学的分析视角,侧重于排斥过程,即政策是如何把被排斥者排斥出去的。再次,政策性排斥、制度排斥都是社会学研究者从社会学视角来解释排斥性政策或制度导致社会排斥过程和结果的分析概念,属于社会排斥分析框架的范畴;政策负排斥虽然也可用来解释政策性社会排斥(政策导致的社会排斥)形成的原因,但是,它主要是从政策学视角来研究如何运用政策手段将部分社会成员或社会群体排除在政策受益范围之外而使他们遭受不公正待遇的过程,属于政策排斥分析框架的范畴。

纵观人类文明发展史,政策负排斥现象大量存在。在不同历史时期和不同国度,公共政策负排斥的内容和类型有所不同。

在前工业时代,以人身依附关系为特征的身份等级型政策负排斥尤为突出。例如,在古希腊,梭伦按照财产和收入的多少把自由民分成四个等级,"500、300 及 150 袋谷物(1 袋约等于 41 公升),为前三个阶级的最低限度的收入额;只有较少地产或完全没有地产的人,则属于第四阶级。一切公职只有三个上等阶级的人才能担任;最高的公职只有第一阶级的人才能担任;第四阶级只有在人民大会上发言和投票的权利"①。在古罗马,塞尔维乌斯·图利乌斯也仿效希腊确立了自己国家的权利与财产关系模式,即按财产的多少将罗马全体自由居民(贵族和平民)划分为六个等级并确定其不同的权利与义务。②

到了工业时代和后工业时代,虽然以人身依附关系为特征的身份等级型政策负排斥基本上已然消弭,但政策负排斥仍然存在于公共生活的许多领域。例如,在英国,虽然1711年的法律规定公民享有生命权、财产权等基本权利,但当选议员仍然是有钱人的特权。每年拥有300镑以上不动产收入的社会成员才有资格当选市镇议员,每年拥有600镑以上土地收入的社会成员才有资格当选郡议员;而且,实行选举人等级投票制度,即按照纳税多少,把选举人分为三级,从每一级选举人各选出相同数目的议员。③ 在法国,1814年的宪法规定,缴税超过300法郎的人才有选举权,缴税超过1000法郎以上的人才有被选举权;1875年的宪法规定,军人、妇女都不享受选举权。婚姻家庭领域的男女不平等也普遍存在。④ 1804年的法国民法典规定,未经丈夫同意,妻子没有处分家庭乃至自己财产的权利,即使遇到不平等待遇,妻子也不能提起民事诉讼。⑤ 在日本,1889年选举法规定,选举权属于缴纳一年以上直接国税15日元或三年以上所得税的男性公民;1900年修改的选举法取消了被选举人必须纳税的资格,但仍规定了选举人的纳税额;1925年取消了财产资格的限制,但妇女依然没有选举权。⑥

在中国封建社会时期,以人身依附关系为特征的身份等级型政策负排斥也极为突出。中国封建社会妇女的地位极其低下就深刻地反映了身份等级型政策负排斥的严重程度。例如,政治上,妇女没有议政的权利,而是隶属于男人的统治;经济上,妇女没有独立的财产所有权,不能继承家庭财产;生活上,必须遵循"三从四德"的礼教,不能"抛头露面"。

到了近代,在民主人士和部分民众的奋力抗争下,虽然那种赤裸裸的身份等级型政策负排斥有所减弱,但政策负排斥仍然存在于公共生活的各个领域。以选举政策为例,1912年中华民国南京临时政府颁布的选举法规

---

① 《马克思恩格斯选集》第4卷,北京:人民出版社2012年版,第130页。
② 同上书,第144页。
③ 应克复等:《西方民主史》,北京:中国社会科学出版社1997年版,第335页。
④ 郭华榕:《法国政治制度史》,北京:人民出版社2005年版,第246、427页。
⑤ 何勤华主编:《外国法律史研究》,北京:中国政法大学出版社2004年版,第38页。
⑥ 郭义贵、方立新主编:《外国法制史》,北京:清华大学出版社2010年版,第362、364页。

定"有值500元以上不动产或者年纳直接税2元以上者"①才具有选举权；1917年中华民国北京政府颁布的选举法修正案更是把这一要求提高到"年纳直接税4元以上或有1000元以上不动产者"②，从而把大部分民众排斥在选举活动之外；"在1928年到1947年的国民党训政时期，国民党更是干脆停止普通公民的选举权与被选举权"③。

  1949年成立的中华人民共和国，在追求社会公正的道路上取得了举世瞩目的巨大成就。例如，妇女可以广泛地参政议政；人们可以较充分地享有生命权、自由权、财产权、受教育权、政治参与权、社会救助权等基本权利和基本权益。但是，现在政策负排斥现象依然没有彻底清除。有些政策自制定之初就具有负向排斥性。例如，高考政策造成地域歧视，户籍政策制造农村与城市居民的权利差序，干部人事政策固化干部与工人的身份区分，社会保险政策直接导致非正式雇工和缴费不足群体被排斥出社会保险范围之外，等等。有些政策表面上似乎没有负向排斥性，但实际上却隐含着负向排斥性，而且这种负向排斥性将随着政策运行不断强化。例如，由于政策缺乏对女性的特殊保护，年轻妇女多为生育与养育子女所累，实际上未能在就业、选举等方面享有与男性平等的机会。

  历史经验告诉我们，政策负排斥是一个国家或地区实现社会公正和现代政治文明道路上的障碍。在社会公共生活中，特别是在公共政策制定与执行中祛除政策负排斥观念，铲除其得以生长繁衍的土壤，为政府和社会推动公共政策正排斥创造条件，力促政策负排斥向政策正排斥转化，对于促进社会公平正义极为重要。

二

  公共政策负排斥是一个新的学术议题，国内外学界尚无文献系统论及。国内外学界对排斥性的研究集中于社会排斥性。1974年，法国学者勒内·勒努瓦首次明确提出社会排斥的概念。20世纪90年代以来，社会排斥逐渐成为社会学者用于解释某些群体在决策领域、劳动力市场、消费市场、社会生活包括诸如失业、技能缺乏、收入低下、住房困难、丧失健康以及

---

① 郝铁川：《权利实现的差序格局》，《中国社会科学》2002年第5期，第119页。
② 同上。
③ 同上。

家庭破裂等方面处于不利境地的有效概念。根据社会排斥产生的根源,学者们将其分为三类:个人责任引发型、社会结构诱致型与社会政策影响型。最后一类指的是政策对社会排斥的影响。为深入开展这一类社会排斥的研究,学者们创立了"制度排斥""政策性排斥""政策性社会排斥"等一系列学术概念。可见,虽然国内外学界没有提出政策负排斥这一概念,但是"制度排斥""政策性排斥""政策性社会排斥"等与政策负排斥相关的议题却是近30年来学界热情探讨的议题。

(一)国外学者关于政策负排斥相关议题的研究

国外学者系统揭示了政策或制度对社会排斥的影响,并对政策或制度所导致的社会排斥的本质、类型、形成机理及治理对策展开了研究。

1. 关于制度(或政策)与社会排斥关系的研究

国外学界普遍认为制度排斥或政策性排斥是社会排斥的一个重要面向。罗杰斯认为,介于经济和社会发展之间的制度性安排,决定着接纳和排斥这两个完全不同模式的形成。[①] 利特尔伍德和赫科默亦指出,社会排斥的制度面向要集中讨论私人和公共机构退出福利方案、进入福利机构的机会、进入学校教育的机会等。[②] 也有学者认为,即使有好的制度,如果制度执行出了偏差也会导致社会排斥的产生。正如戈尔所说:"全部制度范畴内的各种规则和其实践运作之间存在的巨大鸿沟"[③]将会导致社会排斥。卡伯也敏锐地察觉到了失控的制度运行可能带来社会排斥:"运作常常破坏规则,而按运作自身的规则来运行。"[④]苏比拉茨论述得更为具体:"一些制度设计不具融合性是产生社会排斥的重要原因,有时,

---

[①] G. Rodgers, "What Is Special about a 'Social Exclusion' Approach?" in G. Rodgers, C. Gore and J. Figueired, eds., *Social Exclusion: Rhetoric, Reality, Responses* (Geneva: International Institute for Labour Studies, 1995), pp. 39-55.

[②] P. Littlewood and S. Herkommer, "Identifying Social Exclusion: Some Problems of Meaning," in P. Littlewood, et al., eds., *Social Exclusion in Europe: Problems and Paradigms* (London: Ashgate Publishing Limited, 1999), pp. 1-22.

[③] C. Gore, "Introduction: Markets, Citizenship and Social Exclusion," in G. Rodgers, C. Gore and J. Figueired, eds., *Social Exclusion: Rhetoric, Reality, Responses* (Geneva: International Institute for Labour Studies, 1995), pp. 1-39.

[④] N. Kabeer, "The Concept of Social Exclusion: What Is Its Value-added for Thinking about Social Policy?" paper prepared for the international conference "Revisioning Social Policy for the 21st Century: What Are the Key Challenges?", Institute of Development Studies, University of Sussex, October 28-29, 1999.

一些主要福利国家的政策也没有切实执行,从而造成公民权没有真正实现。"①

2. 关于政策性社会排斥类型的研究

随着社会排斥研究领域的拓展,关于政策性社会排斥的类型研究引起森、卡伯等学者的兴趣和重视。森认为,政策性社会排斥兼具建构性和工具性两种特征。当某一政策对被排斥对象形成了直接的权利或能力剥夺,这种排斥就会对受排斥人产生很大的直接影响,这种排斥就是建构性排斥。例如,政策使一个人无法与别人交往。而有些政策不会直接给受排斥人造成损失,但会间接导致其他一些严重的后果。例如,某些人没有抵押物而无法利用信贷市场,这种排斥就是工具性排斥。② 另外,根据排斥的动机不同,森还把政策导致的社会排斥分为积极排斥与消极排斥,他把政策故意排斥某些人的某些机会而形成的排斥称为积极排斥,而把政策非主观意愿造成的排斥称为消极排斥。③ 目前西方学界最具代表性的类型划分是从排斥内容角度进行的分类,如卡伯等人根据排斥的维度这个角度把政策导致的社会排斥分为政治性排斥、经济性排斥、文化性排斥、社会性排斥四种。其中,政治性排斥是指政策导致人们参与政治时权利的不足或被剥夺而形成的社会排斥,经济性排斥是指政策导致人们在获取劳动生活资料的过程中所遭遇的不公正对待而形成的社会排斥,文化性排斥是指政策导致的文化偏见造成的社会排斥,社会性排斥是指政策导致某些个人或群体社会权利的缺失或者社会关系纽带的断裂而无法参与正常的生活所形成的社会排斥。④

3. 关于政策性排斥或制度排斥形成机理的研究

有学者认为,制度的社会封闭机制是制度性社会排斥的基本机理。在韦伯看来,社会封闭机制将外部人排斥出有价值的资源之外而形成社会排斥,"强势的阶级和群体有非常明确的社会身份认同和体制,他们通过使用社会封闭手段限制了外部人获取有价值资源的渠道(比如工作、福利救济、

---

① J. Subirats, "Some Reflections on Social Exclusion and Public Policy Response: A Perspective from Spain," document prepared for the seminar on "Good Social Inclusion Practices: Dialogue between Europe and Latin America and the Caribbean", Milan, Italy, March 21-22, 2003.

② 〔印〕阿马蒂亚·森:《论社会排斥》(王燕燕摘译),《经济社会体制比较》2005年第3期,第4—5页。

③ 同上文,第5页。

④ N. Kabeer, "Social Exclusion, Poverty and Discrimination Towards an Analytical Framework," *IDS Bulletin*, Vol. 31, No. 4, 2000, pp. 83-97.

教育、城市居住地和有价值的消费模式)"①。利特尔伍德和赫科默进一步认为,这种垄断赋予他们共同的利益并且他们也力求通过社会封闭保持这些利益,而其他人则被挡在外面。②波普诺则认为:"当主导群体握有并垄断社会权力时就发生社会排斥。这种排斥反映了一个社会有意达成的政策。"③卡伯则直截了当地指出,当制度机制系统化地拒绝对某些群体提供资源和认可,使之不能完全参与社会生活时,就会出现社会排斥。④另外,多数学者赞成,制度主要是通过制造公民权利的不平等来实现社会排斥的。如洪朝辉认为,穷人不一定是由于个人能力不足而受到社会排斥,更多的情况是由于权利不足和机会缺乏而遭到政策性社会排斥。⑤肖特更为具体地指出,国家对公民决策参与权的剥夺会导致政策负排斥,"他们往往由于民族、等级地位、地理位置、性别以及无能力等原因而遭到排斥。特别严重的是在影响到他们命运的决策之处,根本听不到他们的声音"⑥。萨拉切诺等进一步指出,如果我们在研究社会排斥中,没有意识到公民权利的意义,那么,讨论社会排斥的价值就要大打折扣。⑦对政策的排斥机理论述最为深刻的当属美国著名政治学家、政治行为主义倡导人伊斯顿。他指出:"一项政策的实质在于通过那项政策不让一部分人享有某些东西而允许另一部分人占有它们。"⑧

4. 关于政策性社会排斥治理对策的研究

虽然研究者们没有把反政策负排斥或反制度排斥单独拿出来讨论,但我们仍然可以从西方学者对反社会排斥的研究中看到这一努力,即通过研

---

① M. Weber, *Basic Concepts in Sociology*, trans. H. P. Secher (New York: Philosophical Library, Inc., 1962), pp. 97-102.

② P. Littlewood and S. Herkommer, "Identifying Social Exclusion: Some Problems of Meaning," in P. Littlewood, et al., eds., *Social Exclusion in Europe: Problems and Paradigms* (London: Ashgate Publishing Limited, 1999), pp. 1-21.

③ 〔美〕戴维·波普诺:《社会学》(李强等译),北京:中国人民大学出版社1999年版,第310页。

④ N. Kabeer, "Social Exclusion, Poverty and Discrimination Towards an Analytical Framework," *IDS Bulletin*, Vol. 31, No. 4, 2000, pp. 83-97.

⑤ 〔美〕洪朝辉:《论中国城市社会权利的贫困》,《江苏社会科学》2003年第2期,第118—120页。

⑥ 〔英〕克莱尔·肖特:《消除贫困与社会整合:英国的立场》,《国际社会科学杂志(中文版)》2000年第4期,第52页。

⑦ C. Saraceno, "The Importance of the Concept of Social Exclusion," in W. Beck, et al., ed., *The Social Quality of Europe* (Bristol: The Policy Press, 1997), p. 146.

⑧ 〔美〕戴维·伊斯顿:《政治体系:政治学状况研究》(马清槐译),北京:商务印书馆1993年版,第123页。

究反社会排斥的政策措施,来达到反政策负排斥之目的。英国国际发展部大臣克莱尔·肖特认为:"反对社会排斥的思想,无论在政策分析或是在施政人员的辩论中如今都已成为重点。"①如何反社会排斥,有的西方学者认为应从保障公民权利入手。肖特指出:"权利是包容性社会得以运转的根本,"②因为"权利使得最为边缘化、最没有势力的人或群体也能借助国家的或国际的法律框架向政府提出权利要求"③。而且他还进一步指出:"在催生具有包容性和凝聚力的社会方面,靠的是实施促进平等、公民参与和社会正义的政策,而制定这样的政策必须争取社会公众尽可能广泛地参与。"④森则认为,困难群体拥有平等的决策参与权对于治理政策性社会排斥具有重要价值,"在家庭里,实现男女平等以及使妇女参与家庭的决策等,都会对妇女及社会产生(除了能降低生育率之外)直接的影响"⑤。

(二) 中国学者关于政策负排斥相关议题的研究

中国学者也没有系统提出政策负排斥的概念,他们只是谨慎地使用政策性排斥、制度排斥等概念,试图对政策导致的社会排斥进行深入研究。主要研究角度有以下几种。

1. 关于政策性排斥或制度排斥概念的研究

与国外研究相似,中国学者大多也把政策性排斥或制度排斥作为研究社会排斥的一个子概念,形成了以下几种代表性观点。

(1) 政策缺失论。这种观点认为政策性排斥实质上就是政策失灵而导致的社会排斥。唐钧认为,所谓"社会排斥",最早是指大民族完全或者部分排斥少数民族的种族歧视和偏见,而这种歧视和偏见往往是建立在一个社会有意达成的政策基础上的。⑥还有学者更直截了当地指出,政策性排斥主要是由政府在制定政策过程中产生的,有一些是不正当的政策导向或无意识的政策失误造成的。⑦

---

① 〔英〕克莱尔·肖特:《消除贫困与社会整合:英国的立场》,《国际社会科学杂志(中文版)》2000年第4期,第53页。

② 同上文,第54页。

③ 同上。

④ 同上。

⑤ 〔印〕阿马蒂亚·森:《论社会排斥》(王燕燕摘译),《经济社会体制比较》2005年第3期,第7页。

⑥ 唐钧:《社会政策的基本目标:从克服贫困到消除社会排斥》,《江苏社会科学》2002年第3期,第45页。

⑦ 景晓芬:《"社会排斥"理论研究综述》,《甘肃理论学刊》2004年第2期,第20—24页。

（2）权利排斥说。周湘斌借鉴阿马蒂亚·森的社会权利假设给政策导致的社会排斥做了界定："政策性排斥，就是指在排斥性政策的作用下，一部分社会成员被推至社会边缘的机制和过程。"①潘泽泉也持这种观点，他认为，制度排斥意指某些公民被排斥出公民权利的范围，社会排斥的制度面向关注的是某些群体能否平等享受社会保护、基本服务、参与政治等权利。②

（3）制度封闭说。周玉认为，"制度排斥"就是指借助国家体制权力，由政府或某些社会组织针对一部分社会成员的合法的制度封闭与隔离。③吴军、刘小珍指出，制度排斥就是"在社会转型过程中，由于社会政策不完善，造成部分社会成员被排斥到福利制度之外的系统性动态过程"④。

2. 关于政策性排斥或制度排斥本质的研究

关于政策性排斥的本质，葛忠明的研究是富有见地的。他指出："系统地、连续地运作'游戏规则'以有利于某些个人或群体，而以牺牲其他人的利益为代价。这种状况经常是不公开的，甚至是无意识的。"⑤这种观点揭示了政策排斥作为一种利益分配工具的本质特征。也有学者认为，制度排斥的实质就是制度性贫困。正如张小军、裴晓梅所说，制度是一种集体现象，当制度变成少数人的思想或牟利工具，不能为集体所共享时，制度本来的公共意义和存在基础就会消失，形成不平等的"虚制度"，这种"虚制度"不但无法完成公共制度本来的集体性功能，反而会遗忘和排斥困难群体，导致社会的集体不和谐。⑥学界最普遍的认识是从制度伦理角度来揭示制度排斥的本质：制度或政策性排斥是社会不公正的一种表征。比如，周怡指出，社会政策导致的不平等是制造贫困的元凶。⑦周林刚也指出，从制度设计和制度建构的视角出发，社会政策所致的排斥是造成一些社会群体长

---

① 周湘斌：《我国社会转型时期农民群体的社会权利与政策性排斥》，《北京科技大学学报（社会科学版）》2004年第3期，第15页。

② 潘泽泉：《农民工与制度排斥：一个制度分析的范式》，《长春市委党校学报》2009年第5期，第14页。

③ 周玉：《制度排斥与再生产——当前农村社会流动的限制机制分析》，《东南学术》2006年第5期，第23页。

④ 吴军、刘小珍：《现代化进程中的制度性排斥：廉租房评估制度的反思与重建》，《上海市社会科学界第七届学术年会文集（2009年度）青年学者文集》，2009年，第124页。

⑤ 古学斌：《实践为本的中国本土社会工作研究》，北京：社会科学文献出版社2007年版，第160—161页。

⑥ 张小军、裴晓梅：《城市贫困的制度思维》，《江苏社会科学》2005年第6期，第24—29页。

⑦ 周怡：《贫困研究：结构解释与文化解释的对垒》，《社会学研究》2002年第3期，第50页。

期遭受不公正、不平等对待的根源。① 还有学者将制度排斥的本质直接界定为贫弱群体被排斥在制度之外,即贫弱群体无法享有社会权利,被排斥出某些国家福利制度而无法获得公正的国民待遇。②

3. 关于政策性排斥或制度排斥形成机理的研究

随着社会排斥研究在中国的深入,关于政策性排斥或制度排斥形成机理的研究逐渐成为政策性社会排斥研究的新视角。李保平从政策封闭、政策变通、政策失范三个方面解释了政策性社会排斥形成的基本机理。③ 周玉深入地考察了制度排斥的形成过程,她认为,由户籍、劳动力市场的部门分割和社会保障制度等构成的对农民的制度排斥,主要是通过减少社会流动选择余地、增加职业边缘化可能和提高流动成本等途径来实现的;同时通过家庭和教育等中介物完成制度排斥的代际再生产。④ 任喜荣则从权利贫困角度出发提出,对农民财产权、劳动权、获得物质帮助权、教育权等权利的保障不力,导致了城市化进程中针对农民的歧视性制度安排。⑤ 还有一些学者从微观角度对政策性排斥或制度排斥形成机理进行了深入的实证研究。李斌的研究表明,住房本身并不制造社会排斥,但是与住房有关的制度却制造社会排斥,住房政策制定和执行的异化也会导致住房政策的社会排斥。⑥ 徐斐则通过对高等教育收费政策的实证研究,揭示了依据财力来分配社会权利是高等教育收费政策产生不公正的深刻根源。⑦

从以上文献回顾可以看出,学者们把政策性排斥或制度排斥作为社会排斥的核心面向进行了卓有成效的研究,积累了一定的研究成果,为进一步开展政策负排斥的研究提供了一定的研究基础,这主要表现在以下几个方面。第一,制度排斥或政策性排斥的提出,为我们考察困难群体现状及政策干预建立了一个分析视角。一些研究不仅注意到社会困难群体在经

---

① 周林刚:《论社会排斥》,《社会》2004年第3期,第58—60页。
② 文小勇、石颖:《"三农"问题:社会公正与社会排斥》,《华南农业大学学报(社会科学版)》2005年第2期,第35页。
③ 李保平:《社会排斥的公共政策机制探源》,《社会科学辑刊》2008年第4期,第40—43页。
④ 周玉:《制度排斥与再生产——当前农村社会流动的限制机制分析》,《东南学术》2006年第5期,第17—26页。
⑤ 任喜荣:《制度性歧视与平等权利保障机构的功能——以农民权利保障为视角》,《中国宪法年刊》2007年第2期,第3—9页。
⑥ 李斌:《社会排斥理论与中国城市住房改革制度》,《社会科学研究》2002年第3期,第106—110页。
⑦ 徐斐:《高校高收费:福耶,祸耶——高等教育收费政策的实证分析》,《社会》2001年第7期,第30—32页。

济和物质层面的匮乏,而且注意到了特定社会阶层所遭受不公正待遇的制度或政策性根源。这些研究有助于进一步深化对社会排斥的认识,无疑为当今中国社会转型过程中的社会公正研究提供了有价值的理论参照。第二,广泛的研究议题为进一步开展政策负排斥的理论研究提供了一定的经验基础。现有研究通过大量的规范分析和实证研究,广泛讨论了政策性排斥与制度排斥的含义、本质及其影响,为进一步深入研究政策负排斥的成因、本质、影响及其治理提供了理论基础和经验材料。第三,现有的研究有力推动了理论与实践、学界与官方的互动和融合。学术研究的根本使命在于有效地回应现实问题,推动现实问题的解决。在学界的推动下,西方国家越来越重视社会排斥问题的解决(它们把政策性排斥或制度排斥看作是社会排斥的一个重要方面),比如英国在1997年就专门设立了社会排斥办公室以开展反社会排斥行动;法国也在1999年成立了贫穷和社会排斥监测部以研究、调查和评估相关反社会排斥措施。在中国,学界对社会排斥的研究始于1994年(学者们也把政策性排斥或制度排斥作为社会排斥的一个方面来进行研究)。1994年江小平翻译了法国学者尼古拉·埃尔潘的《美国社会学家论城市下等社会阶层:受排斥与贫穷》一文是研究开始的标志。2001年姚洋的《社会排斥和经济歧视——东部农村地区移民的现状调查》一文深入研究了中国的社会排斥问题。2003年后,社会排斥逐渐成为中国学者研究中国社会问题的一个重要视角,与中国政府推动社会公平的进路遥相呼应、相得益彰。

制度或政策性排斥的研究是一个多学科交叉的研究领域,加之研究的时间不长,理论研究有待深入,以下几方面还亟须进一步拓展和完善。

1. 研究视角尚需进一步拓展

从现有研究成果来看,国内外学者都从社会学的视角来探讨制度或政策性排斥问题,即把制度或政策性排斥当作社会排斥的一个面向来进行研究,因此,他们大多只是谨慎地使用"制度排斥""政策性排斥"的概念,把制度或政策排斥看成是具有负面意义的贬义词,而没有建构政策性排斥的概念,更没有明确区分政策正向排斥与政策负向排斥。实际上,从排斥的本义来看,排斥是一种价值分配方式,排斥的对象可能是"应该受排斥的对象",也可能是"不应该受排斥的对象"。因此,赋予制度或政策排斥的中性含义可能更符合制度或政策排斥的本义。据此,对于政策排斥的研究尚需加入政治学、公共管理学的视角,更需要政治学者、公共管理者的卓越努力,实现社会学、政治学、公共管理学等多学科的融合,为优化公共政策正排斥与治理公共政策负排斥提供理论基础和研究视角。

2. 研究的系统化尚需加强

当前国内外学者虽然开展了公共政策社会排斥功能的研究,但还缺少从政策学视角对政策负排斥问题开展一般性、综合性的研究。比如学术界虽有公共政策的社会排斥功能、制度排斥的提法,但对于怎样区分公共政策的分配功能与排斥功能,政策排斥的概念界定、特征以及结构的论述,政策负排斥与政策排斥、政策性社会排斥的关系,政策负排斥的概念与特征,政策负排斥与政策合法性、政策合理性、政策公共性的关系等问题都尚未有系统、深入的研究,而且现有成果主要是从社会排斥角度对概念的一般性描述,并没有揭示政策负排斥的本质,这既向政策负排斥研究的系统化提出了任务和要求,也为进一步开展政策负排斥的系统化研究留下了研究空间。

3. 政策负排斥的形成过程及其形成机理尚需进一步研究

政策负排斥是政策排斥的一个方面,从结果上说,主要体现为政策导致的社会排斥。当前的研究对政策导致社会排斥的具体机制进行了初步的讨论。曾群等指出,社会排斥研究强调的是"谁"(推动者和施动者)通过怎样的制度机制将他人排斥出一定的社会领域的过程,重在揭示其中的机制和过程。① 李保平则从政策封闭、政策变通、政策失范等方面剖析了社会排斥的公共政策机制。② 但是,还有诸多问题需要我们进一步探究。比如,政策封闭、政策变通是怎样形成的;在政策负排斥形成过程中,发挥作用的机制有哪些;政策过程的哪些环节将产生政策负排斥;在排斥过程中,排斥主体与排斥对象相互之间是怎样互动的;负排斥性政策是怎样出台的,等等。

三

公共政策负排斥及其治理研究应该以公共管理学(公共政策学)为主要的学科研究视角,辅以政治学、社会学和法学的跨学科研究,借鉴国内外已有的学术思想及理论成果(社会排斥理论、政策分配理论、社会公正理论、博弈理论、政策过程理论、新制度主义理论、合作治理理论等),建构公

---

① 曾群、魏雁滨:《失业与社会排斥:一个分析框架》,《社会学研究》2004年第3期,第12页。
② 李保平:《社会排斥的公共政策机制探源》,《社会科学辑刊》2008年第4期,第42—43页。

共政策负排斥的基本理论框架,开展公共政策负排斥问题的实证研究,为促进和维护社会公正提供新的路径。基本的研究议题有以下几类。

1. 进一步加强公共政策负排斥的基础理论研究

公共政策排斥性是一个新的学术论域,构建可信的分析框架是该研究的核心任务。因此,需要进一步系统地阐释公共政策排斥、公共政策正排斥、公共政策负排斥的概念内涵,科学划分公共政策负排斥的类型,揭示公共政策负排斥的本质,确立区分政策正向排斥与负向排斥的价值界标,探究公共政策负排斥研究的理论基础,探讨政策负排斥与政策合法性、政策合理性、政策公共性的关系,努力建构科学、准确的公共政策负排斥概念体系,为公共政策负排斥的研究确立基础理论框架。

2. 进一步加强公共政策负排斥的实证研究

公共政策负排斥是一个实践性很强的研究领域,实证研究是其生命力所在。加强公共政策负排斥的实证研究可从以下几个方面展开:一是加强教育、社保、住房、就业、医疗等领域的典型政策的负排斥研究,深入开展某些具体政策的负排斥程度的评估研究,为具体政策的负排斥治理、促进社会公正提出对策;二是加强对某一具体社会群体遭受政策负排斥状况的针对性研究,开展某些具体社会群体遭受政策负排斥程度的评估研究;三是加强对不同政策类型的负排斥研究,探究不同类型政策负排斥的形成机理,并对不同类型政策负排斥形成机理进行比较考察,概括与揭示政策负排斥及其治理的一般原理和基本规律,进而拓展和丰富公共政策负排斥的理论体系和话语系统;四是引入定量研究方法,加强政策负排斥评价指标体系的研究。

3. 进一步加强公共政策负排斥形成机制的研究

从根本上说,无论是政策正向排斥还是负向排斥,都是政策主导者之间、利益相关者之间、政策主导者与利益相关者之间进行政策博弈的结果。因此,公共政策负排斥研究需进一步探讨一个重要问题:何种力量参与,并以何种方式推动政策正排斥与负排斥的形成与实施。具体议题包括:为何在某个特定的时空环境中,某项政策会产生正向或负向的排斥?政策博弈的力量对比、博弈方式对之起到了何种作用?如何优化政策博弈的动力机制,使之有利于形成政策正向排斥而不利于生成政策负向排斥?

4. 进一步加强公共政策负排斥治理路径的研究

公共政策负排斥必然对社会公正与资源配置效率造成危害,其政策本身与政策实施后果都需要矫正。因此,公共政策负排斥研究需要关注两个方面:一是如何对负向排斥性政策进行调整,以达到纠错矫正的目的;二是如何对政策负排斥的受损者进行补偿救济,以减少和弥补他们的损失,消解社会矛盾,避免酿成社会冲突。具体而言,还需研究对政策负排斥遭遇者受损状况进行评估,以及补偿救济的法规与方式。

本研究旨在以公共政策负排斥理论框架对当代中国公共政策负排斥的演变轨迹进行梳理与总结,对当下中国公共政策负排斥的现状进行实证考察,探究其形成过程及形成机理,提出遏制与治理当下中国公共政策负排斥的治理方略,为促进社会公正提供一个新的分析框架。具体而言,本书主要由如下几部分组成。

一是建构政策负排斥的理论分析框架。这部分主要研究"是什么"的问题。首先,在系统阐述政策排斥概念的基础上,揭示公共政策负排斥的概念、内涵,为全书确立理论基础。其次,基于社会公正理论,阐明区分政策正排斥与政策负排斥的评价标准,提出政策是否符合社会公正或能否有利于促进社会公正是区分政策正向排斥与负向排斥之根本界标,进而揭示公共政策负排斥的本质就是一种背离公正的社会价值分配方式。最后,从政策合法性、政策合理性和政策公共性三维视角阐释三者与公共政策负排斥的关系,进一步揭示公共政策负排斥的内涵,进而提出认识政策排斥性的复杂性问题,即在以正向排斥政策与负向排斥政策为两端的排斥性政策延长线上,存在不同排斥向度与强度共存的混合排斥型政策区间。

二是考察当代中国公共政策负排斥的历史与现状。这部分主要研究"怎么样"的问题。一方面,通过文献分析、个案分析等研究方法,考察1949年以来中国公共政策负排斥基本类型及其主要特征、演变轨迹,总结当代中国公共政策负排斥演变的一般规律,揭示政治主导型、资本主导型和身份主导型三种基本类型的政策负排斥的运行机理及其对当下中国社会公正的影响。另一方面,选取了社会保障、教育、医疗、住房等不同领域的典型政策个案,用公共政策负排斥分析框架对每项政策的负排斥状况进行评估。当下中国虽然在治理公共政策负排斥方面取得了巨大成就,但在养老保险、高考、医保和保障房等政策的设计与执行中仍然存在不同面向和不同程度的负排斥问题,中国公共政策负排斥治理仍然任重而道远。

三是检视中国公共政策负排斥的形成过程及形成机理。这部分主要研究"为什么"的问题。一方面,以户籍政策的形成过程为例,以政策过程理论和博弈论为分析工具,探讨政府、强势利益群体、政策企业家、大众媒体等政策主体在政策制定与执行的各个环节的行为动机、方式,系统回答"本应享受政策益处的个人或群体是如何被排斥在政策受益范围之外的"这一基本问题。另一方面,结合当下中国实际,从政策过程、团体博弈、他者意识和新制度主义等多维理论视角透析"当下中国公共政策负排斥"的成因,指出政策制定与执行的异化、博弈力量对比的悬殊、他者意识的制度化和社会结构化、政府能力的有限性等,是当下公共政策负排斥的主要成因,进而为公共政策负排斥之治理提供理论基础。

四是提出公共政策负排斥的治理方略。这部分主要研究"怎么办"的问题。一是针对政策制定与执行、博弈结构、他者意识、政府能力等问题,提出遏制与治理当下中国公共政策负排斥现象的宏观治理方略。二是针对政治主导型政策负排斥、资本主导型政策负排斥和身份主导型政策负排斥的不同形成机理,提出遏制与治理当下中国公共政策负排斥现象的分类治理方略。

第一章　概念性框架：公共政策负排斥的基本考察

> 正义的一般含义可以理解为是一种应得，给予每个人所应得，而不给每个人所不应得，公正地对待每个人。
>
> ——汤姆·L. 彼彻姆

研究公共政策负排斥首先要厘清以下问题：什么是公共政策排斥？什么是公共政策正排斥？什么是公共政策负排斥？公共政策正排斥与公共政策负排斥的区别是什么？公共政策负排斥的基本特征与类型有哪些？公共政策负排斥的本质是什么？公共政策负排斥与政策合法性、政策合理性、政策公共性等相关概念的关系是什么？探究这些基本问题是公共政策负排斥研究的基础。

第一节　公共政策负排斥相关概念界定

一、"公共政策"与"排斥"

从构词法角度看，"公共政策排斥"是由"公共政策"与"排斥"两个词组合而成，因而需对"公共政策"与"排斥"这两个概念进行明确界定。政策科学创始人哈罗德·拉斯韦尔于 1943 年首次提出了"政策科学"这一概念。之后的研究者从不同角度对公共政策（政策科学的核心概念）做出了阐释。代表性的观点主要有以下几种。(1) 价值分配论。例如，戴维·伊斯顿将公共政策界定为"对全社会的价值所做的权威性分配"[①]。(2) 目标

[①]　D. Easton, *The Political System* (New York: Knopf, 1953), p. 129.

方法选择论。一些研究者强调公共政策是对目标与实现目标的方法的选择。例如,拉斯韦尔认为:"公共政策是具有目标、价值与策略的大型计划。"①威廉·詹金斯指出,政策是"一系列互相联系的决定。这些决定与选择目标和在一定的形势下为实现目标所需的方法相关"②。(3)过程论。詹姆斯·安德森指出:"公共政策是一个有目的的活动过程,而这些活动是由一个或一批行为者,为处理某一问题或有关事务而采取的。"③(4)立场论。立场论的研究者认为公共政策表明的是一种立场,在戴伊看来,"公共政策是政府决定做的或不做的事情"④。(5)政治合理性实现论。例如,帕森斯认为政策是一种政治合理性的表述和表现,"制定一项政策就是要使某种理由或主张合理化。这些理由或主张包括两方面:对一个所面临的难题的认识和解决这一难题的方案"⑤。(6)综合论。在公共政策这一概念引入我国以后,国内学者试图从综合角度来定义和理解公共政策。黄健荣强调,公共政策是"寻求能使决策者和决策者所代表的群体的利益最大化的目标的选择,或是选择为实现所追求的目标而需要的最适措施或手段"⑥。

上述讨论可知,学界对公共政策的本质已基本达成共识,即公共政策就是对社会价值或社会利益所做的权威性分配。但是,学界对公共政策的范围界定还存在较大分歧,特别是对其与制度的关系的理解还比较模糊。比如,在学术研究中,有人把户籍方面的法律法规称为"户籍制度",也有人把它称为"户籍政策"。根据本研究的需要,我们有必要进一步厘清公共政策与制度的关系。在本研究中,我们主要是从广义角度来理解公共政策,即政策是动态性较强的制度,制度是稳定性较强的政策。因为,一项新的制度一般都需要经过一定时间的试行,这时这个制度就表现为公共政策的形式;当一项公共政策经过较长时间的试行并得到可行性验证,立法部门最终把它上升为法律,那么它就变成了静态的、稳定的制度。制度包括显制度和潜制度,潜制度不属于公共政策,而显制度往往表现为公共政策。因此,从广义角度说,所有的法律、法令等都可以视为公共政策在不同领域

---

① H. Lasswell and A. Kaplan, *Power and Society* (New York: Mc Graw Hill Book Co., 1963), p. 70.
② W. Jenkins, *Policy Analysis* (London: Martin Robertson, 1978), p. 36.
③ 詹姆斯·E. 安德森:《公共决策》(唐亮译),北京:华夏出版社1990年版,第4页。
④ T. Dye, *Understanding Public Policy*, 9th ed. (New Jersey: Prentice Hall, 1998), p. 2.
⑤ W. Parsons, *The Public Policy: An Introduction to the Theory and Practice of Policy Analysis* (Cheltenham: Edward Elgar, 1995), p. 15.
⑥ 黄健荣:《政策、决策及其研究》,《理论探讨》2001年第1期,第68页。

里的表现形式。具体而言,公共政策与制度在外在形式上具有很高的重叠性,宪法、法律、法规、规章既隶属于公共政策,同时也包含于制度之中(具体关系见图1-1)。如图所示,交叉部分从公共政策角度看为法律政策,从制度角度看则为法律制度。

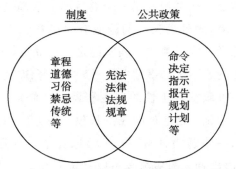

图 1-1 公共政策与制度关系示意图

在对公共政策的概念做出界说之后,我们还要进一步明确"排斥"的含义。"排斥"一词,在中国古代典籍中有很多记载。《后汉书·宦者传序》说:"虽时有忠公,而竟见排斥。"①在此句中,"排斥"为"不相容"之义。唐朝韩愈《赠别元十八协律》中也使用过"排斥":"势要情所重,排斥则埃尘。"②"排斥"在此为"使离开"的意思。明代黄绾《明道编》卷一亦有使用:"或在同类,偶有一言非及良知,其人本虽君子,亦共排斥。"③"排斥"在此可译为"排挤斥逐"的意思。清代顾炎武《与友人论〈易〉书》中说:"排斥众说,以申一家之论,而通经之路狭矣。"④"排斥"在此可理解为"排除驳斥"之义。综上可知,在古代典籍中,"排斥"可以理解为"不相容或使别的人或事物离开自己一方"的意思。新华词典对"排斥"也有明确的界定:"不相容而使离开自己这方。"⑤

综上,"排斥"的中文词义可指"不相容、使离开或不使进入"。它的反义词是"吸纳、吸引"。排斥可发生在个体与群体之间、个体与个体之间或者群体与群体之间。如果用一个集合来描述,排斥就是施动者有意或无意地设置某种条件迫使外面的人(B)无法进入 A 中。图 1-2 中,A 为受益范

---

① 范晔:《后汉书》(卷七十八),北京:中华书局 2007 年版,第 734 页。
② 邵丽鸥主编:《中国古诗文·韩愈》,长春:北方妇女儿童出版社、吉林银声音像出版社 2013 年版,第 143 页。
③ 黄绾:《明道编》(卷一),北京:中华书局 1959 年版,第 18 页。
④ 孙钦善:《中国古文献学史》,北京:中华书局 1994 年版,第 358 页。
⑤ 《新华词典》,北京:商务印书馆 2001 年版,第 733 页。

围,B为未能受益的范围;或A为受益人群,B为受排斥人群。

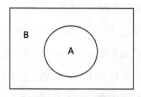

图1-2 排斥示意图

从感情色彩上看,"排斥"应为中性词,既可以指排斥坏的东西或某一物品坏的部分,可能会带来良性的结果,如对于刑事罪犯,刑法往往会限制或剥夺其人身自由权,从而达到降低或消除其继续做出危害行为的可能性,实现社会安全之目的;也可以指排斥好的东西或某一物品好的部分,可能会带来不良的结果,如一个接受化疗的病人会因为体内健康细胞被杀死而出现身体健康每况愈下的可能。然而,它在不同学科当中有着不同的感情色彩。

在哲学语境中,排斥是自然界一切运动的基本形式,即一切具有分离性质的运动形式。它的反义词"吸引"是指一切具有接近性质的运动形式。在哲学视野中,排斥体现为矛盾对立的双方互相分离的性质和趋势,如互相否定、互相反对、互相批评、互相分化等。这些矛盾形式从不同侧面表现事物对立面互相排斥的含义。排斥和吸引构成自然界的各种运动。可见,哲学语境中的"排斥"是一个中性词。

在经济学语境中,排斥是一种资源配置方式。经济学认为,资源是稀缺的,在资源配置中,一种资源配置的增多则可能会带来另一种资源配置量的减少,于是,企业家们常常面临这样的选择:如果多生产一个单位产品A,就可能少生产若干单位产品B;反之,如果多生产一个单位产品B,可能少生产若干单位产品A。可见,在资源配置中,A产品和B产品之间呈现出一种排斥关系。这种排斥关系主要有三种状态。一是资源排斥的合理有效状态,即用最少的资源耗费,生产出最适用的商品和劳务,获取最佳的效益。这是一种理想的帕累托最优状态。二是资源排斥的相对合理有效状态,即通过资源的合理利用,用较少的资源耗费,生产出适用的商品和劳务,获取较佳效益的状态。三是资源排斥的无效状态。用较多的资源,生产出较少的商品,获得较差的效益。显然,在经济学的分析视角中,"排斥"一词是中性词。

在医学语境中,排斥是表示生物组织及其组成成分之间的一种不相容状态。医学上常常出现的词有免疫排斥、药物排斥、移植排斥、排斥反应等。排斥在这里都是表示不相容的状态。

在社会学语境中,排斥常常是指某一个体或群体被置于不利之处境。比如,法国学者勒内·勒努瓦(Rene Lenoir)在《被排斥群体:法国的十分之一人口》的论著中指出,1974年的法国的被排斥者(Les Exclus)占法国总人口的1/10。这里的被排斥者指的就是那些没有被传统的社会保障体系所覆盖的人。安东尼·吉登斯在其著作《第三条道路》中也指出:"排斥性这一概念所涉及的不是社会等级的划分,而是把属于某些群体的人排除在社会主流之外的机制。"①通过建立排斥这个概念,社会学家们意在动态地、更有效地解释困难群体的贫困、受剥夺和歧视以及不平等对待等重大问题。在大多数社会学家眼里,排斥是政治化、意识形态化有时甚至是情感色彩比较鲜明的概念,这对于更鲜明地表达对社会困难群体的关切,更深刻地揭示它所指向社会问题的本质有积极意义。正是怀着对社会困难群体的高度关切,社会学家们对排斥的这种意识形态化意义进行了推广,于是在学术研究中发展了政治排斥、经济排斥、社会排斥、公共服务排斥、社会关系排斥、福利排斥、市场排斥、金融排斥、教育排斥、医疗排斥、制度排斥、政策性排斥等分析概念,形成了较为成熟的社会排斥分析框架。由此可见,在社会学的语境中,"排斥"是贬义词。

综上,"排斥"一词被不同学科的研究者赋予了不同的感情色彩。社会学家对社会问题的敏锐性让我们无比敬仰,但是,经济学家、哲学家的中立立场能让我们更好地理解"排斥"概念的全貌。正如唐钧所说:"如果我们把促进社会融合和解决实际问题作为目标,社会排斥概念的这种在价值判断上过于明显的倾向性有其不利的一面,……如果我们所用的语言是政治化、意识形态化有时甚至是情绪化的,那么就有可能人为地造成情感上,进而是认识上的对立。"②对"排斥"一词感情色彩的正确认知,有助于我们更加全面地理解政策排斥的含义。

二、公共政策排斥

在对"公共政策"与"排斥"这两个概念做出界定之后,可以对公共政策

---

① 〔英〕安东尼·吉登斯:《第三条道路》(赵旭东译),北京:北京大学出版社2000年版,第108页。
② 唐钧:《社会政策的基本目标:从克服贫困到消除社会排斥》,《江苏社会科学》2002年第4期,第46页。

排斥下个定义。美国著名政治学家、政治行为主义倡导人伊斯顿曾深刻论述了公共政策排斥的本质:"一项政策的实质在于通过那项政策不让一部分人享有某些东西而允许另一部分人占有它们。"①伊斯顿的这一论述揭示了排斥性是公共政策的基本属性。一切公共政策都具有排斥性,这由以下因素造成。

其一,资源稀缺性。由于社会资源的稀缺性,作为社会价值分配主体的政府不可能对所有社会成员的利益和利益要求予以满足,这就需要政府运用政策对不同社会成员或社会群体的利益和利益要求进行区分和选择,以协调不同社会成员或社会群体之间的利益矛盾或冲突。一方面,这种区分和选择意味着要把一部分社会成员或社会群体的利益排斥出政策的部分或全部受益范围,以维护某些群体或某些阶层的利益,从而实现决策者的最终价值目标。另一方面,为了在资源稀缺的条件下获得更多利益,每一社会成员和社会群体都会与其他社会成员和社会群体展开激烈的竞争与博弈,以争取把他人排斥出政策受益范围,保障自身及其所在群体的利益最大化。这种政策博弈的结果可能是一部分人的利益得到满足,而另一部分人的利益受到排斥。可见,在资源稀缺的条件下,一切公共政策都不可避免带有排斥性。

其二,政策的非中性。所谓政策非中性,是指"在同一制度下不同的人或人群所获得的往往是各异的东西"②。在利益争夺中,往往存在众多竞争者,他们基于自身利益最大化的考虑,用非中性政策来排挤打击别的竞争者,将其他潜在竞争者拒之门外。正如张宇燕认为的那样,几乎可以肯定的是所有政策都是非中性的。③ 一方面,强势群体利用自身强大的政策影响力,从政策制定环节来排斥他者的利益,从而使自身利益得到有效保护。另一方面,在政策生成与变迁过程中,相冲突的利益群体之间难免会发生利益纷争。如果这种冲突长期得不到解决,必将激化不同利益群体之间的矛盾,使各利益群体都不能从中得到好处,甚至还会使已有利益受损。于是,对立的利益群体之间会做出一些调整和让步,最后达成妥协,形成政策。这种调整和让步体现为自我排斥。

其三,政策受众需求的增长变化。马斯洛认为人的需求包括五个层

---

① 〔美〕戴维·伊斯顿:《政治体系:政治学状况研究》(马清槐译),北京:商务印书馆1993年版,第123页。
② 张宇燕:《利益集团与制度非中性》,《改革》1994年第2期,第98页。
③ 同上文,第102—103页。

次:生理需求、安全需求、社交需求、尊重需求及自我实现需求。他认为:人的生存需求影响其行为;人的需求按其重要性和层次性排序;人的需求逐级上升,当低一级的需求得到最低限度满足后就会追求高一级的需求。①马斯洛的需求层次论说明了人类需求的内在性与递增性,虽然这种递增性并不一定是循序逐级上升的。纵览古今,由于受政治、历史、社会与自然条件所限,对很多国家或地区而言,即便是那些锐意有为、励精图治的政府,要满足民众第一、第二层次的需求都绝非易事,遑论去满足民众在此之后可能递增的更高层次的需求。② 当国家能力的有限性导致部分政策受众更高层次的需求难以满足时,就构成了对他们的政策排斥效应。如果那些平庸或腐败无能的政府,其治下民众欲获得第一、第二层次的满足亦不可得时,民众最普通的利益需求则被置于被排斥的境地。政策受众需求的增长变化和政府能力有限的相互矛盾表明,一切公共政策难免会产生排斥性。

由以上论述可知,公共政策排斥是指政策主导者③通过显性或隐性的

---

① I. Beardwell and L. Holden, *Human Resource Management: A Contemporary Perspective* (London: Financial Times Prentice Hall, 1997), p. 551.

② 黄健荣:《论现代政府合法性递减:成因、影响与对策》,《浙江大学学报(人文社会科学版)》2011年第1期,第24页。

③ 政策主导者,即对政策过程产生重要影响的政策参与者。关于政策参与者,约翰·金登认为,公共政策过程的活动者包括政府内部参与者(行政当局、文官、国会)和外部参与者(利益集团、媒体、公众、学者、研究人员、咨询人员)(〔美〕约翰·W. 金登:《议程、备选方案与公共政策》,北京:中国人民大学出版社2004年版,第27—82页)。在金登看来,在政策过程中,"行政当局对于议程建立极为重要,职业文官却对备选方案以及执行过程有重要影响,"(〔美〕约翰·W. 金登:《议程、备选方案与公共政策》,第27—82页)"利益集团是议程建立和备选方案拟定过程中最重要的参与者之一,"(〔美〕约翰·W. 金登:《议程、备选方案与公共政策》,第52页)"在政策议程建立和方案制定等许多地方都可以见到他们(政策企业家)的身影,"(〔美〕约翰·W. 金登:《议程、备选方案与公共政策》,第226、258页)而且这些政策企业家"在政策共同体中的任何一个地方都可以找到。他们既可能在政府内部或外部,也可能在选举产生的职位上或在被任命的职位上,还可能在利益集团或研究组织中,"(〔美〕约翰·W. 金登:《议程、备选方案与公共政策》,第226页)"新闻媒体对政府的政策议程常常以某些有趣的方式发挥重要的作用"(〔美〕约翰·W. 金登:《议程、备选方案与公共政策》,第57页)。可见,在金登眼中,以行政当局和职业文官为代表的政府、利益集团、政策企业家、新闻媒体是政策过程中的主要政策参与者。当然,在实际的政策过程中,不同的利益群体对政策的影响力也不同,利益群体中的强势群体对政策产生重要影响,"那些拥有先进技术、在政治进程中能够迅速采取行动和做出反应的集团,不论它们目标价值如何,都是居于优势地位的"(〔美〕诺曼·杰·奥恩斯坦、雪利·埃尔德:《利益集团、院外活动与政策制定》,北京:世界知识出版社1981年版,第253页)而困难群体对政策的影响却难以显现。正如世界银行在1997年发展报告中指出的那样:"在几乎所有的社会中,有钱有势者的需要和偏好在官方的目标和优先考虑中得到充分体现。但对于那些为使权利中心听到其呼声而奋斗的穷人和处于社会边缘的人们而言,这种情况却十分罕见。"(世界银行:《变革世界中的政府:1997年世界发展报告》(蔡秋生等译),北京:中国财政经济出版社1997年版,第110页)据此,依据行动者的主体性及行动能力,我们将政府、强势群体、政策企业家、大众传媒等界定为政策主导者的范畴。

政策安排，或是将某些个人、群体、阶层、地区排除在政策受益范围之外，或是否定、排斥某种价值或行为，依据一定的政策目标实现对社会价值进行分配的过程或结果。从排斥性质上说，它既包括符合公正价值导向的正排斥，也包括偏离公正价值导向的负排斥。从影响方式上说，它既包括显性排斥，也包括隐性排斥。具体来说，公共政策排斥这一概念可从以下几个方面来理解。

第一，公共政策排斥既是一种过程，也是一种结果或状态。依据"谁是排斥实施者"和"谁被排斥"两条线索，公共政策排斥强调的是"谁"通过"怎样的"政策过程将他人排斥出政策受益范围的过程。以图1-2来解释，公共政策排斥就是政策主导者运用政策手段把部分社会成员或社会群体置于 B 的位置，使其未能平等享受 A 的位置所拥有的某种权利和社会机会。政策主导者包括政策制定者、政策执行者和政策推动者，主要有政府、利益团体、社会组织、媒体、政策企业家等。政策排斥客体是某一部分社会成员或社会群体（B），它可能是不应当受政策排斥的对象，也可能是应当受政策排斥的对象；可能是个体，也可能是群体、组织，甚至是某一共同体。从结果看，政策排斥是一种被排斥对象的某种权利和社会机会遭受剥夺或限制的状态。这种剥夺或限制既可能是不公正的，也可能是公正的；既包括不合法的，也包括合法的。同时，它可能是一项权利遭受排斥，也可能是政治权利、经济权利、社会权利等多项权利同时遭受排斥。

第二，政策是政策主导者推动排斥进程、形成排斥结果的媒介。从公共政策排斥的结果来看，被排斥对象未能享受某种权利和社会机会是由政策造成的。值得注意的是，作为排斥媒介的政策既可能是单项政策，譬如最低生活保障政策使那些较高收入者不能享受政府生活补贴的权利；也可能是政策群，即"众多政策的集合体[①]"，譬如农民不能享受与城市居民相同的社会权利，是由于户籍政策、社保政策、医保政策、教育政策等诸多政策造成的。政策之所以能够成为排斥的媒介或手段是由其性质所决定的。一般来说，政策具有权威性、强制性特征。政策的权威性是指政策可成为对一定范围内政策对象起支配作用的意志。政策的强制性是指政策主体可通过强制机关来实现政策所指向的内容。政策的权威性与强制性决定政策排斥结果的稳定性与有效性，从而实现对社会价值的权威性分配，形成较为稳定的利益分配格局。

[①] 李强：《试分析国家政策对社会分层结构的具体机制》，《社会》2008 年第 3 期，第 58 页。

第三，应该将公共政策排斥置于一定时空中加以考察。这是由政策本身所具有的时效性和适用范围决定的。第一，政策排斥发生在一定的时间范围内。任何政策，只能适用于一个特定的时间范围，这决定了要以历史的眼光来分析政策排斥现象。诚如陈庆云所言，"公共政策是政府依据特定时期的目标，对社会公共利益进行选择、综合、分配和落实的过程中所制定的行为准则"①。第二，一项政策只能适用于其决策者所规定和所能规定的范围：一个组织、一个社区、一个省份、一个国家或一个政治联合体。② 因此，我们要在政策的适用范围内来比较社会成员和社会群体之间的权利享有状况，进而来考量某一政策排斥的性质和程度。第三，政策排斥不是抽象的，而是具体的，它就发生在某一或某些具体事件中。政策是决策者为解决现实的或将面临的问题所做的指令或规定③，因此，政策排斥现象也往往发生在解决某一现实问题的过程之中。比如，为了解决城市困难家庭的住房问题，政府制定了保障性住房政策，构成对较高收入家庭的政策排斥。由此可见，对政策排斥的考量离不开对政策所处的历史政治背景和社会环境因素的全面审视。

第四，公共政策排斥是政策主体之间相互博弈的过程和结果。政策主体间的关系状况直接影响政策排斥的过程和结果。正如格斯顿所说，公共政策是"由那些掌握或影响政府正式职能的人们所作的基本决策、承担的义务和他们的行为的结合。在多数情况下，这些组合由那些要求变化者、决策者和受到该政策影响的人们之间的互动而产生"④。在政策排斥过程中，政策主体间的相互博弈主要表现为以下两个方面。其一，政策主体间的利益博弈贯穿于政策排斥的全过程。政策排斥发生在政策议程设置、政策制定、政策执行、政策评估等政策过程的各个环节，每个环节都充满着某政策行动者为了自身利益而与其他行动者进行或斗争，或合作，或妥协的身影。比如，在政策议程设置环节，各种力量相互斗争，意图掌握政策议程建构的主动权和主导权，推动利于自身或防止排斥自己的问题进入政策议程。在政策制定环节，各种力量为保住或实现自己的利益，运用各种手段把对手排斥出决策范围或努力削弱对手的政策影响力。在政策执行环节，

---

① 陈庆云主编：《公共政策分析》，北京：北京大学出版社2006年版，第10页。
② 黄健荣：《政策、决策及其研究》，《理论探讨》2001年第1期，第68页。
③ 同上。
④ 〔美〕拉雷·N.格斯顿：《公共政策的制定程序和原理》（朱子文译），重庆：重庆出版社2001年版，第5页。

政策主导者和政策反对者之间的冲突、合作、妥协的关系将直接影响到政策目标的实现。其二,政策过程中各方政策主体的力量对比往往决定政策排斥的走向。实际上,政策排斥过程就是决策者对社会各阶级、阶层、部门、区域、行业的个人和群体提出的利益诉求进行选择、综合及排序的过程,而各方政策主体的力量对比决定谁的利益诉求会被优先选择和排序。格雷厄姆·阿利森和菲利普·泽利科就指出,制定何种政策"取决于规则和各个参加者的力量对比"①。例如,农民的社会保障之前长期缺失的一个重要原因就是农民的组织化程度低,所以他们在决策等关键领域的话语权相对于城市居民而言处于弱势地位。

第五,公共政策排斥的内容是一定社会成员或社会群体的某种权利和社会机会。在政策排斥的语境中,为防止他人来分享某种利益,政策主导者运用政策手段以剥夺或限制他人的某种权利和社会机会。这里需要说明两个问题。一是"某种权利"的内容指向。这里采用"某种权利"而未采用"公民权利"或"公民资格"概念,主要是因为"公民权利"或"公民资格"的概念较为宽泛和抽象,难以评价其实现程度。如果从宽泛角度使用这一概念,那么政策排斥这一概念就会被泛化,从而失去其对特定问题的解释力。"某种权利"的指向是具体的,恰好与具体的政策排斥现象相对应,有助于通过实证研究来揭示问题的实质。这里所指的某种权利主要包括经济权利、政治权利、文化权利、社会权利(基本医疗保障权、居住权、受教育权、社会保障权等)等。二是"某种权利"的性质。即受政策排斥的内容是公民的应享权利还是非应享权利,决策者对两者的选择直接影响政策排斥的正当性问题。如果政策所排斥的是社会成员的应享权利,那么这种政策排斥是不正当的,应当把它归为负排斥的范畴;如果政策所排斥的是公民的非应享权利,那么这种政策排斥是正当的,应当把它归为正排斥的范畴。

第六,公共政策排斥实质就是一种利益分配方式。在资源稀缺的条件下,为了更大程度地实现公共利益或决策者自身的利益,决策者就需要通过政策手段把他人排斥出利益分配范围,以保证政策目标的实现。从应然角度说,公共政策排斥应是坚守公正的价值标准,以实现公共利益为依归的合理排斥过程。然而,决策者并不一定能坚守公正的价值标准,以实现公共利益为己任。决策者在选择利益时,可能选择那些与公共利益一致的

---

① Graham Allison and Philip Zelikow, *Essence of Decision: Explaining the Cuban Missile Crisis* (Boston: Little Brown, 1971), p. 57.

方面,也可能选择那些与政府自身或其所在部门最大利益相一致的方面。这种人为、主观的选择特征,可能使公共政策在分配社会利益时带有明显的倾向性。因此,基于公共利益与个人(团体)利益考虑,决策者的政策安排可能会产生两种情形。一是公共机构站在公正立场,运用政策手段将一定社会成员或社会群体排除在政策受益范围之外,调整社会利益群体与个体之间的利益冲突,有效实现公共利益。这种政策排斥可以称为"公共政策正排斥",应该得到政府和社会的积极推动。二是公共机构偏离公正的价值立场,运用政策手段剥夺或者限制一部分社会成员或社会群体的某种或某些正当权利,以致损害公共利益。这种政策排斥背离了公共机构及其决策者所应代表的公共利益价值标准,可以称为"公共政策负排斥",政府和社会应该对其积极加以防范与治理。这两种政策排斥在一定条件下可以相互转化。(见图 1-3)

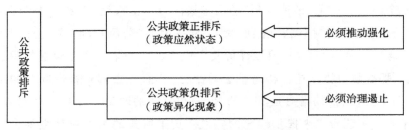

图 1-3 公共政策排斥的初步框架

三、公共政策正排斥

如前所述,依据排斥的过程和结果是否公正,可以把公共政策排斥分为公共政策正排斥和公共政策负排斥。我们首先来讨论公共政策正排斥。本质而言,公共政策正排斥,即具备合法性、合理性与必要性的政策排斥,是公共政策排斥的一种应然状态。具体而言,公共政策正排斥,是指以政府为主的政策主导者通过显性或隐性的政策安排,或是将不应当享受政策利益的个人、群体、阶层、地区排除在政策受益范围之外,或是否定、遏止、排斥某种不当价值或不当行为,实现对社会价值的公正分配,有效增进公共利益的过程和结果。例如,为了使有限的资金能较好地达到改善低收入家庭的生活状况,使更多的困难群体能够得到基本的生活保障,政府制定一系列限制性政策把不应享受低保的人群排除在低保政策的受益范围之外。公共政策正排斥主要有如下几个特征。

第一,资源稀缺和政策的公共性构成公共政策正排斥的发生情境。日本公共政策学者药师寺泰藏说过:"'公共政策'的意思与字面意思相同,即为'公共'而制定的'政策'。"①学界虽然对公共性并未达成一致认识,但都不否认,公共性首先就意味着公共利益。然而,由于资源的稀缺性,公共资源总量往往难以满足社会日益增长的需求。一方面,一部分资源如不可再生能源、土地等具有不可再生性;另一方面,人口在不断增长,人们对生活质量的要求也越来越高。在资源稀缺的条件下,作为社会价值分配主体的政府不可能对所有社会成员的利益和利益要求予以满足,这就需要政府运用政策对不同社会成员或社会群体的利益和利益要求进行区分和选择,以利于每个人都能在国家倡导的公正价值框架下"得其所应得",有效实现社会公共利益。以排斥角度视之,或是依据社会成员、阶层、群体的能力和贡献的不同状况配给相适应的公共物品和公共服务,或是把所获已较充裕的受益者、竞争能力较强者从国家相关政策扶助的范畴排斥出去,以实现促进社会公正的排斥。总之,在资源稀缺的环境下,政府需要通过政策手段将一部分社会成员或社会群体的利益排斥出去,从而实现对社会利益的合理分配,最终达到有效增进社会公共利益之目标。

第二,公共政策正排斥的主体是以政府为主的政策制定者和推动者。作为以实现公共利益为目标的正排斥,代表公共利益的政府理所当然成为最重要的主体。诚如戴伊所说:"公共政策是政府决定做的或不做的事情。"②陈庆云更是直截了当地指出,在所有制定公共政策的主体中,最基本、最核心、发挥独特作用的部分是执政党和政府。③除了政府之外,一些以捍卫公共利益、实现社会公正为己任的政策企业家和媒体也为推动公共政策的正排斥发挥着重要的作用。陈振明就曾指出:"大众传媒的'焦点效应',可以形成强烈的政策舆论压力,促使决策系统接受来自公众的愿望和要求。"④另外,在网络时代,社会公众在推动公共政策的正排斥中发挥着越来越重要的作用。比如,在今天,社会普通公众常常借助微博、微信等手段揭露垄断企业的超高额工资待遇,推动政府对国有垄断行业的工资政策进行改革。

---

① 〔日〕药师寺泰藏:《公共政策:政治过程》(张丹译),北京:经济日报出版社1991年版,第2页。
② T. Dye, *Understanding Public Policy*, 9th ed., (New Jersey: Prentice Hall, 1998), pp. 2-4.
③ 陈庆云主编:《公共政策概论》,北京:中央广播电视大学出版社2004年版,第58页。
④ 陈振明主编:《政策科学——公共政策分析导论(第二版)》,北京:中国人民大学出版社2005年版,第100页。

第三,公共政策正排斥的客体是为了公共利益而承担公共代价的对象。究其本质而言,公共政策正排斥是合理的排斥、必要的排斥。某些对象被排斥出政策受益范围就是社会为了实现公共利益而不得不付出的代价。一般地说,为了公共利益而承担公共代价的对象主要有四类:一是与政府所追求的整体利益不一致的公众,譬如国家《突发公共卫生事件条例》规定,政府可以对疑似传染病病人采取紧急隔离的措施;二是与社会发展规律、社会发展方向相背离的公众,例如,在新中国成立初期,政府制定了剥夺地主土地所有权的土地改革政策;三是与基本伦理价值相背离的公众,譬如某人犯故意杀人罪,可能被剥夺政治权利终身而丧失选举权和被选举权;四是为实现公共利益而不得不牺牲自身局部利益的公众,例如政府把高收入者列入部分政策(比如廉租房、税收减免政策等)的排斥对象,以达实现合理分配社会资源、有效增进社会公共利益之目的。

第四,公共政策正排斥的本质是依据公正原则的价值分配。怎样的排斥是正向的?这是政策正排斥应回答的核心问题。已有的理论研究告诉我们,实现公共利益、维护社会公正是现代政府的根本使命,那么,依据公正原则对社会利益进行分配,理应成为公共政策正排斥的根本价值标准。何为公正?《辞海》把"公正"界定为公平正直、没有偏向或用同一标准评价相同的人与事。从政策学角度说,公正是社会利益分配的一种基本价值观念与准则,它规定着社会利益在不同人群之间的适当安排和合理分配。在资源稀缺的条件下,要实现社会利益的合理分配就需要把一部分社会成员或群体的利益排斥出政策受益范围,以"失其所应失"来保障所有社会成员"得其所应得"。公共政策正排斥的公正原则具体体现在如下四个方面。其一,排除特权,以保障社会机会向所有人开放,即针对同一权利和社会机会的分配,除非有正当的理由,任何个人或群体都没有资格享有特权,政策应保障所有社会成员享有平等的基本权利和社会机会。其二,排除不当价值与行为,即排除任何个人、群体、阶层、地区的不当价值与不当行为,以保证社会有机体的健康,实现社会的文明进步和国家的健康发展。排除不当价值与行为主要包括以下情形:(1)促进社会文明进步是公共政策的应然目标,因而,所有那些与现代文明相悖的观念与行为,都应列入公共政策排斥的范围。例如,对于那些煽动和制造民族冲突与民族分裂,煽动和制造恐怖活动,以及践踏公序良俗的行为,必须施行政策予以排斥和遏止。(2)促进国家或地方经济发展是公共政策的应然使命,因而,那些落后产能、落后技术、落后的发展理念、落后的管理模式都应有序纳入公共政策排斥的范围。譬如,对于"僵尸企业",必须施行政策将其重组整合或逐步清出市场。(3)维护公共安全也是公共政策所应追求的目标,所以,所有危害公共安全的行为都应纳入公共政策排斥的范围,如吸毒制毒贩毒、偷抢劫骗、生产和销售假冒伪劣产品、酒驾醉驾等行为。其三,排除不当所得,即排除任何个人、群体、阶层、地区因获得政策的庇护而得到与其付出不相称的过高报酬,以防止其对能力强、贡献大的个人或群体的利益的侵占,保障所有社会成员所得(报酬与奖惩)与付出(贡献与功过)相称或相适应。其四,排除优势人群对政府救济领域的"侵入",以保障困难群体获得合理的救济和补偿,实现全社会公共利益最大化。例如,保障性住房政策理应把中高收入人群排除出去,以改善更多低收入家庭的居住条件,较好地实现保障性住房的合理分配。

第五,公共政策正排斥目标指向资源优化配置与社会公平正义。从应然角度说,作为公共政策排斥核心主体的公共机构,应该是一个"追求公共利益"的机构,其排斥准则理应是"公共利益的最大化"。而公共利益最大化须通过公共机构对社会资源的合理配置来实现。如何实现资源的合理配置? 著名经济社会学家维弗里德·帕累托可以给我们以很好的启示:通过使一部分人处境变好,而同时不使另一部分人处境变坏的途径分配社会资源,向帕累托最优状态不断靠近。比如,国家通过制定对特定的社会群体(如残疾人、贫困家庭、西部地区)的优惠政策,使发展成果惠及全体人民,达到增进国家整体利益之目标。

四、公共政策负排斥

公共政策正排斥是政策运行的应然状态,然而,在政策实际运行中,公共政策排斥常常会发生异化,这就是公共政策负排斥现象。学界对此概念的定义主要从社会学角度做出阐释。比如,戴维·波普诺认为:"当主导群体握有并垄断社会权力时就发生社会排斥。这种排斥反映了一个社会有意达成的政策。"[①]唐钧也认为,所谓"社会排斥",原先是指大民族完全或部分排斥少数民族的种族歧视和偏见,这种歧视和偏见建立在一个社会有

---

① 〔美〕戴维·波普诺:《社会学》(李强等译),北京:中国人民大学出版社2007年版,第310页。

意达成的政策基础上。① 为了进一步揭示公共政策负排斥的本质,我们有必要从政策学的视角对公共政策负排斥的概念做进一步界定。

公共政策负排斥,是指政策主导者通过显性或隐性的政策安排,自觉或不自觉地将本应同等受惠于某项或某些政策的个人、群体、阶层、地区不公正地排除出政策受益范围之外,或是使某种价值或行为遭受不公正排斥的过程、状态和结果。公共政策负排斥除了具有政策排斥本身的基本含义之外,还具有以下特征。

第一,资源稀缺和主体自利构成公共政策负排斥的发生情境。由于资源的稀缺性,公共政策的实施必然导致一部分社会成员或社会群体受益或更多受益,而损害或部分损害另一部分社会成员或社会群体的利益。如果政策过程中的各个政策主体都能够致力于公共利益目标的实现,那么公共政策负排斥可能避免,但是现实中政策过程充斥着具有自利性的政策主体,即每个政策主体都想在利益分配中得到更多。在政府自利性驱动和某些特定群体的影响下,政府及其决策者可能会选择维护自身利益或某些特定群体的利益,而把应当享受政策利益的某些社会成员或社会群体排除在政策受益范围之外,形成政策负排斥。在这个过程中,政策主导者采用的负排斥机制主要有以下几种。一是政治机制,即以政治身份、家庭出身、政策态度等政治因素为基准进行权利和社会机会的分配,使某些社会成员或社会群体未能公平享受某种权利和社会机会。比如,在"文化大革命"时期,某些社会成员可能因为家庭成分是地主或富农而丧失上大学的机会。二是经济机制,即以财产、收入等经济因素为基准来分配权利和社会机会,使在财富、收入方面处于不利地位的个人或群体未能公平享受某种权利和社会机会。譬如,在择校费政策中,那些在经济上负担不起高额费用的家庭的子女就难以享有与有钱家庭子女一样的上好学校的机会。三是社会机制,即以户籍、性别、编制等社会因素为基准来分配权利和社会机会,使某些社会成员或社会群体未能公平享受某种权利和社会机会。例如,城市外来务工人员子女可能因为没有某城市的户口而不能享有与城市居民子女同样的义务教育。政策主导者正是通过以上某种或多种负排斥机制限制外部人获取有价值的资源,达到以其他群体的损失为代价来维护自身利益的目的。

第二,公共政策负排斥的主体是以强势群体为主的政策推动者。从一

---

① 唐钧:《中国城市贫困与反贫困报告》,北京:华夏出版社2003年版,第36页。

定意义上说,政策排斥是政策主体通过强制性政策的实施让某一方付出代价来保障自身或自己所在群体利益的分配方式。因此,政策负排斥就是政策主导者把与自己利益不一致的社会成员和社会群体排斥出政策受益范围,使其未能公平享受政策益处的过程。那么,谁是政策负排斥的推动者?首先,与正排斥不同的是,强势群体是政策负排斥最积极、最主要的政策主体。为了维护自身的利益或获取更多更好的利益,强势群体特别是既得利益集团常常以各种形式渗透政策过程,主导政策的走向,或者阻碍不利于自己所在群体的政策出台。其次,政府是公共政策负排斥的积极推动者。一般来说,政府是公共利益的代表者,是政策正排斥的推动者。但是,政府及其官员本身也是经济人,在自利性驱动下,它们可能为了仕途发展而与强势群体结盟,或可能被强势群体捕获,而且其本身往往就是既得利益群体,这些都可能使某些政府成为政策负排斥的积极推动者。另外,有些政府的能力不足而导致的政策设计或运用不科学、不合理也可能导致政策负排斥的发生。再次,大众传媒为获得强势群体的广告订单,常常成为强势群体推动政策负排斥的帮手。最后,政策企业家也可能被强势群体捕获而成为政策负排斥的积极推动者,因为政策企业家积极介入政策过程可能是为了提升自己的地位,获得更好的利益,"政策企业家应该是指那些愿意投入各种资源,以期望未来在他们所偏好的政策中获得回报的人"[①]。

第三,公共政策负排斥的客体是本来应当同等享受基本权利和社会机会的个人、阶层或群体。权利分为基本权利和非基本权利。基本权利是人权,是每个人作为人所应享有的权利。基本权利包括基本经济权利、基本政治权利、基本文化权利、基本社会权利(基本医疗保障权、居住权、受教育权、社会保障权等)等,这些基本权利应平等分配。非基本权利是超出基本需要的权益,应按照贡献进行分配,即多贡献多得,少贡献少得。社会机会就是由社会、政府提供的个人或群体获取经济权利、政治权利、社会权利、文化权利的机会,它包括以获得基本权利为目标的基本社会机会、在基本生存满足之后以获得进一步发展的竞争机会和以发展潜能为目标的发展机会。政府所提供的基本机会、竞争机会和发展机会是全社会每个人的基本社会机会,应该平等分配,"正义或公平确实要求,人们生活中由政府决

[①] [美]约翰·W.金登:《议程、备选方案与公共政策》(丁煌译),北京:中国人民大学出版社2004年版,第146页。

定的那些状况,应该平等地提供给所有的人享有"①。在资源稀缺的条件下,为使自身利益得到有效保护,防止他人来分享某种利益,政策主导者通过运用政策手段以剥夺或限制他人的基本权利和社会机会,将本应同等享受某种基本权利和社会机会但与其利益不一致的个人、阶层或群体排除出政策受益范围(具体见表1-1)。值得注意的是,某些被排斥对象可能是决策者的不自觉排斥造成的,譬如,本来目标指向控制房价而采取的提高购房利率的政策却在实际上增加了低收入者的购房成本,从而形成了对他们的负排斥。

表1-1 中国若干典型公共政策负排斥现象

公共政策	政策负排斥主要内容	政策负排斥主要对象
二元制户籍政策	国家公共资源分配,公民权利配置与行使	农民、农民工
城市学区房政策	优质中小学教育资源分配	非中心城区的家庭的学龄子女
经济适用房或廉租房政策	公共住房或租房供给	农民工、低收入家庭
城市住房限购政策	购房机会获取	未获户籍的就业人群及其他群体
住房公积金政策	住房保障资源分配	下岗职工、效益差企业的职工、农民
城市房贷政策	住房支持资源配置	低收入职工、初始就业人群
农民工子女入学政策	城市中小学教育资源分配	农民工子女
社会保险政策	社会保障资源分配	非正式部门雇佣工人、缴费不足人群

第四,公共政策负排斥之本质是有悖社会公正的价值分配。公共政策应致力于符合公平正义的社会价值分配,然而,政策负排斥将应当享受政策益处的社会成员或社会群体排除在政策受益范围之外,或降低其应受益的程度,使部分社会成员或社会群体"失其所不应失",实质体现为社会价值未按公正原则进行分配。罗尔斯认为,公正应包含"基本权利保障""一

---

① 〔英〕弗里德利希·冯·哈耶克:《自由秩序原理》(上)(邓正来译),北京:生活·读书·新知三联书店1997年版,第121页。

视同仁""得所当得""差别原则"四个方面。① 借鉴这一分析框架,公共政策负排斥的非公正性可做如下理解。其一,社会成员的基本权利未得到平等保障,比如公民的基本教育、基本医疗和最低生活保障的权利未能得到国家的平等保障。其二,社会成员未能得到"公平的机会平等"②,比如个人的出身、性别、阶层、财富、户籍等因素仍然是人们获得某种机会的前置性条件。其三,社会成员未得到平等的对待。例如,在机关事业单位中,职工一般分为正式工、合同工和临时工,即使他们做的是同样的工作,但这三种身份所得的工资收入差别巨大,正式工的工资往往是合同工、临时工的两倍以上。其四,政策安排未做到对困难群体的有效补偿。比如,政府的最低生活保障标准过低就可看作是对低收入阶层的福利政策负排斥。

第五,公共政策负排斥具有排斥强度之分。根据政策利益的排斥范围或者受益人群与受排斥人群权利差距的程度,政策负排斥有不同强度之分。公共政策负排斥的不同强度在现实中表现为:有的政策把应当享受政策利益的人群直接排除在政策的全部受益范围之外,比如城市住房保障政策直接把非城市户口的居民排除在城市住房保障的范围之外;有的政策把应当享受政策利益的人群排除在政策的部分受益范围之外,比如城市义务教育入学政策把外来人口子女排除在该城市优质学校的范围之外,只安排了某些教育水平有限的外来工子弟学校供其就读;有的政策使被排斥人群遭受某单一权利排斥;有的政策使被排斥人群遭受某些综合权利排斥,比如,由于福利政策的排斥,外来人口难以获得与城市居民一样的社会保险、社会福利、社会救助以及同等的教育机会等。因此,考察公共政策负排斥现象还须考察被排斥对象被不公正地限制获得某些权利或权益的程度。

第六,公共政策负排斥是一种孕育社会风险的社会现象。贝克认为:"风险概念是一个很现代的概念,……各种风险其实是与人的各项决定紧密相连的,即是与文明进程和不断发展的现代化紧密相连的。"③英国社会理论家吉登斯也与贝克持相同的观点,他指出现代社会风险区分为"外部

---

① 〔美〕约翰·罗尔斯:《正义论》(何怀宏等译),北京:中国社会科学出版社 1988 年版,第 302—303 页。
② 约翰·罗尔斯认为:"公平的机会平等"是指"各种地位不仅要在一种形式的意义上开放,而且应使所有人都有平等的机会达到它们。"(〔美〕约翰·罗尔斯:《正义论》(何怀宏等译),北京:中国社会科学出版社 1988 年版,第 68 页。)
③ 〔德〕乌尔里希·贝克、威廉姆斯:《关于风险社会的对话》,薛晓源、周战超编:《全球化与风险社会》,北京:社会科学文献出版社 2005 年版,第 3 页。

风险"和"被制造出来的风险",因而要反思制度的理性。① 现实表明,通过强势群体的运作,现代化风险最终将会转嫁给困难群体来承担,因为"每一个利益团体都试图通过风险的界定来保护自己,并通过这种方式去规避可能影响到它们利益的风险"②,而强势群体往往可以通过影响政策供给使自身得到政策的保护,远离风险。中国现阶段存在的诸如二元户籍制、收入分配不公问题、就业排斥问题、"三农"问题、教育不公问题、住房问题、养老问题等社会风险问题,都是不同程度上的公共政策负排斥的产物。这些社会风险应该引起人们的重视,因为政策导致的利益分化所产生的负面影响如果得不到及时控制和缓解,就会增加社会风险,成为社会冲突和社会动荡的潜在因素。正如拉尔夫·达尔道夫所说:"现代的社会冲突是一种应得权利和供给、政治与经济、公民权利和经济增长的对抗。"③

第二节 公共政策负排斥的特征与类型

一、公共政策负排斥的特征

(一) 多向度性

公共政策负排斥的多向度是指公共政策负排斥在排斥对象、排斥内容、排斥时间等方面呈现出的复杂多维特征。从对象来看,公共政策负排斥的排斥对象可能是个体,也可能是群体、组织,甚至是某一共同体;从内容来看,公共政策负排斥可能涉及一项排斥,也可能涉及多项排斥,包括经济排斥、政治排斥、文化排斥、社会关系排斥、公共服务排斥等,而且某一方面的排斥可能会导致其他方面的排斥;从时间上看,公共政策负排斥不仅包括同代之内的排斥,而且包括代际的排斥,既可能是暂时性的,也可能是终身性的,甚至是代际性的。公共政策负排斥的多向度性不仅强调政策负排斥发生在多个领域,也强调这些向度之间相互联系,共同对受排斥对象产生累积性影响,结果形成永久的多重弱势。(见图 1-4)

---

① 〔英〕安东尼·吉登斯:《失控的世界》(周红云译),南昌:江西人民出版社 2001 年版,第 18、22 页。
② 〔德〕乌尔里希·贝克:《风险社会》(何博闻译),南京:译林出版社 2004 年版,第 31 页。
③ 〔英〕拉尔夫·达尔道夫:《现代社会冲突》(林荣远译),北京:中国社会科学出版社 2000 年版,第 3 页。

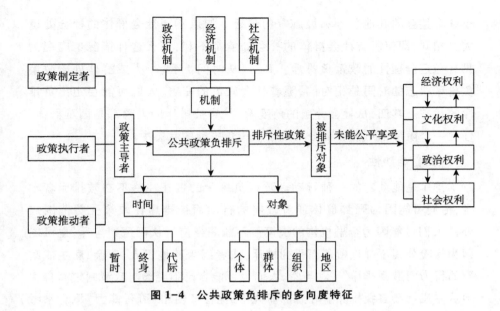

图 1-4 公共政策负排斥的多向度特征

（二）动态性

政策负排斥不仅强调后果，更强调动态过程，即个人、群体是被怎样的政策机制和过程排斥出一定社会领域的。从过程角度看，政策负排斥就是负向排斥性政策实施所带来的一些社会成员或群体某种权利和社会机会丧失的动态过程。这具体表现为以下两个方面：其一，从实然层面来看，政策过程对政策主体来说是一个选择的过程：政策问题的建构、政策议程的设置、政策方案的规划、政策方案的制定、政策的执行、政策的评估等，所有的环节和功能活动的安排都体现了各个利益主体为使政策有利于自己或自己一方而进行博弈的动态过程。其二，政策负排斥是政治机制、经济机制、社会机制等综合作用的过程。另外，动态性也意味着政策负排斥具有再生产性，即政策负排斥不仅包括同代之内的排斥，而且包括代际的排斥，由此形成政策负排斥的代际再生产。

（三）相对性

与社会排斥一样，政策负排斥也是一个相对性的概念。其一，从个人来看，仅仅孤立考察一个人的处境，无法判断他或她是否遭遇政策负排斥。比如，我们审视被试者是否受到政策负排斥，需要把他或她与来自同一条街道或同一城市的人群进行比较后才能判断。其二，审视政策负排斥时还须考察某一群体的处境，因为，负排斥的产生可能不仅是因为个体资源的缺乏，而且也因为共同体资源的缺乏，比如教育、医疗、社会服务以及有助于社会整合的其他服务和设施等的缺乏。如果不同社会群体的社会处境大致相同，即使所有社会群体的社会处境都不利，那么这种情况也应视为具有一定合理性的政策负排斥。其三，从时间上看，个人或群体处于政策负排斥状态的时间是相对的，随着社会政策的完善，人们可能会走出负排斥的状态。其四，从社会分层的角度看，并非被排斥的人群都是困难群体，任何一个阶层都可能有部分人处于政策负排斥的状态中。

（四）能动性

排斥是能动者的一种行动。政策负排斥的责任往往不在被排斥者本身，他们可能因为强势群体或者政府的行动而被排斥在政策受益范围之外，"人们可能因为金融机构的决策而不能获得信贷从而遭到排斥，也可能因为保险公司不提供覆盖而受到排斥，或者因为其他工人、工会、雇主或政府的行为而遭到排斥"①。当然，人们也可能自己不愿参与政策制定而自主地从主流社会自我排除。在森的研究中，他曾经使用"可行能力"概念来考察社会公正。他认为饥饿、营养不良、缺乏保健、缺乏基本的教育、缺乏就业机会、缺乏经济和社会安全都可能使人处于缺乏能力的状态；要让人自由，就要让人拥有能力，也就是要帮助人摆脱饥饿，给人提供基本的保健、教育和基本的经济安全。② 吉登斯则强调被排斥对象的能动性对于抵制排斥的意义，"排斥并不只是社会力量对被动人群施加作用的结果，甚至处于严重困境的人也有可能抓住机会来改善自己的处境"③。

二、公共政策负排斥的类型

对公共政策负排斥类型划分既是深入认识公共政策负排斥的需要，也是研究和探讨公共政策负排斥治理策略的基础。不同的公共政策负排斥类型，其表现形式和内在特征各不相同，需要采取的治理措施也存在很大差异，这就需要根据公共政策负排斥的不同类型对其采取不同的类型化治理策略，因此有必要对公共政策负排斥进行类型划分。

（一）以政策过程来划分

公共政策负排斥可分决策中的政策负排斥、政策执行（或再决策）中的

---

① 〔英〕托尼·阿特金森：《社会排斥、贫困和失业》（丁开杰编译），《经济社会体制比较》2005 年第 3 期，第 13 页。

② Amartya Sen, *Development as Freedom* (New York: Alfred A. Knopf, Inc., 1999), pp. 87-111.

③ 〔英〕安东尼·吉登斯：《社会学》（赵旭东等译），北京：北京大学出版社 2003 年版，第 10 页。

政策负排斥、政策评估中的政策负排斥等。从政策过程角度看,政策过程中的每个环节都可能形成公共政策的负排斥。在政策决策环节中,强势利益群体把持政策制定权力或政府政策制定能力不足,都可能导致具有负向排斥性公共政策的出台。决策(或政策制定)中的政策负排斥还包括问题界定、议程设立、方案制定、政策合法化中的负排斥,而且这几个环节非常重要。正如安德森所言,"问题界定、议程设立、政策制定构成了政策过程的前决定阶段,这是因为它并不包括使其最终成为公共政策的正式决定。然而,前决定阶段非常重要,因为它有助于确定什么问题需要被考虑,什么问题需要进一步的调查,什么问题可以被放弃。它们往往会涉及政治冲突,同时也有助于为其他冲突设定界限"①。

政府所制定的政策可能是具有正向排斥性的好政策,但是由于政策执行部门在政策执行中的偏差也会造成公共政策负排斥的结果,例如经济适用房政策。经济适用房是一种保障性质的商品房,其受益对象应该是城镇中有住房困难的低收入家庭,但在初期,实际的政策执行却发生了异化,导致从这项政策中受惠的一些群体是中等收入和高收入家庭,而真正应享受经济适用房的低收入家庭却被排斥在外。

在政策评估环节,如果政策评估的标准或方法不科学,那么具有明显的负向排斥性的政策将可能被评为好的或者合乎正义的政策。

在政策过程的各个环节中,政策决策(或供给)环节是基础性的环节,也是决定性环节。

(二) 以排斥动机来划分

公共政策负排斥可分为自觉型政策负排斥与不自觉型政策负排斥。自觉型政策负排斥指的是决策者为实现决策目标而有意推动的政策负排斥。例如,一百多年前,美国国会决定禁止非美国国籍的永久居留公民享有某些联邦福利,这种排斥很显然是一种政府自觉推动的排斥,因为其政策目标就是要排斥一些人的机会。② 再如,为避免农业劳动力流失和城市户口增多给城市带来压力,决策者实施城乡分割的户籍政策。

然而,有些公共政策负排斥是非主观故意造成的,这种公共政策负排

---

① 〔美〕詹姆斯·E. 安德森:《公共政策制定》(谢明等译),北京:中国人民大学出版社 2009 年版,第 134 页。

② 〔印〕阿马蒂亚·森:《论社会排斥》(王燕燕摘译),《经济社会体制比较》2005 年第 3 期,第 5 页。

斥可被视为不自觉型政策负排斥。不自觉型政策负排斥是指政策上虽然没设置某种条件，但是有些人事实上无法享受正当权益而形成的排斥。不自觉型政策负排斥通常是由于政府政策设计不科学造成的，譬如，政府办事机构的"城区设址"政策实际上增加了郊区居民的办事成本，构成了对郊区居民的负排斥，而且也让非设址地区的居民没能平等享受到政府大楼建设可能带来的经济繁荣和商业发展等好处。不自觉型政策负排斥也可能是由于政策设计考虑不周全造成的，例如，网络参政政策把那些没有网络或不善于运用网络的群体排除在有效参政的范围之外。在新医改中，虽然政府相关机构通过网络征求民众意见，但是有些农村没有网络，有些农民可能也不会上网，未能有效表达自己对医改的诉求。而且，部分城市困难群体也未能通过网络途径有效表达自己的意见和建议。

（三）以影响方式来划分

公共政策负排斥可分为显性公共政策负排斥与隐性公共政策负排斥。显性公共政策负排斥是通过明确的政策规定，将一部分人排除在享受正当的权利之外，如美国的种族歧视政策、中国城乡差别的二元结构政策等。

隐性公共政策负排斥是在一些看似平等的游戏规则之下，由于文化习俗、社会偏见或者由于缺乏一套有效保障政策规则公正运行的程序，政策执行中产生偏差而造成实际上的不公正。例如，一些亚洲国家虽然建立了体现男女平等的法律，但是缺乏对女性的特殊保护，因而在"女主内，男主外"的文化环境下，年轻妇女大都为生育与养育子女所累，而未能在就业机会、被选举权等的获得上真正享有与男性平等的机会。实际上，这种就业政策和选举政策就体现了对女性的隐性排斥。再如，中国的中小企业由于资质、规模等方面的限制，难以取得贷款；国有银行的设址政策可能会使银行从较贫穷的地区撤离，导致贫穷地区的人们不能有效利用金融工具而无法抓住有利的机会。

（四）从排斥结果来划分

与人们在宏观上将"社会"分为"政治、经济、文化和社会"四种类型的逻辑相对应，公共政策负排斥也可划分为政治性政策负排斥、经济性政策负排斥、文化性政策负排斥和社会性政策负排斥等四种类型。

政治性政策负排斥是指由于政策的原因，某些社会成员或社会群体在政治权利和政治机会上遭受排斥，导致未能有效参与决策或者对决策施加影响的状态。政治性政策负排斥又可分为两类：第一类是个人和团体因为没有政治权利而遭受排斥;第二类是拥有政治权利的个人未有效参与政治活动。

经济性政策负排斥是指由于政策的原因,某些社会成员或社会群体被排斥在经济权利和工作机会之外,从而走向贫困和经济边缘化的状态。经济性政策负排斥主要体现为不能顺利进入劳动力市场、不能有效参与市场经济活动、被排斥在社会主流的消费方式之外。

文化性政策负排斥是指由于政策的原因,某些社会成员或群体在符号、仪式等文化资源方面的边缘化。

社会性政策负排斥是指由于政策的原因,某些社会成员和群体的社会权利受到排斥而无法正常参与社会公共生活的状态。这主要表现为个人和团体被排斥在福利政策的受益范围之外,比如没有获得最低工资的权利,缺乏获取住房、教育和医疗服务的权利等。

(五) 以排斥机理或排斥方式来划分

从排斥机理看,公共政策负排斥的排斥机制主要有政治机制、经济机制、社会机制三种。以此为依据,我们把公共政策负排斥划分为政治主导型政策负排斥、资本主导型政策负排、身份主导型政策负排等三种基本类型。政治主导型政策负排斥,即在公共政策的制定与执行中,政策主导者以官方的政治标签或政治价值作为区分是否受益于政策的依据,自觉或不自觉地对各种不同政治背景或是被打上不同政治标签的人群予以不同政策待遇,使本来应当同等受惠于某项或某些政策的个人、阶层或群体被排斥于政策受益范围之外,不能公正地获得某种权利或社会机会的过程或状态。比如,改革开放前,在"以阶级斗争为纲"的基础上建立的身份等级政策就是这种负排斥的典型。

资本主导型政策负排斥,即在公共政策的制定与执行中,政策主导者以财产或收入作为区分是否受益于政策的依据,自觉或不自觉地对拥有不同财产、获得不同收入的人群予以不同政策待遇,使本来应当同等受惠于某项或某些政策但财产、收入处于劣势的个人、阶层或群体被排斥于政策受益范围之外,不能公正地获得某种权利或社会机会的过程或状态。比如,今天普遍存在的购房落户政策、流动人口子女须支付"借读费"的政策等都属于具有资本主导型政策负排斥特性的政策。

身份主导型政策负排斥,即在公共政策的制定与执行中,政策主导者以社会身份作为区分是否受益于政策的依据,自觉或不自觉地对不同社会身份的人群予以不同政策待遇,使本来应当同等受惠于某项或某些政策的个人、阶层或群体被排斥于政策受益范围之外,不能公正地获得某种权利或社会机会的过程或状态。依据社会身份的具体因子不同,身份主导型政策负排斥又可分为户籍排斥、所有制排斥、文化排斥、性别排斥、就业排斥等。譬如,在中国的二元社会结构中,国家对城市居民实施了比较全面的社会福利制度,而农民却相对较少地受惠于国家提供的福利。

三、公共政策负排斥的类型划分对政策负排斥治理的意义

对公共政策负排斥的类型进行科学的划分是进一步开展公共政策负排斥防范与治理的基础。公共政策负排斥的具体类型不同,在公共政策负排斥治理过程中所应秉持的治理原则、目标和具体治理路径必然存在很大的差异。根据公共政策负排斥的类型进行有针对性的类型化治理,是开展公共政策负排斥治理实践的需要,也是构建公共政策负排斥理论框架的需要。

第一,从政策过程角度把公共政策负排斥分为决策中的政策负排斥、政策执行(或再决策)中的政策负排斥、政策评估中的政策负排斥等,有助于我们理清公共政策负排斥的过程,便于进一步深入地研究影响公共政策负排斥的因素,揭示公共政策负排斥的形成机理。只有弄清了公共政策负排斥的形成机理,才能较准确地找到治理公共政策负排斥的药方。

第二,从动机角度把公共政策负排斥分为自觉型政策负排斥和不自觉型政策负排斥,目的在于提醒我们不仅要关注政策主体特别是政府的自觉型政策负排斥,也要关注不自觉型政策负排斥现象,思考如何完善决策体制、优化决策方式,有效提升政府自身决策能力,最终实现政策的最优供给。同时,我们不仅要关注公共政策负排斥中的直接性排斥,更要关注公共政策负排斥中的间接性排斥,特别是政策负排斥的累积效应,进一步增强防范与治理政策负排斥的认识。

第三,从影响方式角度把公共政策负排斥分为显性政策负排斥与隐性政策负排斥,有助于我们更加全面地考察政策负排斥现象。经过中国政府多年的努力,显性政策负排斥在我们身边越来越少,但是,隐性政策负排斥仍然大量存在,而且这种政策负排斥更具有隐蔽性,更善于伪装,更难发现与治理。因此,政府和社会在努力遏制显性政策负排斥的同时,更要关注隐性政策负排斥现象,研究隐性政策负排斥的特点、规律和运行机制,找寻

治理之道。

第四，从排斥结果角度把公共政策负排斥划分为政治性政策负排斥、经济性政策负排斥、文化性政策负排斥和社会性政策负排斥等，有助于进一步理解公共政策负排斥的内容，深化对公共政策负排斥概念的理解。

第五，从排斥机理角度把公共政策负排斥分为政治主导型政策负排斥、资本主导型政策负排斥、身份主导型政策负排斥等，目的在于探究当代中国政策负排斥的基本类型、特点及其各自的排斥机理，以便对症下药，找到公共政策负排斥的类型化治理方略，增强对公共政策负排斥的防范与治理的针对性和有效性。

第三节 公共政策负排斥的本质

从本质上说，政策排斥是一种社会价值的分配方式，集中体现为以政府为主的公共政策主体对社会价值的权威性分配。但是，与传统的政策分配分析框架不同的是，政策排斥把人们的关注点转向被排斥对象，即被排斥对象所失是否"失其所应失"的问题。换言之，政策排斥是否公正关系到政策排斥的根本性质，是否公正是区分政策正向排斥与负向排斥之根本界标。

为了寻求公正的本质意蕴，历代学者进行了卓越的努力，勾勒了公正理想的各种画卷，力图找到实现公正理想的手段、制度和体制。代表性的观点主要有以下几种。(1)道德说。柏拉图把公正列为四德之一，认为公正体现为各司其职、各守其序、各得其所。亚里士多德认为"公正"就是政治学上的善，他把公正作为各种德行的总称和调节社会生活的手段。① (2)平等说。弗兰克纳认为："公正就是平等待人，即把善恶平等地分配给人们的意思；公正就是给予人们以应得的奖赏或按其价值给予奖赏。"② 德沃金认为："平等对待原则是公正概念的核心部分。"③ (3)综合说。穆勒把公正区分为五种形态：第一，道德的公正——任何人依据道德权利得其所

---

① 〔古希腊〕亚里士多德：《政治学》(吴寿彭译)，北京：商务印书馆1996年版，第148—150页。
② 〔美〕威廉·K.弗兰克纳：《善的求索——道德哲学导论》(黄伟合等译)，沈阳：辽宁人民出版社1987年版，第105页。
③ 〔美〕罗纳德·德沃金：《认真对待权利》(信春鹰、吴玉章译)，北京：中国大百科全书出版社1998年版，第273页。

应得;第二,报应的公正——每个人都应得到其所应得的报酬或报应;第三,法律的公正——任何人的法定权利都应得到尊重和保护;第四,守信的公正——每个人都应信守承诺;第五,无私的公正——每个人的权利得到平等对待。① 诺兰也从综合角度深入阐释了公正的相反含义。他认为,公正就是反对带有偏见去运用规则、带有歧视性或专断性的规则和以权力剥夺正当权利。② (4)特殊保护说。上述经典作家对公正的界定主要关注同等情形同等对待的不偏私原则,但却忽视了对弱者的特殊保护问题。诚如德沃金所说,平等权利有两种,"第一种权利是受到平等对待的权利,……第二种权利是作为平等的人受到对待的权利。这不是一种平等分配利益和机会的权利,而是在有关这些利益和机会应当如何分配的政治决定中受到平等地关心和尊重的权利"③。他所讲的"作为平等的人受到对待的权利",实际上就是强调要对困难群体实施特殊保护。罗尔斯更为系统地阐释了公正理想的实现需要平衡权利平等与特殊保护之间的关系:"所有社会价值——自由和机会、收入和财富、自尊的基础——都要平等地分配,除非对其中的一种价值或所有价值的一种不平等分配合乎每一个人的利益。"④

从经典作家的讨论中我们看到,做到公正就是在强调基本权利受到平等对待的同时,也要承认每个人对社会的不同贡献。同时,公正还特别注重调剂原则,强调要对在社会合作体系中处于不利地位的弱者予以补偿。具体而言,公正应该包括四个原则:一是基本权利绝对平等原则;二是社会机会的公平获得原则;三是按贡献分配原则;四是补偿原则。据此可以得出政策排斥的性质:当权威机构通过公正原则促成被排斥对象被排斥在政策受益范围之外时,这种"排斥"是"失其所应失",是正向的政策排斥;反之,当权威机构未通过公正原则对社会价值进行分配,造成应当享受政策益处的社会成员或群体被排除在政策受益范围之外,这种"排斥"是"失其所不应失",是负向的政策排斥。可见,公共政策负排斥的本质就是背离公正原则的社会价值分配。具体表现为:一是社会成员基本权利未得到平等保障或呈现差序格局;二是社会机会未实现公平分配或遭受不公正限

---

① 〔英〕约翰·穆勒:《功用主义》(唐械译),北京:商务印书馆1957年版,第57页。
② 〔美〕R. T. 诺兰等:《伦理学与现实生活》(姚中新译),北京:华夏出版社1988年版,第406页。
③ 〔美〕罗纳德·德沃金:《认真对待权利》(信春鹰、吴玉章译),北京:中国大百科全书出版社1998年版,第358页。
④ 〔美〕约翰·罗尔斯:《正义论》(何怀宏等译),北京:中国社会科学出版社1988年版,第58页。

制;三是社会成员未获得与个人所做出贡献相当的收益;四是困难群体未得到政策的特殊保护既可能是一个层面,也可能是多个层面。下面我们结合一些实例进一步阐释。

一、社会成员基本权利差序格局

为了从底线的意义上体现出对每个人缔结社会的基本贡献和对人的种属尊严的肯定,国家应当对社会成员的基本权利予以切实的保障。基本权利就是每个人因其是一个人所应享有的权利,具体体现为一国宪法确认的社会成员在政治、经济、文化、人身等方面所享有的基本权利。在现代公民资格理论当中,公民基本权利是政治共同体赋予"作为一个完全的和平等的社会成员"所应享有的权利。马歇尔在考察公民权利演化历史的基础上将公民权利划分为民事权利(civil rights)、政治权利(political rights)和社会权利(social rights)三类。①《公民权利和政治权利国际公约》规定:人人有固有的生命权;人人有权享有人身自由和安全;人人有权享受思想、良心和宗教自由;每个公民享有参与公共事务的权利;等等。②《中华人民共和国宪法》规定,中国公民享有选举权与被选举权,言论、出版等自由,人格尊严,住宅不受侵犯,宗教信仰自由,休息的权利,劳动的权利,获得物质帮助的权利,私有财产权,受教育的权利等基本权利。不管是从公民资格角度还是从基本权利角度,基本权利平等都已成为思想家们的共识,也是现代国家政治文明的一个重要标志。正如马克思所说,"这种平等要求更应当是从人的这种共同特性中,从人就他们是人而言的这种平等中引申出这样的要求:一切人,或至少是一个国家的一切公民,或一个社会的一切成员,都应当有平等的政治地位和社会地位"③。虽然理论界并没有对公民的基本权利的范围达成一致意见,"但无论如何,生存权、就业权、受教育权以及社会保障权是发展中国家的每个社会成员所必须拥有的"④。借鉴前人的观点并结合中国宪法精神,社会成员的基本权利主要包括政治权利、经济权利和社会权利。社会成员的基本权利意味着每个社会成员都应平等享有,然而,从当下中国的实践来看,政策导致的社会成员基本权利差序格局

---

① 郭忠华、刘训练编:《公民身份与社会阶级》,南京:江苏人民出版社2008年版,第13—18页。
② 冯林主编:《中国公民人权读本》,北京:经济日报出版社1998年版,第368—388页。
③ 《马克思恩格斯选集》第3卷,北京:人民出版社2012年版,第480页。
④ 吴忠民:《公正新论》,《中国社会科学》2000年第4期,第54页。

现象还依然存在。

(一) 政治权利差序格局

马歇尔认为,政治权利是指公民作为政治权力实体的成员或这个实体的选举者,参与行使政治权力的权利。① 具体来说,政治权利包括选举权和被选举权、获得公职的权利、参与公共事务决策权等基本权利。依据实现程度,基本政治权利可分为法定权利与实然权利。法定权利指的是在规范性法律文件中规定的权利主体应享有或是获得的权利。实然权利指的是权利主体实际上真正能够享有或是获得的权利。在当下中国,公民具有平等的法定政治权利,但是,实然政治权利却依然存在差序问题。以流动人口选举权为例。《中华人民共和国全国人民代表大会和地方各级人民代表大会选举法》规定,年满十八周岁的中华人民共和国公民,都有选举权和被选举权。这条法律规定赋予了流动人口具有与其他公民一样的选举权和被选举权,但是我国目前对流动人口的选民登记仍然局限于以户籍登记为主的方式,使得流动人口的选举权难以得到保障。《中华人民共和国城市居民委员会组织法》规定,年满十八周岁的本居住地区居民,不分民族、种族、性别、职业、家庭出身、宗教信仰、教育程度、财产状况、居住期限,都有选举权和被选举权。《北京市区、县、乡、民族乡、镇人民代表大会代表选举实施细则》第三十一条规定,户口在外省市现居住在本市的人员,一般应当在户口所在地参加选举;不能回户口所在地参加选举的,由本人提供户口所在地出具的选民资格证明,也可以在现居住地进行登记。《上海市区县和乡镇人民代表大会代表直接选举实施细则》第十九条第十款规定,户口不在本市、现居住在本市的人员,一般在户口所在地参加选举;取得户口所在地的选民资格证明后,也可以在现居住地或者工作单位进行登记。其他省市也有相似的规定。可见,法律虽然赋予了流动人口选举权,但是在具体操作细则中都加入了具有本地户籍的"属地"条件,造成流动人口参与选举活动的"两难"困境:一方面,由于工作、时间、交通等因素的制约,大多数流动人口不愿意回到原籍参加选举②;另一方面,由于获得居住地选民资格的程序比较烦琐(如须提供户口所在地出具的选民资格证明),很多流

---

① 郭忠华、刘训练编:《公民身份与社会阶级》,南京:江苏人民出版社2008年版,第10—11页。

② 陈展图:《中国农村基层民主的困境与出路——基于两个村民主选举的实证考察》,《农村经济》2015年第3期,第24页。

动人口也不愿意为获得居住地的选举资格而做出努力。这两方面的原因导致流动人口的选举权很难实现:很多流动人口在不愿回到农村参加选举的同时,基本也与城镇的选举活动无缘。① 综上,从实然选举权的获得角度说,不管是与城市居民还是与农村居民相比,流动人口都处于不利的地位。

(二) 经济权利差序格局

经济权利主要包含私有财产权、参与市场竞争权、获得物质报酬权与帮助权等。在当下中国,政策导致的不同人群、不同行业之间的经济权利差距现象依然存在。例如,城乡居民之间的房屋财产权利就存在差距。城镇居民购买的商品房具有完整产权,可以抵押②、担保、自由买卖。而农民自己在宅基地上合法建造的房屋却不具有完整产权,如农民的房屋可以抵押,但宅基地不能抵押③、担保。另外,农民房屋仅限于在农村集体经济组织内部流转,而不能出售给本集体经济组织成员以外的其他个体或组织,且农村房屋买卖交易还必须经过村委会的同意,进而造成农民的房屋难以通过充分的市场交易而有效实现其财产收益权。再如,民企与国企相比,在产权保护、融资政策、税收政策、市场准入等方面都存在巨大权利差距。就拿市场准入来说,有些行业允许国有企业和外资企业进入,但却限制和禁止其他所有制企业进入,或是通过抬高市场准入门槛,使其他所有制企业无法与公有制企业、外资企业进行公平竞争。④

(三) 社会权利差序格局

马歇尔指出,社会权利指的是从某种程度的经济福利与安全到充分享有社会遗产并依据社会通行标准享受文明生活的权利等一系列权利。⑤《经济、社会、文化权利国际公约》更明确地规定,社会权利包括社会保障权、维持基本社会水准的权利、免于饥饿的权利、医疗健康权和受教育的权利。借鉴这一界定,笔者认为基本社会权利应该包括如获得足以维持生计的收入(失业补偿、低收入补偿、养老金、残疾人救济金等)、获得基本医疗

---

① 陈展图、刘苏、蒋秋谨:《农村流动人口政治权利实现研究——基于基层民主选举视角》,《经济与社会发展》2017年第4期,第61页。
② 参见《中华人民共和国担保法》第三十六条规定:"以依法取得的国有土地上的房屋抵押的,该房屋占用范围内的国有土地使用权同时抵押。"
③ 参见《中华人民共和国担保法》第三十七条规定:"下列财产不得抵押:(一)土地所有权;(二)耕地、宅基地、自留地、自留山等集体所有的土地使用权……"
④ 黄健荣:《当下中国公共政策差等正义批判》,《社会科学》2013年第3期,第10页。
⑤ 郭忠华、刘训练编:《公民身份与社会阶级》,南京:江苏人民出版社2008年版,第11页。

健康服务、拥有能够满足基本需要的住房、享受基本的义务教育、享受基本的养老服务等。在当下中国，除了政治权利和经济权利存在差序之外，政策导致的社会成员社会权利差序格局现象也大量存在，而且表现得更为明显。

其一，社会保障权利的不平等。例如，在退休政策中，退休职工的退休待遇分为三个档次，公务员最高，事业单位次之，企业职工最低，其中同一级别的公务员与企业职工的退休工资相差一倍以上。

其二，医疗保障权利的不平等。在传统的城市医疗保障制度下，公费医疗和劳保医疗的保障对象是国家机关、事业单位及国有企业工作人员及其家属，而其他社会成员则被排斥在制度之外，于是形成了城市居民与农民因身份不同而享有的医疗保障存在着权利和事实上的不平等。即使在当下，由于城市居民与农民医疗保障的筹资方式和政府投入的巨大差距，农民所享受的基本医疗水平和报销比例与城市居民相比仍然存在较大差距。

从上述内容我们可以看到，在某些政策安排中，公民基本权利可以因社会身份不同而不同，而不是依照统一的"公民"身份平等地享有；平等实际上只是同等社会身份的人之间的平等，而不同社会身份的人之间则不平等。这种不平等实际上反映了政策负排斥的本质：国家未能保障公民基本权利的平等，导致一部分社会成员或群体的基本权利缺失或实现不足。

（四）权利差序格局的负排斥效应

权利实质上是对利益关系的确定和调整。政策通过权利的赋予、变更来分配各种利益，实现对利益的调整。由于现实社会资源的稀缺性，资源的分配必定是在博弈的环境中进行。某些应当享受政策利益的被排斥群体因为应享权利得不到确认以及法定权利得不到实现，加之博弈能力不足，所以在各方博弈中通常处于劣势地位，甚至走向边缘化状态。（见图1-5）

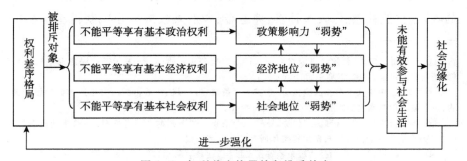

图1-5 权利差序格局的负排斥效应

二、社会机会不公平分配

对于公民个人而言,即使基本权利得到了平等对待,他也需要有机会去争取并运用这些权利,这一点对于公民能否有效参与社会生活具有决定性的作用。罗尔斯在他的正义理论中规定了"地位和职务向所有人开放""作为向才能开放的前途的平等"①的机会平等原则。他还进一步阐述各种社会地位不仅要向所有人开放,而且应使所有人都有平等的机会达到它们,"在社会的所有部分,对每个具有相似动机和禀赋的人来说,都应当有大致平等的教育和成就前景。那些具有同样能力和志向的人的期望,不应当受到他们的社会出身的影响"②。萨托利将机会平等分为"平等进入"和"平等起点","平等进入就是在进取和升迁方面没有歧视,为平等的能力提供平等的进入机会……平等起点的概念则提出了一个完全不同的基本问题,即如何平等地发展个人潜力"③。另一著名的政治思想家约翰·罗默则把机会平等界定为社会应该为竞争职位的个人创造一个公平的竞争环境。④ 以上学者的论析表明,政策所应实现的机会平等指的是每个公民拥有平等地进入竞争和平等地发展潜力的机会:一是给每一个公民提供平等地参与竞争并获得进一步发展的社会职务、地位、权力、财富的机会,比如参与公共事务管理并获得公职的机会;二是给每一个公民平等地发展自我潜力,保证所有人都有最基本的就业机会和最基本的受教育机会。在同一社会共同体中,当公共政策限制某一社会成员或群体的某一社会机会时,比如限制某一社会成员或群体获得学习或就业的机会、限制民企进入非国家安全行业、限制外地企业进入某地方市场等,公共政策负排斥就已经出现了。

就拿就业机会来说。以公务员考试为例,虽然公务员考试被誉为最公平公正的考试之一,但地域限制仍然有迹可循。例如,在重庆的公务员录用招考中,对于专科学历的考生,必须是重庆市常住人口、重庆市高校就读的外地生源和重庆内外高校就读的重庆生源,而不在重庆市内高校就读的

---

① 〔美〕约翰·罗尔斯:《正义论》(何怀宏等译),北京:中国社会科学出版社 1988 年版,第 56、61 页。
② 何怀宏:《公平的正义——解读罗尔斯正义论》,济南:山东人民出版社 2002 年版,第 111 页。
③ 〔美〕乔·萨托利:《民主新论》(冯克利、阎克文译),北京:东方出版社 1993 年版,第 350 页。
④ John E.Roemer, *Equality of Opportunity* (Cambridge: Harvard University Press, 1998), p. 1.

外地专科考生就被排斥在外。《重庆市 2018 年上半年公务员录用招考公告》第一条规定,"本次招录对象为符合下列条件之一的人员:(一)在报名开始日(2018 年 3 月 23 日,下同)前已取得或者能够在 2018 年 7 月 31 日前取得全日制普通高校普通本科及以上学历并取得学士及以上学位的人员;(二)在报名开始日前取得国民教育(包括全日制、自学考试、成人教育、网络教育、夜大、电大、函授)序列专科及以上学历且在报名开始日前户口已在重庆市辖区内的人员;(三)重庆市外生源在重庆市内高校就读以及重庆市生源在重庆市内外高校就读且能够在 2018 年 7 月 31 日前取得全日制普通高校普通专科及以上学历的 2018 年毕业生"①。这种规定实际上把不在重庆市内高校就读的外地专科考生置于不平等的地位,对户籍身份不同的专科考生施行了双重标准,对他们形成了公共政策负排斥。

再以事业单位考试为例。《2016 年常熟市教育系统公开招聘中学教师简章》分别就不同户籍的就业人员设置不同的就业门槛,使不同户籍的就业人员不能公平获得就业机会,"(一)常熟籍生源或常熟户籍(挂靠在常熟高校学生集体户口的不视作常熟籍)。1.2016 年全日制普通高校师范类(体育除外)本科及以上学历的应届毕业生,毕业时须取得本学科教师资格证书。2.年龄须在 35 周岁以下(1980 年 3 月 11 日及以后出生),学历条件为全日制普通高校师范类,或非师范体育专业本科及以上的社会在职人员,须具有符合报考学科岗位的教师资格证。(二)江苏籍生源或江苏户籍(挂靠在江苏高校学生集体户口的不视作江苏籍)。1.2016 年全日制普通高校师范类本科体育专业毕业生,毕业时须取得本学科教师资格证书。2.2016 年全日制普通高校具有硕士研究生学历、学位,且研究生学段专业与岗位要求相符或相近的毕业生,毕业时须取得报考学科教师资格证。(三)不受户籍限制。1.2016 年全日制普通高校具有博士研究生学历、学位,且博士研究生学段专业与岗位要求相符或相近的毕业生,毕业时须取得报考学科教师资格证。2.年龄须在 35 周岁以下(1980 年 3 月 11 日及以后出生),具有博士研究生学历、学位,且博士研究生学段专业与岗位要求相符或相近的社会在职人员,须具有符合报考学科岗位的教师资格证。3.年龄在 35 周岁以下(1980 年 3 月 11 日及以后出生),学历条件为全日制普通高等院校本科及以上,专业对口,具有符合报考学科岗位的教师资格

---

① 《2018 上半年重庆市公务员考试公告》,国家公务员考试网,http://www.chinagwy.org/html/gdzk/congqing/201803/76_236913.html,2018 年 9 月 8 日访问。

证并具备下列条件之一者：夫妻分居两地，指一方已经具有常熟户籍，有固定工作，另一方是非本市教育系统的在编在职教师；父母双方都具有常熟户籍的非本市教育系统在编在职教师"①。

三、贡献与报酬不相匹配

在社会财富等资源的形成过程中，每个社会成员所投入劳动的数量和质量以及生产要素不可能是相同的，因而对于社会的具体贡献是有差别的，因此，应该按照贡献分配非基本权利，即按一个人给予社会和他人的利益（贡献）来分配社会和他人必须且应该给予他的利益。最早确立这一原则的是亚里士多德。他指出："合乎正义的职司分配应该考虑到每一受任的人的才德或功绩。"②其实，罗尔斯也强调在机会平等的基础上按贡献原则进行分配，"社会和经济的不平等（例如财富和权力的不平等），只要其结果能给每个人，尤其是那些最少受惠的社会成员带来补偿利益，它们就是正义的"③。罗默则解释道："付出相同程度努力的主体应对结果负有相同的责任；既然他们的责任相同，他们得到的回报应该是平等的。"④王海明更具体地指出："每个人因其贡献不平等而应享有相应不平等的非基本权利。这样，人们所享有的权利虽是不平等的，但每个人所享有的权利的多少之比例与每个人所做出的贡献的大小之比例却是完全平等的。"⑤吴忠民则认为根据每个社会成员的具体贡献进行有差别的分配，一方面体现了平等的理念（尤其是平等的劳动权利）；另一方面更体现了自由的理念，充分尊重并承认了公民个体对于社会各自不同的具体贡献。⑥

虽然非基本权利应按比例原则进行分配（贡献与报酬应相匹配）在现代国家已成共识，但要真正实现并不容易。当下中国不同行业存在的巨大收入差距就反映了这一现实。国家统计局发布，2015年城镇非私营单位就业人员年平均工资最高的三个行业分别是金融业114777元，信息传输、软

---

① 《2016年常熟市教育系统招聘38名中学教师简章》，江苏公务员资讯网，http://www.jsgwyw.org/2016/0307/36731.html，2017年1月8日访问。
② [古希腊]亚里士多德：《政治学》（吴寿彭译），北京：商务印书馆1996年版，第136页。
③ [美]约翰·罗尔斯：《正义论》（何怀宏等译），北京：中国社会科学出版社，1988年版，第12页。
④ John E. Roemer, *Equality of Opportunity* (Cambridge: Harvard University Press, 1998), pp. 26-27.
⑤ 王海明：《平等新论》，《中国社会科学》1998年第5期，第56页。
⑥ 吴忠民：《公正新论》，《中国社会科学》2000年第4期，第55—56页。

件和信息技术服务业 112042 元,科学研究和技术服务业 89410 元;年平均工资最低的三个行业分别是农、林、牧、渔业 31947 元,住宿和餐饮业 40806 元,水利、环境和公共设施管理业 43528 元;最高与最低行业平均工资之比为 3.59。① 不同行业的收入差距,实质上体现为当前国家收入分配政策体系对某些社会群体的负排斥,以致某些社会成员未能获得与其贡献相一致的报酬。

四、特殊保护或实质平等缺失

因先天性因素如自然禀赋、发展潜力、原生家庭、财产继承等方面的影响,不同的人有不同的发展起点和发展潜力,由此而产生的利益与机会分配的不平等也就不可避免。奥肯就指出:"机会不均等的起跑线一方面是天赋能力的遗传,另一方面显然是家庭的不利地位。"②因此,机会公平原则应包括差别对待原则,即给予先天性条件不同的社会成员差别对待,这正是机会公平的精义所在。正如恩格斯所言,只有实行人的权利不平等,才能实现真正的社会平等,"要避免所有这些弊病,权利就不应当是平等的,而应当是不平等的"③。哈耶克对法律的形式公正进行了强烈的讽刺,"崇高的法律平等;这种法律赋予富者和贫者以平等待遇,竟然一视同仁地禁止他们栖宿于桥梁之下、沿街乞讨并偷窃面包"④。罗尔斯进一步指出,为了平等地对待所有人,提供真正的同等的机会,社会必须更多地关注那些天赋较低和出生于较不利的社会处境的人们,"社会和经济的不平等应该有利于社会之最不利成员的最大利益(差别原则)"⑤。罗尔斯还深入阐释了给予弱者特殊保护的理由。第一,天赋优势并非应得。第二,对天赋优势的利用必须有利于共同利益。"在作为公平的正义中,人们同意相互分享各自的命运。他们在设计制度时利用自然和社会的偶然因素,只是在这样做有利于共同利益的情况下。"⑥第三,互利才可能进行自愿的社会合作。

---

① 《2015 年城镇非私营单位就业人员年平均工资 62029 元》,新华网,http://news.xinhuanet.com/fortune/2016-05/13/c_1118864115.htm,2018 年 1 月 10 日访问。

② 〔美〕阿瑟·奥肯:《平等与效率:重大的抉择》(王奔洲等译),北京:华夏出版社 1999 年版,第 73—74 页。

③ 《马克思恩格斯选集》第 3 卷,北京:人民出版社 2012 年版,第 364 页。

④ 〔英〕弗里德利希·冯·哈耶克:《自由秩序原理》(上)(邓正来译),北京:生活·读书·新知三联书店 1997 年版,第 296 页。

⑤ 〔美〕约翰·罗尔斯:《正义论》(何怀宏等译),北京:中国社会科学出版社 1988 年版,第 97 页。

⑥ 同上。

"我们只可能在这一体系的条件是合理的情况下要求每一个人的自愿合作。这样,差别原则看来就提供了一个公平的基础,在这一基础上,那些天赋较高者,社会条件较幸运者能够期待别人在所有人的利益都要求某种可行安排的条件下与他们一起合作。"① 当然,对于困难群体的保护有一个限度,就是不应该使某一个群体在政策的保护下获得支配其他群体的特权。

特殊保护缺失所产生的负排斥现象在现实中也是大量存在的。比如,国家没有对小微企业提供必要的保护与扶持,使得那些弱势企业在与国有大企业竞争中处于不利的境地;最低生活保障政策的缺失与执行不力导致困难群体难以享有基本生活条件和合理的生活前景;对低收入者、老年人、未成年人、妇女等群体的特殊保护机制的缺乏导致这些群体在受教育、就医、住房等方面的平等机会被排斥;困难群体的表达渠道缺失导致其表达机会被排斥;对处于不利地位的各种文化群体和文化形式的特殊保护机制的缺失导致文化困难群体平等参与和享受文化的权利被排斥。

第四节 公共政策负排斥的多维审视

社会利益或社会价值"分配给谁"以及"怎样分配"的问题是公共政策所要解决的核心问题。可见,公共政策伦理在很大程度上就是选择的伦理,这种选择既包括利益的选择,也包括价值的选择。从价值选择角度出发,公共政策伦理就是指公共政策主体在公共政策过程中所应确立和遵循的伦理理念、伦理行为、伦理规范的总和。它体现了国家和社会对公共政策本身的伦理规范和要求,具体体现为对政策合法性、政策合理性和政策公共性的追求。其一,公共政策要以合法性为基础追求。卢梭认为,国家不是建立于世袭或神意的授权下,而是奠基于人民民主和宪政的基石上,政府的权力来源于人民的授权,政府的权力必须为人民服务。换言之,人民的授权是公共政策合法性的唯一来源。因此,公共政策的伦理理念和伦理精神要求公共政策的制定、实施及其内容必须致力于获得公众的认可和接受,必须致力于符合宪法和法律要求。"政府只有合于宪法,才能行使实

---

① 〔美〕约翰·罗尔斯:《正义论》(何怀宏等译),北京:中国社会科学出版社1988年版,第98页。

际的权力;只有忠实于它必须实施的法律,它才是合法的。"①其二,公共政策要以合理性为基本准绳。在资源稀缺的条件下,个人之间,个人与群体之间,个人、群体与政府之间难免会在某种利益上产生矛盾或冲突,而且政策的实现受具体的政治、经济、文化与技术条件的制约。可见,在现代社会,公共政策制定和执行应考虑两个基本方面:一是必须考量正当性标准,反映和实现公共利益(价值的合理性),以有效调和各种利益矛盾;二是必须考量政策环境的客观制约性(工具的合理性),以实现政策的可行性。因此,追求价值理想与现实条件的平衡是公共政策合理性的基本遵循,也是公共政策制定和执行所应遵循的基本伦理要求。其三,公共政策要以公共性为根本旨归。公共政策之所以不同于企业政策,其根本性的区别在于:公共政策是以政府为主体的公共机构做出的,追求的目标是公共利益。因此,公共政策伦理应当把"公共性"作为自己的逻辑起点和根本旨归。可见,合法性、合理性、公共性是考察公共政策伦理的三个最基本的维度。从合法性、合理性、公共性三个视角来考察公共政策负排斥的深刻本质,既是深入认识公共政策负排斥现象的需要,也是深度开展公共政策负排斥理论建构的需要。

一、公共政策负排斥与政策合法性

哈贝马斯认为,合法性意味着"被认可的价值以及事实上的被承认"②。这种被认可的价值包括形式认可与实质认可两个层面。具体而言,公共政策的合法性包括两个基本层面:一是形式合法性,即政策既要符合上位法特别是宪法的精神,不能与上位法相抵触,更要符合自然法的精神,体现的是符合正义、代表民意的良政,而不是恶政;二是实质合法性,即政策要得到公众的普遍赞同与服从。正如阿尔蒙德所说:"如果某一社会中的公民都愿意遵守当权者制定和实施的法规,而且不仅仅是因为若不遵守就会受到惩处,而是因为他们确信遵守是应该的,那么,这个政治权威就是合法的。"③从内容构成角度看,公共政策合法性主要包括政策价值合法性、政策内容合法性、政策程序合法性。公共政策负排斥本质上就是一种权威

---

① 黄基泉:《西方宪政思想史略》,济南:山东人民出版社2004年版,第268页。
② 〔德〕哈贝马斯:《交往与社会进化》(张博树译),重庆:重庆出版社1989年版,第184页。
③ 〔美〕加布里埃尔·A. 阿尔蒙德、小 G. 宾厄姆·鲍威尔:《比较政治学:体系、过程和政策》(曹沛霖等译),上海:上海译文出版社1987年版,第35页。

机构按照非公正原则对社会价值进行配置的分配方式,其价值分配的理念、内容、程序都是与政策合法性严重相悖的,是一种政策合法性的异化。

第一,公共政策负排斥背离主流社会价值规范,与政策价值的合法性要求相悖。政策价值的合法性体现为,政策所体现的价值规范要与作为共同体的主流社会价值规范保持同一。正如让-马克·夸克所言:"政治应该将何种价值作为自己所推动的目标,处于统治地位的人和处于服从地位的人应当就这一点达成一致,也只有在这个时候,统治才能成为一种权利行为。"①在现代社会,符合正义要求且被人类社会确立为公共生活应坚持的根本性的、普遍性的伦理标准,是一个共同体最重要的主流社会价值规范。公共政策负排斥是政策主导者为了谋取自身或自己所在群体的特权,利用自己所控制的政策制定权和执行权把本应享受某种政策利益的人群排除出政策受益范围的一种公共安排。这种公共安排把政治共同体内社会成员或社会群体的基本权利置于差等的地位,使某些社会成员遭受不公正的对待,显然违背了符合正义的主流社会价值规范。

第二,公共政策负排斥常常违背合法律性要求,与政策内容的合法性要求相悖。政策内容的合法律性是公共政策合法性的基本条件。公共政策的合法律性包含两个层面:一是合乎上位法特别是宪法的要求;二是合乎自然法的标准,"虽然政府实质合法性的具体内涵随着时代的变迁会有所变化,但它在本质上应当也必须与自然法一致"②。什么是自然法?黄健荣认为,"自然法是人类社会作为确定法制基础的关于正义的基本和终极的一切原则的集合"③。政策负排斥本质上是对不同人群的基本权利实行差等对待,这显然违背了政策的合法律性要求。一则违反宪法精神。《中华人民共和国宪法》第三十三条规定:"中华人民共和国公民在法律面前一律平等。国家尊重和保障人权。"而政策负排斥把某些人群的基本权利置于差等的地位,显然与宪法精神和具体条款相悖。二则违反自然法的标准。自然法以正义为根本准绳,而不同人群的基本权利实行差等对待的政策负排斥是一种背离正义的政策安排。正如罗尔斯认为,每个人对基本权利的平等享有是正义的首要要求,"每个人都对与所有人所拥有的最广泛

---

① 〔法〕让-马克·夸克:《合法性与政治》(佟心平、王远飞译),北京:中央编译出版社 2005 年版,第 19 页。

② 黄健荣:《论现代政府合法性递减:成因、影响与对策》,《浙江大学学报(人文社会科学版)》,2011 年第 1 期,第 21 页。

③ 同上。

平等的基本自由体系相容的类似自由体系都应有一种平等的权利"①。总之,公共政策负排斥是一种违背合法律性要求的政策现象。

第三,公共政策负排斥常常排斥大众参与,与政策程序的合法性要求相悖。充分表达民意是公共政策程序正当性的基本要求,也是实质合法性的根本体现。在公共政策制定与执行过程中,只有最大限度地促进公众参与,让公众的意愿和诉求得到充分的表达,并最大限度地回应公众的企盼,公众才能从心里由衷地信任乃至信仰政府做出的政策安排。正如彼得斯所言,"在这样一个时代里,如果没有公众的积极参与,政府很难使其行动合法化"②。如果没有民意的充分表达,公众可能会质疑乃至抵制政府的政策安排,从而构成对公共政策合法性的巨大损害。而政策主导者在推动公共政策负排斥过程中,不仅不会鼓励公众的政策参与,反而可能采取各种方式把公众排斥在公共政策过程之外,最终形成有利于自身利益的政策安排。世界银行在《变革世界中的政府:1997年世界发展报告》中深刻地揭示了那样一种事实,"在几乎所有社会中,有钱有势者的需要和偏好都会在政府制定的公共政策中得到充分体现,而对于那些即便是最应当从中受益的但却处于社会边缘的人们来说,这种情况却十分罕见"③。

二、公共政策负排斥与政策合理性

合理性是公共政策的基本价值观念之一,但是,学者对其的界定却莫衷一是。德国政治哲学家韦伯把合理性分为形式合理性与实质合理性。在他看来,形式合理性是对政策程序、方式方法的有效性、可计算性做出的客观事实判断,不涉及对政策目的正当与否的拷问;实质合理性则是对政策目的、结果所反映的价值信念做出的主观意识判断,即人们"要提出伦理的、政治的、享乐主义的、等级的、平均主义的或某些其他的要求,并以此用价值合乎理性或者在实质上目的合乎理性的观点来衡量"④。美国政治学家伊斯顿也认为,公共政策的合理性是工具理性与价值理性的统一,"公共

---

① 〔美〕约翰·罗尔斯:《正义论》(何怀宏等译),北京:中国社会科学出版社1988年版,第7页。
② 〔美〕B.盖伊·彼得斯:《政府未来的治理模式》(吴爱明、夏宏图译),北京:中国人民大学出版社2001年版,第59页。
③ 《变革世界中的政府:1997年世界发展报告》(蔡秋生等译),北京:中国财政经济出版社1997年版,第110页。
④ 〔德〕马克斯·韦伯《经济与社会》(上卷)(林荣远译),北京:商务印书馆1997年版,第107页。

政策对资源进行分配将涉及两种合理性问题：一是为何分配、为谁分配的价值合理性问题；二是确立何种依据、通过什么方式、什么程序分配的工具合理性问题"①。另一名美国政治学家荻辛则从综合角度认为，公共政策应追求技术理性、经济理性、法律理性、社会理性、实质理性等五种理性。② 虽然不同学者对政策合理性的界定有所不同，但都不约而同地关注了政策目的合理性、程序合理性和结果合理性三个基本维度。下面我们就以异地高考政策③为例，从这三个维度来探讨政策负排斥与政策合理性的关系。

第一，公共政策负排斥目的的自利性，与政策目的合理性要求相背离。目的合理性是指公共政策的目的要出于合理的正当动机，应负载正向价值，能体现全体公民的共同诉求。然而，异地高考政策的目的却与合理性要求有所偏离。一是地方政府出台异地高考政策的核心目的实质上不是推进教育公平，而是回应上级的行政指令。虽然异地高考问题的存在已逾十年，却很少有地方政府主动予以关注，由此可见，地方政府破解异地高考问题的主观意愿并不强烈，近些年把这一议题纳入政府议程只是地方政府在中央三令五申的背景下的被动行为。二是地方政府出台异地高考政策的目的不是优先考虑随迁子女升学考试需求、推进教育公平，而是地方的利益不受威胁。最大限度地放开外地户籍人口参与高考的限制，是实现教育公平和社会公平的应有之义。迫于国家压力，近些年各地虽然出台了异地高考政策，但是都不约而同地设置了严苛的准入条件，如父母的工作、收入、保险缴纳等，这就使异地高考政策实际上成为地方政府纳优斥劣的排斥工具，很多城市外来群体的正当诉求未能在政策中得到实现。

第二，公共政策负排斥形成程序的单向性，与政策程序合理性要求相抵触。程序合理性意味着政策内容要符合实体法的规定和精神，而且政策形成过程也要符合公平性和合理性要求。一般而言，政策程序合理性可从三个方面来衡量：一是"批判"的制度化，即在政策过程中把各参与者提交政策议案并做互相批判的机会，以制度化的方式加以规定；二是程序的认可性，即其他人能够了解在程序中所讨论的内容，且相信观点和证据都是

---

① 〔美〕戴维·伊斯顿：《政治体系：政治学状况研究》（马清槐译），北京：商务印书馆1993年版，第130页。
② 转引自陈庆云：《公共政策分析》，北京：中国经济出版社1996年版，第59页。
③ 异地高考政策依据父母的身份背景对随迁子女的高考权利进行分配，从而把居于弱势地位的城市外来人口特别是进城务工人员子女排斥出参与学习地高考的范围，是一种典型的政策负排斥现象。

通过合法、正当的手段和程序得出；三是程序的公平性，指给政策参与者提供叙述自己主张的恰当途径。① 但是，各地异地高考方案的制定程序却与程序合理性要求南辕北辙，主要体现在以下两个方面。一是基本缺乏"批判"环节。各地在制定异地高考政策时基本都选择避开调研论证、公开征求意见和协商协调等环节。有学者在农民工对异地高考政策制定的满意度调查中发现，公开征求意见基本流于形式，"30 个省（市）中仅有 10% 的省（市）通过农民工不熟悉的网络方式，在短时间内征求过意见（陕西 4 天、安徽 6 天、上海 11 天）"②。二是违背程序的公平性。例如，北京提出，参加北京高考的外来人口子女只能报考职业学校，然而，作为关键利益相关人的外来人口却被排除在这一政策制定过程之外，背离了程序合法性的基本要求。

第三，公共政策负排斥结果的负向性，与政策结果合理性要求相悖。政策结果合理性应体现为利益核算与道德评价的统一。一方面，结果的合理性意味着"公共政策成功地实现了效益的最大化"③；另一方面，结果的合理性意味着公共政策必须有利于整体社会健康有序发展和实现社会公平正义。综合来看，异地高考政策在实现政策结果合理性上也不容乐观。一是异地高考虽然对促进实质性教育公平上有一定的积极效应，但是其真正受益对象却很少，未能有效满足政策客体的正当诉求。"各地自 2012 年年底施行异地高考政策以来，实际受益人数总共不过 6 万人左右，其中，2013 年 4440 人，2014 年 5.6 万人。"④二是不利于社会公平的实现。在高门槛条件的限制下，异地高考政策的真正受益者为外来人口中的"精英群体"子女，而农民工子女由于其父母不符合工作、收入、保险缴纳等方面的要求而被排斥出在城市参加高考的正当机会，从而让真正处于不利地位的农民工子女陷入更不利的境地，违背了实现政策公正的要求。正如有学者所感叹的那样，"异地高考政策从一项为解决农民工子女异地参加高考的关注

---

① 尹姣容、葛新斌：《合理性视域下的异地高考政策剖析》，《教育发展研究》2015 年第 4 期，第 27 页。
② 同上。
③ 〔美〕斯图亚特·S. 尼古：《政策学：综合与评估》（周超等译），北京：中国人事出版社 1991 年版，第 6 页。
④ 尹姣容、葛新斌：《合理性视域下的异地高考政策剖析》，《教育发展研究》2015 年第 4 期，第 28 页。

社会公平、公正的社会政策演变成了一种优先照顾精英的'拼爹'政策"①。进一步言之,这种政策不仅未能有效解决进城务工人员随迁子女公平受教育权问题,反而在一定程度上加剧了教育不公和社会不公的现状,因为,一些地方的异地高考政策人为地把外来人口撕裂为"高端人口"和"低端人口",人为地使农民工子女再一次受到社会歧视。

三、公共政策负排斥与政策公共性

何为政策公共性?这是现代政治学家热忱探讨的经典问题。公共政策本质体现为对社会公共利益的权威性分配,那么,公共政策的公共性就是指公共政策的价值依归最终要指向维护和增进公共利益。正如克鲁斯克等人认为,"公共政策应该最终提高大家的福利而不只是几个人的福利"②美国著名行政学家弗雷德里克森则是在批判传统公共行政中片面追求效率、经济等不良价值导向的基础上,强调公共政策要以实现社会公平为根本准绳,"公共行政对公平与平等的承诺,都应与对效率、经济和效能的承诺同等重要"③。对公共性的论析最具代表性是哈贝马斯,他认为,公共性是通过公众的公开批判、理性对话的过程来实现的,即"公开地接受具有批判意识的公众监督"④的过程。在汤普森看来,哈贝马斯只是强调了政策过程的"对话的公共性",而在大众传播环境下,公共政策的公共性还应包含可见度的公共性或透明度的公共性,"一个开放的、可见的空间,使得原来或传统上仅有少数人获知或分享的信息或声音都将通过大众传媒在公共空间中获得被听见和看见的可能性"⑤。综合不同学者的看法,政策公共性应当包含如下几层实质内涵:一是公益性,即公共政策必须以公共利益为轴心和归宿;二是公平性,即所有社会成员都应受到公共政策的平等对待;三是公开性,即公共政策过程必须保持高度的开放性和透明度。下

---

① 谢宇、谢建社、潘番:《教育公平视野下的异地高考新政思考》,《复旦教育论坛》2013年第5期,第78页。

② 〔美〕E.克鲁斯克、B.杰克逊:《公共政策词典》(唐理斌等译),上海:上海远东出版社1992年版,第930页。

③ 〔美〕H·乔治·弗雷德里克森:《公共行政的精神》(张成福、刘霞、张璋等译),北京:中国人民大学出版社2003年版,第204页。

④ 〔德〕哈贝马斯:《公共领域的结构转型》(曹卫东等译),上海:学林出版社1999年版,第57页。

⑤ 〔英〕约翰·B.汤普森:《意识形态与现代文化》(高铦等译),南京:译林出版社2005年版,第266页。

面我们则从此三个方面来阐释政策负排斥与政策公共性的关系。

第一,公共政策负排斥指向局部利益、个体利益与短期利益,与公共政策所应秉持的公益性相悖。公共政策必须以公共利益的增进和实现为根本追求。首先,从政策问题来看,公共政策问题必须是公共性的,要立足于回应公众的要求,而不是个人性的、小集团性的。正如有学者所说:"政策绝不能仅仅理解成官方声称的目标,而且应还包括广阔范围内的所有参与者之间被模式化了的行为方式,这样人们才能够了解将要发生的事情。"[①]其次,公共政策的制定与执行必须以公共利益最大化为出发点。再次,公共政策的效果要以公共利益的实现为衡量标准。然而,公共政策负排斥常常以实现局部利益、部门利益和个体利益为目的,导致大众利益和整体利益受损,与公共政策所应秉持的公益性相背离。譬如,我国某些地方实行的"重短期绩效轻长远利益"的环境治理政策,只是满足了少数官员对短期政绩的需求,却造成对当代人和后代人公共利益的负排斥效应,制约了公共政策公共利益价值目标的实现。

第二,公共政策负排斥旨在保障某些个人或群体的特权,与公共政策所应追求的公平性相悖。公共政策是对社会利益的权威分配,那么,这种分配必须具备公平性。一般地说,公平就是指处理事情合情合理,不偏袒某一方或某一个人。在政策负排斥环境下,为了维护自身群体的利益或获取更多更好的利益或特权,政策主导者采取将其他社会群体排斥在政策利益范围之外的政策安排,导致被排斥群体遭受政策负排斥的结果。政策负排斥与政策公平性形成严重背离。例如,在过去我国的城乡二元分治政策中,农民、农民工等群体的社会保障、住房保障被长期排斥在国家基本保障范围之外,形成城乡二元差序的权利分配格局,违背了公共政策公平性的基本准则。

第三,公共政策负排斥形成过程的封闭性特质,与公共政策所应遵循的公开性相悖。哈贝马斯认为:"本来意义上的公共性是一种民主原则,每个人一般都能有平等的机会表达其个人倾向、愿望和信念——即意见;只有当这些个人意见通过公众批判而变成公众舆论时,公共性才能实现。"[②]依据哈贝马斯的观点,公共政策公共性的实现具体体现为两个基本层面:

[①] 〔英〕H. K. 科尔巴奇:《政策》(张毅,韩志明译),长春:吉林人民出版社 2005 年版,第 21 页。

[②] 〔德〕哈贝马斯:《公共领域的结构转型》(曹卫东等译),上海:学林出版社 1999 年版,第 252 页。

一是公众能就公共政策的对错、利弊与决策者展开对话、讨论，进而对公共政策的制定者和执行者施加强大舆论压力；二是公众能通过特定规则决定政策的选择，进而可能迫使政府采取修改、调整、终止等政策行为。① 在公共政策负排斥形成过程中，政策主导者为实现公共政策负排斥目标常常实行封闭式决策，即政策的议程设定、方案制定不经过听证会、专家咨询会、民主座谈会等政策协商过程，也没有经过向社会征求意见的程序。例如，在地方异地高考政策制定过程中，专家、普通网民等非决策者在大多数时候只能通过网络一厢情愿地表达自己的价值主张和利益诉求，而那些最重要的利益相关者由于不熟悉网络等原因甚至被排除出政策协商过程，"针对农民工对异地高考政策反响的调查报告显示，仅有17.8%的农民工了解并且十分关注异地高考政策，高达60%多的农民工不清楚异地高考政策，甚至从未听说"②。这种在封闭式决策环境下形成的负向排斥性政策与政策公开性格格不入，而其弊端也要依赖于公开性方略来破解。例如，很长一段时间中国公务员招考和大学招生录取都对乙肝病毒原携带者实行排斥的态度，导致很多优秀青年因为这一疾病而被排斥在国家机关或大学校门之外，这种负排斥性政策直到2003年"肝胆相照"网络论坛公开讨论而引起决策层的重视后才得以改变。《中华人民共和国就业促进法》明确规定禁止歧视传染病病源携带者。③

总之，公共政策负排斥是一种违背公共政策运行必须恪守的合法性、合理性、公共性准则的政策现象，是现代政治的一项"负资产"，政府与社会理应竭力遏止与治理。

---

① 陈潭：《公共性：公共政策分析的一般范式》，《湖南师范大学社会科学学报》2002年第4期，第48页。
② 冯帮、崔梦川：《关于农民工对异地高考政策反响的调查报告》，《上海教育科研》2013年第1期，第48—49页。
③ 朱亚鹏：《网络社会下中国公共政策议程设定模式的转型——基于"肝胆相照"论坛的分析》，《中山大学学报（社会科学版）》2010年第5期，第164页。

第二章 当代中国公共政策负排斥基本类型之流变

> 一切背离了公正的知识都应叫作狡诈,而不应称为智慧。
> ——柏拉图

公共政策负排斥不是一朝一夕形成的,而是有一个历史积累的过程。在不同的时期,它的表现方式有所差异。通过对1949年以来中国公共政策负排斥主要类型及历史演变过程的描述,可以为我们理解当代中国公共政策负排斥的特征提供历史与现实的经验材料。依据排斥机理,公共政策负排斥可划分为政治主导型政策负排斥、资本主导型政策负排斥、身份主导型政策负排斥等基本类型。本章以当代中国公共政策负排斥基本类型之流变为考察主线,深入解构各种类型公共政策负排斥的形成机理,从而为公共政策负排斥的类型化治理提供理论与现实的参照。

第一节 政治主导型政策负排斥

政治主导型政策负排斥,即在公共政策的制定与执行中,政策主导者以官方的政治标签或政治价值作为区分是否受益于政策的依据,自觉或不自觉地对各种不同政治背景或是被打上不同政治标签的人群予以不同政策待遇,使本来应当同等受惠于某项或某些政策的个人、阶层或群体被排斥于政策受益范围之外,不能公正地获得某种权利或社会机会的过程或状态。一个社会成员或社会群体获得多少,怎样获得,主要由其政治背景、政治立场或是被打上的政治标签等政治因素所决定,实质上体现为对拥有不同政治背景、政治标签的社会成员或社会群体施行双重标准或多重标准。在改革开放前,我国的政治身份相关政策就是这种政策负排斥的典型。在这种政策体系中,具有优等政治身份的工人、贫雇农和革命军人,在稀缺资源的分配中占有优势地位,如工人和贫雇农或其子女在升学、参军、招工和提干中享有优先的机会;地主和资本家等"成分不好"的人总是处于被动的地位,他们及其后代常常面临被剥夺升学、参军、提干等机会的处境。这种政策负排斥导致社会成员的权利和机会获得具有先赋性、代际承继性特点。

一、政治主导型政策负排斥的基本特征

(一)以政治背景、政治标签等政治因素作为人们获得权利和社会机会的依据

在政治主导型政策负排斥中,人们获得某种权利和社会机会不是靠个人的努力和能力,而是取决于其政治背景、政治立场、政治观点或是被打上的政治标签等政治因素。"政治背景""政治标签"成为直接分配社会资源的依据,在社会分配政策体系中享有充分的合法性。人们所具有的社会地位标志,诸如职业、教育水平、收入、权力等,都受到政治背景或是被打上的政治标签等政治因素的制约。比如,在"文化大革命"时期,不同政治身份和家庭出身的社会成员被人为地划分为"红五类"和"黑五类"。而"黑五类"被排斥在人民的概念之外,属于阶级敌人的范畴,基本被剥夺了上大学、入党、参军、担任公职等机会。而且,有学者研究发现,阶级成分不同,劳动报酬也会被施行双重标准,"在农村社队,对'可教子女'同工不同酬,或分配重活却少记工分"[①]。在这种政策结构中,人们的政治背景和政治标签等先赋性条件成为政策分配的依据,从而构成了政治主导型政策负排斥。

(二)政治权力在社会公共资源分配中居于主导地位

为了保障以政治因素为基准来分配权利和社会机会的排斥方式顺利运行,国家建立了政治权力主导的社会资源分配模式。这种模式主要有以下几个特点。一是以计划手段切断直接生产者与消费者之间的横向联系,从而使每个社会成员都要通过服从政治权力来换取资源,权力中心的意识形态、政治观念对社会分层具有明显的建构作用。二是政治权力决定每个人的政治标签,从而决定每个人的命运。韩丁的研究揭示了这样的事实,

---

① 刘小萌:《血统论与知青上山下乡运动》,《青年研究》1995年第2期,第35页。

在以"阶级斗争为纲"的年代,划成分"是决定他们命运的事情,整个运动中最重要的就是这项工作,谁领导划成分,刀把子就掌握在谁手里"①。三是改革开放前,在公有制基础上,政治权力中心用工资政策、价格政策、收购政策等杠杆控制了初次收入分配;改革开放后,在诸多情况下,政治权力仍然通过单位制或其他政策干预方式主导着经济社会生活的运行。正如谢宇所说,"在当今中国,单位依然举足轻重,它对个人的收入、声望、福利乃至社会关系,都依然发挥着非常大的作用"②。

(三) 以权力本位为价值理性

在政治主导型政策负排斥中,政策主导者以人们的政治标签、政治背景、政治立场、政治观点等政治因素为基准来划分社会群体并赋予其不同权利和社会地位,实质上体现了权力本位的价值理性。改革开放前,政策主导者按照人们的政治背景、政治标签、政治态度来进行社会利益的分配,表层目的与深层目的并不统一,实质是权力本位的体现。当下中国的"官二代"现象,也正是权力本位左右的结果。在权力本位思想的左右下,一些思想腐化的领导干部依仗自己手中特权,名正言顺地将自己的"二代"安排进入"官场",并进一步利用隐性的特权和潜规则,以各种方式帮助子女进一步发展,造成干部子女变相的权力世袭。

(四) 以高度集权型体制为工具理性

新中国成立以后,为了尽快实现国家工业化与社会现代化目标,落实赶超战略,我国实行高度集中的政治体制。在这种体制中,执政党和政府成为社会管理的唯一主体,对政治生活和社会生活实行单向度的管理。在政治上,执政党和政府自觉或不自觉地建立了以政治标签、政治背景为划分依据的身份分类体制,同时通过政治表现、政治立场、政治觉悟为基准的评价机制实现了对干部及普通民众工作、学习、生活的全面控制。在经济上,实行对社会成员的工作、学习、生活进行全面调节和控制的计划经济体制。在思想文化领域,建立了个人的权利获得与政治立场、政治觉悟和道德品质密切挂钩的意识形态机制,实现了对社会成员政治思想和文化生活的控制。在这种体制下,政府通过编制单位隶属关系网络,使每一个基层单位都隶属于自己的上级单位,使上级单位可以全面控制和支配下级单

---

① 〔美〕韩丁:《翻身——中国一个村庄的革命纪实》,北京:北京出版社1980年版,第482—483页。
② 刘春荣:《认识中国的不平等》,《社会》2010年第3期,第7页。

位,调拨分配人力、物力、财力等资源,从而保障了一系列"政治统帅社会、统帅经济"的政治主导型负向排斥性政策体系的有效运行。

二、政治主导型政策负排斥的演变轨迹

中华人民共和国建立以来,随着中国民主政治的发展和经济体制改革的推进,政治主导型政策负排斥呈现了先发展后减弱的态势。以排斥程度为标准,政治主导型政策负排斥可以分为以下四个阶段。

(一) 1949—1956 年:政治主导型政策负排斥初步形成阶段

新中国成立之初,国内阶级矛盾十分尖锐,因此划分阶级成为当时诸多政治运动中的首要工作。1950 年 8 月 20 日公布的《中央人民政府政务院关于划分农村阶级成份的决定》(本段中简称《决定》),对地主、富农、中农、贫农和工人五大基本阶级成分以及对反动富农、破产地主、富裕中农、知识分子、游民、贫民、农村工商业家、手工业资本家、商人、革命军人、自由职业者、小贩、开明士绅、恶霸等的基本内涵做了详细界定。① 该《决定》还指出,"青年学生……一般不应划分其阶级成分,只划分其家庭出身"②。由此,以家庭出身为内容的政策负排斥体系初步建立。但是,总的来说,1957 年以前,政治主导型政策负排斥程度还相对较轻,"对各阶级成分的划分和待遇一般都是根据人们在解放前的经济地位来决定的",而不是"以政治态度、吃穿好坏为标准"③,所谓"出身(成分)不好"的人所受到的冲击不大。比如,在农村,富农的土地基本得到了保留,地主的土地虽然被分了,但仍然给他们保留了一部分耕地;在城市,小资本家与民族资本家仍然可以经营他们的企业,而且,在这一时期,他们的子女还可以到国有企业任职。由此可见,1949 年至 1956 年,对社会身份形成具有决定作用的政治标签体系尚未正式确立,但是已经具备了相关的制度基础。

(二) 1957—1978 年:政治主导型政策负排斥全面形成阶段

1956 年社会主义改造基本完成后,在"左"倾错误的主导下,中国共产党在政治路线上步入了阶级斗争扩大化之歧途,在经济路线上也启用了阶级斗争的方法,于是将政治标准、意识形态标准引入社会分层机制中,以阶级成分和政治背景为标准分配社会利益的政治主导型政策负排斥得以迅

---

① 《建国以来重要文献选编》(第 1 册),北京:中央文献出版社 1992 年版,第 382—407 页。
② 同上书,第 406 页。
③ 《中国共产党历史》(第 2 卷·上册),北京:中共党史出版社 2011 年版,第 96 页。

速膨胀,政治标签和政治背景成为利益分配的重要依据。从 20 世纪 50 年代后期到 70 年代末期,以政治标签、政治背景等政治因素作为人们获得权利和社会机会的分配标准的政治主导型政策负排斥现象几乎遍布教育、就业、提干等社会公共生活的方方面面。

在政治力量的推动下,我国建立了排斥"家庭出身不好"的学生的"阶级路线"高校招生政策。1957 年至 1977 年间,家庭出身、政治身份成为教育机会差别的主要原因。以北京大学的招生为例,1957 年来自工农家庭的学生为 30.8%,1960 年为 64.8%,1964 年为 41.5%,"文化大革命"期间的 1974 年竟达到 78.6%。① 而且,大学里有些重要专业以及有些被视为可能接触尖端技术的专业更是只录取"家庭出身好"的考生,不录取"家庭出身不好"的考生。至于当时有少数出国深造的机会,则百分之百分配给"家庭出身好"的人。②

这一时期,国家还建立了以家庭出身为标准的负向排斥性就业政策。在"文化大革命"时期,由于政治气氛浓厚,很多职业都被视为具有政治敏感性的职业,例如与航空、国防、军事工业、情报部门、海关、高技术、保卫等有关的职业,这些职业都排斥那些"家庭出身不好"的人,而只能由"家庭出身好"的人来承担。单位招工也通常按政审表决定"取舍":首先把"出身不好"的剔除,再把家庭有问题的筛掉,"有的单位明确提出'三不要':出身不好的不要,家庭有政治历史问题的不要,社会关系复杂的不要,'只要根正苗红的'"③。

同时,国家还在政治身份和家庭出身基础上建立了不同的生活待遇政策。比如,在"文化大革命"时期,有些农村生产队,对"可教子女"分配重活却少记工分。④ 而且,"可教子女"即使"因公牺牲的,报纸上不敢宣传报道,有关部门不予追认烈士"⑤。李强研究发现,这一时期,在入党、参军等重要领域,家庭出身往往起决定作用,甚至在婚姻配偶的选择问题上,家庭出身也常常被当作一个重要指标。⑥

---

① 李文胜:《中国经济发展战略与中国高等教育入学机会的公平》,转引自刘海峰:《公平与效率:21 世纪高等教育改革与发展》,福州:福建教育出版社 2003 年版,第 425 页。
② 李强:《政治分层与经济分层》,《社会学研究》1997 年第 4 期,第 39 页。
③ 刘小萌:《"血统论"与知青上山下乡运动》,《青年研究》1995 年第 2 期,第 35 页。
④ 《知青档案》,成都:四川文艺出版社 1992 年版,第 81 页。
⑤ 刘小萌:《"血统论"与知青上山下乡运动》,《青年研究》1995 年第 2 期,第 35 页。
⑥ 同上文,第 40 页。

（三）1978—1998 年：政治主导型政策负排斥逐步减弱阶段

1978 年，中共十一届三中全会进行了政治路线的拨乱反正，按照政治标签和家庭出身来分配利益的显性政治主导型政策负排斥才得到根本性的扭转，进入了由强转弱的通道，从此，政治身份和家庭出身不再成为判别和左右利益分配的根本因素。

这种态势的扭转得益于两支力量的共同作用。第一，执政党和政府决定以"经济建设为中心"取代原来以"阶级斗争为纲"的政治路线，展开了一场废除政治歧视、实施政治平等的政治变革运动。这次改革使原来一系列具有政治主导型负向排斥性政策"寿终正寝"，各种带有政治歧视性的帽子被摘除，政治上的阶级成分被宣布废除，等等。1979 年 1 月 29 日《中共中央关于地主、富农分子摘帽问题和地、富子女成份问题的决定》中指出，"在入学、招工、参军、入团、入党和分配工作等方面，主要应看本人的政治表现，不得歧视"[①]。

第二，市场主体的发育，特别是劳动人事、社会保障、户籍等方面的市场化改革，逐步消减了政治的主导作用，倒逼政治主导型政策负排斥逐步退出历史舞台。经过十余年来的改革与发展，中国社会中那种明确把人分成不同政治等级的现象已经趋于消失，因阶级成分、家庭出身、社会关系等而招致的政治歧视业已消失。[②]

然而，由于政策的惯性和市场经济体制改革的复杂性、公民权利保障不足等原因，政治主导型政策负排斥在这一阶段并没有从根本上得到消除，社会成员的政治背景在很大程度上仍然深刻影响人们社会机会的获得。人们上大学、就业、晋升等仍然要经过严格的政审环节。

（四）1998 年至今：政治主导型政策负排斥显性衰减、隐性加剧阶段

1998 年中国政府签订了《公民权利和政治权利国际公约》，标志着我国对政治主导型政策负排斥的遏制与控制进入了一个崭新阶段。在这一阶段，在国家和社会的共同努力下，遏制政治主导型政策负排斥的行动主要围绕制度建设展开。一是以胡锦涛为总书记的第十六届中央领导集体开始形成以人为本的执政理念，有力推动了保障公民基本权利的法制建设。2004 年将"国家尊重和保障人权"写入宪法，2009 年 4 月 13 日国务院新闻

[①] 《中共中央关于地主、富农分子摘帽问题和地、富子女成份问题的决定》，《人民日报》1979 年 1 月 29 日，第 1 版。

[②] 李强：《政治分层与经济分层》，《社会学研究》1997 年第 4 期，第 41 页。

办公室发表了《国家人权行动计划(2009—2010年)》。二是良好的阶级成分和政治背景不再成为入党的条件,党组织更加青睐年轻并受过高等教育的人,政治忠诚依然重要,但入党政治审核也看个人的入党意愿、个人素质、工作表现。比如,以前作为剥削阶级的资本家(私营企业主)也可以申请入党。

中国的制度建设和市场转型双重作用下,政治标签、家庭出身因素不再是人们获得某种权利和社会机会最重要的或者唯一决定性的因素,但仍然有一定的影响。譬如,政府机关在招录应届毕业生时仍然重视中共党员身份这一政治标准,甚至中共党员身份仍然是某些公务员职位的报考条件;一般公共机构的负责人都要求是中共党员;人大代表在会期间享有非经特别许可不受限制人身自由、逮捕或审判的权利。特别值得关注的是,在这一时期,虽然明确以政治标签、政治背景来分配权利的显性负排斥显著减弱,但受政治标签、政治背景影响的隐性负排斥却有所加剧。与改革开放前相比,具有干部政治背景的社会成员在资源分配中仍然享有优势地位,并且这种优势地位在进一步扩大。比如,"官二代"在社会资源分配中往往居于优势地位,这一点从近些年出现的火箭式提拔官员的事件中得到佐证。"有权威统计显示,近年来,经网友曝光、媒体报道并引发公众质疑的'火箭提拔'的年轻官员有18人,其中11人的父母或其他亲属有官职。"[①]而且,社会成员的政治背景优势可以使其在市场竞争中也获得优势。陈任如等人以我国2003—2007年在沪深交易所上市的民营企业为样本,就政治背景对企业盈利能力的影响进行了实证研究,结果发现,高管的政治背景对公司盈利能力有显著的正面影响。[②] 另外,这一时期官民之间的隐性权利差距也有所加剧,比如政府官员有单位的就餐补贴等,加上权力可能带来的"灰色收入",更是普通民众无法可比。在当下,隐性政治主导型政策负排斥应当引起政府和社会的关注。

三、政治主导型政策负排斥的形成机理

从本质上说,政治主导型政策负排斥是政治因素在政策负排斥过程中发挥主导作用的过程和结果。如下机制对政治主导型政策负排斥的形成

---

① 王石川:《"火箭提拔"新闻频现的警示与忧虑》,《工人日报》2013年5月17日,第7版。
② 陈任如、赖煜:《高管政治背景与民营企业盈利能力的实证研究》,《南方经济》2010年第5期,第60—68页。

与运行发挥着重要作用。

（一）政治标签系统机制

在政治主导型政策负排斥中,根据政治态度、生产资料的有无、中国革命中的表现等,每个人都被安排了一个"政治标签"。在城市,社会成员被划分为工人、工商业资本家、革命军人、革命干部、小商人等阶级成分;在农村,社会成员被划分为贫农、中农、富农、地主等。① 同时,还以戴"政治帽子"的形式划定了一些新的阶级成分,如在反右派运动中划定了"右派分子"。而且,在这个政治标签系统中,每个人的政治标签、政治背景甚至是政治态度的差异将决定其所能获得的权利和社会机会。政治标签系统的设置导致了政治主导型政策负排斥:一些官方认为成分不好的社会群体（比如"四类分子"及其子女）就被排斥出社会普通公民所应享受的某些权利和社会机会之外,"社会成员被分为'红五类'和'黑五类',被贴上黑色标签的人通常都被排除在党外,而那些有红色标签的人入党和升迁则容易得多"②；这些群体的基本权利得不到保障又不可避免地使其在政治生活和社会生活中逐步走向边缘化。

（二）政治身份和地位的代际承继机制

在政治主导型政策负排斥中,代际承继机制发挥着重要作用。父亲的阶级成分以"政治背景"的存在方式决定子孙后代政治地位的高低和政治资本的多寡,进而影响子孙后代的生活机会和地位获得。刘小萌的研究表明,"自50年代初'土地改革'划定阶级成分到70年代,农村中的'地富后代',多数已是第三代,他们生在新中国,长在红旗下,父母一般都没有从事过剥削,却仍在为祖辈的剥削行为赎罪。一些地方实行地、富帽子'世袭制',由父而及子,代有传人"③。特别是在"文化大革命"时期,"出身论"和"血统论"更具有浓厚的政治身份代际承继色彩。当时广为流传的一副对联"老子英雄儿好汉,老子反动儿混蛋",就是对这一机制的生动写照。

（三）政治审查机制

要把人们的政治标签、政治背景和政治态度等政治因素作为标准来分配社会资源,就需要把这些政治因素与政治地位、社会地位有效衔接起来,

---

① 潘毅、陈敬慈:《阶级话语的消逝》,《开放时代》2008年第5期,第35页。
② 边燕杰、舒晓玲、罗根:《共产党员身份与中国的变迁》,边燕杰等主编:《社会分层与流动:国外学者对中国研究的新进展》,北京:中国人民大学出版社2008年版,第237页。
③ 刘小萌:《"血统论"与知青上山下乡运动》,《青年研究》1995年第2期,第35页。

起到这种衔接作用的就是政治审查机制。在改革开放前,入党、提干、参军、入学、就业都离不开政审。以入党为例,李鸿荣认为"文化大革命"期间党组织对干部和党员进行政治审核的标准包括阶级成分、政治经历、社会关系以及家庭出身等。① 在干部选拔、大学入学、参军、工作分配等方面,每个社会成员都要经过以政治因素为核心标准的严格的政治审核,一些官方认为成分不好的社会成员及其子女往往很难通过政审,于是丧失了上大学、参军、进好单位、晋升等社会机会;"根正苗红"的工农子弟,革命干部、革命军人的子弟因为出身好、成分好则在升学、职业分配、晋升等资源和机会的分配中受到庇护和照顾。②

(四)国家再分配机制

为了使政治标签、政治背景等政治因素有效地与人们所获得的社会机会与地位连接起来,执政党还建构起了以阶级成分、政治标签等为标准的国家再分配机制,从而创造出政治决定一切的分配体系,实现对官方认为政治标签、政治背景不好的对象的有效控制。具体体现在:一方面国家建立国家所有制为主体的社会主义经济体制,控制了全社会的所有资源,对所有社会事务和社会活动全面插手,保障以政治标签和政治背景为标准的政策分配方式顺利进行;另一方面,政府通过运动式、批斗式的社会动员方式等强制性的行政管理手段实现对社会资源的有效控制。

综上,政治主导型政策负排斥是政治权力系统有效运用一系列政治机制的过程和结果。其中,政治标签机制是基础性机制;代际承继机制是政治标签机制的进一步延伸和发展;政治审查机制充当过滤器的作用,保证了政治标签机制、代际承继机制的有效运作。这三个机制相互作用、发酵,生产出一套严密的政治标签鉴别系统。在这个系统中,社会中的每一个人都有自己的某种政治标签,每一种政治标签有相对应的权利和社会机会,而高度集中的国家再分配机制为政治标签与人们的权利和社会机会有效连接提供了保障。这些机制的紧密衔接和相互作用,最终导致了政治主导型政策负排斥。

从结果来看,在政治主导型政策负排斥环境下,社会精英的筛选标准

---

① Hong Yung Lee, *From Revolutionary Cadres to Party Technocrats in Socialist China* (Berkeley: University of California Press, 1991), p. 47.

② Frank Parkin, *Class Inequality and Political Order* (New York: Praeger, 1971), pp. 141-149.

不是受教育水平、能力等自致性因素,而是家庭出身、政治身份等先赋性因素。于是,在20世纪六七十年代相当长的一段时期里,阶级出身的"根正苗红"是精英筛选的必要条件。比如,国家在安排就业时,优先把政治出身好、表现好的毕业生安排到重要的单位或岗位,委以重任。而且,即使他们的教育水平不高,一旦被确认为"接班人梯队"或是"培养对象",单位也会在就业后将他们重新送出去培训和深造。① 而那些即使受教育水平较高,能力较强,但政治标签不好的毕业生也会被排斥出重要的单位或岗位之外,甚至成为被打击的对象。比如,在知识分子被打倒的那个特殊时期,教育程度、能力因素对分配工作和职业升迁不仅没有什么促进作用,反而被看作剥削阶级思想的来源而成为负担。虽然那些政治标签、政治背景好的社会成员不一定能力差、教育水平低,但这种社会筛选机制却让一些平庸之人取代了按绩效原则本应该由受教育程度较高、能力较强却政治背景、政治标签不好的社会成员所应承担的社会职位,出现了逆向淘汰的情况(见图2-1)。

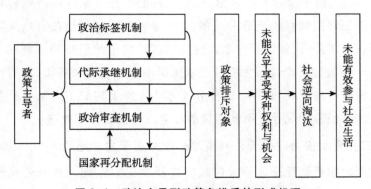

图 2-1 政治主导型政策负排斥的形成机理

第二节 资本主导型政策负排斥

资本主导型政策负排斥,即在公共政策的制定与执行中,政策主导者自觉或不自觉地以财产或收入作为区分是否受益于政策的依据,对不同财

---

① Bobai Li and Andrew G. Walder, "Career Advancement as Party Patronage: Sponsored Mobility into the Chinese Administrative Elite, 1949-1996," *American Journal of Sociology*, Vol. 106, No. 5, 2001, pp. 1371-1408.

产、收入的人群予以不同政策待遇,使本来应当同等受惠于某项或某些政策但财产、收入处于劣势的个人、阶层或群体被排斥于政策受益范围之外,不能公正地获得某种权利或社会机会的过程或状态。这里的资本是从狭义上来界定的,是指财富资本,不包含社会资本。

一、资本主导型政策负排斥的基本特征

(一)以财力等经济因素作为人们获得基本权利和社会机会的考量基准

在资本主导型政策负排斥中,社会成员的某种权利和社会机会由其所拥有的财力等经济因素所决定。当下中国的学区房政策就属于这种情形。在这种政策的逻辑中,有钱人可以通过买学区房而使其子女获得某些名校的入学机会,享受与其他社会成员子女不一样的义务教育。这种以财力等经济因素为媒介的基本权利和社会机会分配方式显然不符合哈耶克所强调的基本权利和社会机会应当平等分配的正义原则,"正义或公平确实要求,人们生活中由政府决定的那些状况,应该平等地提供给所有的人享有"[1]。而且,由于家庭经济原因,富裕家庭的小孩比家庭经济条件较差的小孩享受更好的教育也是非公正的,"没有一个人应得他在自然天赋的分配中所占的优势,正如没有一个人应得他在社会中的最初的有利的出发点一样……因为他的个性很大程度上依赖于幸运的家庭和环境,而对这些条件他是没有任何权利的"[2]。这种分配方式实质上构成了对某些社会成员特别是社会经济状况处于不利地位的社会成员的负排斥效应。

(二)资本权力在社会公共资源分配中居于主导地位

政府的本质属性决定了政府理应按照公正的原则对社会公共资源进行分配,提供公共服务。在市场已经造成较大不平等的情况下,由政府提供的公共服务的分配更应该向困难群体倾斜。但是,在资本主导型的政策负排斥中,政府实质上是通过以价格为工具的市场机制来分配社会公共资源,以经济资本的多少及创造财富的能力来决定分享公共资源的比例。这种资源配置方式实质上是政府把本应由自己承担的基本公共服务推向了市场,让没有购买或没有能力购买公共服务的公民被排除在这种基本公共

---

[1] 〔英〕弗里德利希·冯·哈耶克:《自由秩序原理》(上)(邓正来译),北京:生活·读书·新知三联书店1997年版,第121页。

[2] 〔美〕约翰·罗尔斯:《正义论》(何怀宏等译),北京:中国社会科学出版社1988年版,第104页。

服务的范围之外,形成了对其的政策负排斥。

(三) 以效率主义为价值理性

改革开放后,经济增长摆在政府工作的首要位置,因此,以追求经济增长为目标的效率主义成为某些地方政府及其官员制定政策、考核政绩的最主要价值标准。在效率导向的决策价值观导引下,各级党委、政府及其官员都不遗余力、全神贯注地致力于促进经济快速增长,虽然推动了中国经济的高速增长,却也带来了一系列政策负排斥问题。为了追求短期 GDP 增长,有的地方政府确立了以经济因素为指标的资源分配方式,比如购房落户政策、学区房政策、择校费政策等,直接造成了对困难群体的政策负排斥。

(四) 政治权力与资本权力的合谋:资本主导型政策负排斥生成的基本逻辑

在资本主导型政策负排斥中,政府把更多更优的机会给了富人,让富人享有特权。他们为什么这么做呢？主要是因为政府与富人形成了共荣性利益,而这种共荣性利益驱使政治权力主体与资本权力主体结盟、合谋。一方面,在竞争锦标赛式的升迁体制下,地方政府官员会对富人形成特别的偏好,因为,政府官员最关心的是行政晋升和仕途发展,而晋升主要取决于经济增长,经济增长又要密切依赖于富人及其企业的发展。只有企业的利润目标和扩张动机得以实现,才能推动本地的经济发展和增加财政收入,从而有助于实现官员晋升之目标,于是,地方官员常常运用公共政策赋予富人及其企业某种特权,形成政治与经济的同盟。另一方面,行动成本与收益的巨大差距驱使政治权力主体与资本权力主体结盟、合谋。在学校赞助费政策中可看到政治与经济合谋的内在逻辑,即各类强势群体向学校提供资金支持,学校则根据不同群体捐赠金额的多寡来定向地为这些群体提供录取指标,从而使强势群体的子女获得其他群体的子女所没有的起点优势,而这对于那些有钱人来说是划算的事情。政治权力与经济权力的结盟不仅让地方政府获得了政治利益和"租金"收益,还让强势群体获得了更多利益,实现了地方政府和强势群体的共赢。然而,这种合谋的结果是穷人的某种权利和社会机会遭受不公正的剥夺,由此产生对穷人的政策负排斥效应。

二、资本主导型政策负排斥的演变轨迹

纵观近 70 年来中国公共政策负排斥的发展历程,资本主导型政策负

排斥明显呈现先加剧后减弱的演变趋势。以排斥程度为标准,我们把它划分为计划经济时期的混沌状态、市场化改革时期的全面形成、21世纪初以来的持续减弱三个阶段。

(一) 1949—1978年:资本主导型政策负排斥的混沌阶段

新中国成立之后的30年间,中国实行的是以再分配体制为特征的计划经济体制,社会成员的基本生活资料(如肉、粮、糖、自行车、缝纫机)等几乎都通过单位(或人民公社)获得。在国家再分配机制的作用下,人们的经济差别逐步缩小。在那个政治挂帅的年代,社会成员的权利和社会机会的获得与其政治身份和家庭出身密切相关,特别是在"割资本主义尾巴""反对唯生产力论""反对物质刺激""反对发财致富"的舆论氛围的影响下,财富、收入等经济因素对人们的权利与社会机会的获得影响甚小。甚至在"文化大革命"时期,财富曾是人们权利获得的重大障碍,因为在那个时期拥有财富不仅不是什么光荣反倒是一件"可耻"的事,拥有财富的社会成员或社会群体甚至成为被打倒的对象,比如被划分为地主、反动富农、富裕中农、资本家等阶级成分。当然,这一时期资本主导型政策负排斥仍然是存在的。就农村基础教育而言,由于财政困难,中国采取了把学杂费作为农村教育经费的一种补充的政策。"从1954年的收费情况看,小学一般在1.00元至2.00元之间,平均为1.06元;初中一般在3.00元至4.00元之间,平均为3.68元。"[①]"1963年,某县有集体办小学的村庄132个。学校经费负担比例:大队负担50.9%,个人(学生交学费)占10.9%,国家补助占31.2%。"[②]虽然学杂费占办学资金很小的一部分,但在那个艰苦的年代,仍然有贫困家庭子女因为交不起学杂费而被排斥在学校之外,贫困家庭子女的基础教育权利没有得到充分的保障。

(二) 1979年至20世纪末:资本主导型政策负排斥的全面形成阶段

改革开放以来,中国果断放弃"以阶级斗争为纲"的思想路线,逐步确立了以经济建设为中心的市场化改革方向。这一时期,在政策导向、放权让利改革、单位制衰弱三重力量推动下,资本主导型政策负排斥几乎渗透到了社会的各个领域。

在医疗领域。自1979年开始的市场化改革的推动下,治疗疾病的责任

[①] 周批改、叶敏:《改革开放前中国农村教育的筹资方式及启示》,《当代教育论坛》2006年第22期,第21页。

[②] 同上文,第20页。

由改革前的政府或社会保险承担转向病人自己承担。1980年,居民卫生支出占卫生总费用的比重不过23%;2000年至2002年间,这个比重已高达60%。①市场只为有支付能力的消费者服务,从而使经济因素成为社会成员能够享受基本医疗卫生服务的决定性因素,由此也就产生了诸多没有支付能力的患者被排斥在基本医疗卫生服务之外的情况。"由于经济原因,有48.9%的群众有病不敢上医院,城镇有29.6%、农村有65%应住院的患者不能住院,很多人因无力支撑高额医疗费只能选择小病扛着,大病拖着。"②

在教育领域。1980—1990年间,在"效率优先"的公共政策导向下,"文革"期间废除的重点学校政策再次复苏,造成择校现象愈演愈烈,直接带来了基础教育阶段的学校分层和学生分层,使大批经济处境不利的群体在受教育过程中日益边缘化。高等教育领域也面临类似问题。高校收费标准大幅上涨,1997—2000年的3年间,"全国高校平均学费年均增长率达32.67%,有的年份达60%"③,大量农村或城镇低收入家庭的子女因家庭经济困难交不起高额的学费而被挡在大学校门之外,由此形成了对这些群体的资本主导型政策负排斥。这种政策负排斥集中体现为:一是事前的被排斥,即学费的上涨使得部分贫困家庭产生无法支付高等教育学费的预期,从而导致来自于贫困家庭的学生过早地辍学而失去接受高等教育的机会。华南师范大学高教所调查报告显示,在家庭无法资助学费的情况下,有约11.5%的学生选择辍学,其中大部分是来自农村家庭和城乡低收入家庭。④二是事中的被排斥,即学费的上涨导致学生在考取大学后被迫放弃入学机会。有学者对2004年我国大学的高收费进行了计算,"供养一个大学生,需要一个城镇居民4.2年的纯收入,需要一个农民13.6年的纯收入"⑤,这种高收费直接导致许多贫困家庭大学生被排斥出高等教育机会之外。三是事后的被排斥,即学费的上涨导致贫困学生优先选择那些收费水平较低的学科(如农林、师范等)作为专业,而放弃其擅长或兴趣所在但收费水平

---

① 王绍光:《大转型:1980年代以来中国的双向运动》,《中国社会科学》2008年第1期,第131页。

② 俞祖彭:《关注民生认真解决"看病难、看病贵"问题》,《政协第十届全国委员会第四次会议大会发言材料汇编》(第51册),2006年,第13页。

③ 徐斐:《高校高收费:福耶、祸耶——高等教育收费政策的实证分析》,《社会》2001年第7期,第31页。

④ 《高等教育收费太贵》,新浪网,http://news.sina.com.cn/c/2004-07-01/06242955081s.shtml,2014年7月1日访问。

⑤ 秦晖:《一个农民干13年才能供个大学生》,《广州日报》2005年3月12日第5版。

较高的热门专业。

(三) 21 世纪初至今：资本主导型政策负排斥的持续减弱阶段

21 世纪初特别是中共十八大以来，资本主导型政策负排斥现象日益引起政府的高度关注，并采取了一系列措施加以遏制。在医疗卫生领域。国家制定了《医药卫生体制改革近期重点实施方案（2009—2011 年）》等一系列以公益性为导向的新医改政策；特别是党的十八大以来，中央实施了《关于开展城乡居民大病保险工作的指导意见》《国务院办公厅关于巩固完善基本药物制度和基层运行新机制的意见》等一系列更为注重民生的医疗卫生政策。这些政策的推行有力地遏制了医疗卫生政策的资本主导型政策负排斥效应。"截至 2016 年，各项基本医疗保障制度参保（合）人数超过 13 亿人，参保率稳定在 95%以上。城乡居民基本医保人均财政补助标准由 2012 年的 240 元提高到 2017 年的 450 元，政策范围内门诊和住院费用报销比例分别稳定在 50%和 75%左右。"① 在基础教育领域。2006 年修订的《中华人民共和国义务教育法》从根本上铲除了由于学杂费等经济因素导致的基础教育政策负排斥的生存土壤。"2016 年……小学净入学率达 99.9%，初中阶段毛入学率为 104%，超过或相当于高收入国家平均水平。九年义务教育巩固率达到 93.4%，比 2012 年提高 1.6 个百分点。"②

在这一时期，虽然资本主导型政策负排斥在某些领域得到了一定的遏制，但是，总体来看，资本主导型政策负排斥依然存在：一是由于对公民基本权利特别是社会权利的认识还不够，加之以 GDP 为中心的政绩考核机制带来的地方本位主义、部门本位主义的影响，地方政府或政府部门主导的资本主导型政策负排斥还时有发生。比如，为了招商引资，2006 年福建省漳州市政府下发文件，规定纳税达到 300 万元以上的民营企业家子女，在中考时可加 20 分。③ 二是富人与穷人的实然权利差距依然较大。《社会管理蓝皮书——中国社会管理创新报告》的数据显示，20 世纪 90 年代以来，基尼系数在以每年 0.1 个百分点的速度提高，2012 年中国城乡居民收入比已

---

① 《卫生计生事业长足发展　人民健康水平稳步提高——党的十八大以来经济社会发展成就系列之十八》，国家统计局网站，http://www.stats.gov.cn/ztjc/ztfx/18fzcj/201802/t20180202_1583195.html，2018 年 2 月 8 日访问。

② 教育部发展规划司：《教育事业取得历史性进展　教育质量水平明显提高——党的十八大以来经济社会发展成就系列之十九》，国家统计局网站，http://www.stats.gov.cn/ztjc/ztfx/18fzcj/201802/t20180212_1583193.html，2018 年 2 月 8 日访问。

③ 宋斌：《决不容金钱腐蚀教育公平》，《中国教育报》2006 年 8 月 10 日，第 2 版。

达到 3.3∶1；收入最高的 10% 人群与收入最低的 10% 人群的收入差距，已从 1988 年的 7.3 倍上升为 2007 年的 23 倍。① 虽然近些年城乡收入差距有所缩小，但是差距依然较大。"2016 年全国居民收入稳定增长，城乡差距继续缩小。城乡居民人均收入倍差 2.72，比上年缩小 0.01。"② 而且，在高房价的压力下，贫困人群难以在大城市买房，逐步从教育、医疗等公共服务优越的大城市逃离，即使勉强留在大城市，也只能选择大城市较偏远的郊区居住，于是穷人与富人的实然权利差距越拉越大。三是某些具体政策的资本主导型政策负排斥也在加剧，比如为了降低国有资产的风险，国有银行制定了财富偏向性住房信贷政策。在这种政策中，工资越高，房贷的额度也越高，而那些房贷需求高但工资低的中低收入人群所能贷的额度却相对低很多，这种政策实际构成了对中低收入人群的负排斥。

三、资本主导型政策负排斥的形成机理

从本质上说，资本主导型政策负排斥就是财富等资本因素在政策负排斥过程中发挥主导作用的过程和结果。如下机制在资本主导型政策负排斥形成过程中发挥重要作用。

（一）经济资源转化机制

经济资源转化机制是富裕家庭将其经济资源转化为子女教育、就业等社会机会的优势，实现不平等的代际传递的运作机制。经济资源转化过程本质上就是以经济资源换取社会机会的过程。通过经济资源转化机制，富裕阶层利用经济资源优势直接获得比其他阶层更多的教育就业等资源和机会。郑辉、李路路的研究表明，父代是"非精英"的子代与"行政干部精英""技术干部精英"或"专业技术精英"的子代相比，在获得教育机会、资源上具有明显的劣势。③

（二）阶层再生产机制

在资源转化完成之后，阶层再生产不可避免。所谓"再生产机制"是指那些具有某种社会优势的社会集团，为了延续、扩大自己的优势地位，运用

---

① 郭少峰：《城乡居民收入比超 3 倍》，《新京报》2012 年 9 月 15 日，第 A10 版。
② 林晖、陈炜伟：《2016 年全国城乡收入差距进一步缩小》，人民网，http://politics.people.com.cn/n1/2017/0120/c1001-29039208.html，2018 年 2 月 7 日访问。
③ 郑辉、李路路：《中国城市的精英代际转化与阶层再生产》，《社会学研究》2009 年第 6 期，第 81 页。

各种手段保持自身的优势社会地位并实现代际传递的机制。① 一方面,经济精英群体通过家庭经济地位直接继承途径、教育转化途径使自身及其后代在社会资源的分配中居于优势地位,从而形成一个稳定的、团结的精英阶层,并实现精英阶层的再生产。另一方面,由于经济精英通过经济资源转化途径获得了各种社会机会的优先权,从而使经济处于不利地位的社会成员的后代处于越来越不利的竞争地位上,形成困难群体再生产。

(三) 合法化机制

在资本主导型政策负排斥中,资本权力转化与再生产不仅造成了社会资源分配的不均衡,而且还带来了社会的分化,严重破坏了社会公平。那么,这种再生产机制如何得以维持? 其间,资本权力转化与再生产的合法化机制发挥了决定性作用。一方面,那些积极推动资本主导型政策负排斥的强势群体通过资本权力与政治权力的结盟,给现实的或潜在的竞争者规定具有倾向性的竞争规则,完成资本权力再生产的制度化和资本权力转化与再生产的形式合法性(合法律性)建构。另一方面,他们常常运用自身的资本权力推动与文化、意识形态权力的结盟,借助文化权力的教化完成对经济主导的社会秩序的合法性论证,完成资本权力转化与再生产的实质合法性(价值合法性)建构。

在制度化的资本负排斥机制的作用下,一些社会成员由于经济原因而未能公平享受某种社会机会,客观上造成其被置于社会不利处境而进一步走向贫困;贫困反过来又进一步导致这些群体被忽视和排斥,阻碍他们及后代对良好的教育、就业等社会机会的获得,强化了贫困的代际传递,使得贫困阶层的社会生活边缘化,并陷入恶性循环的状态(见图 2-2)。

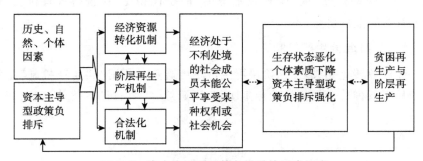

图 2-2 资本主导型政策负排斥的形成机理

---

① 李路路:《再生产与统治——社会流动机制的再思考》,《社会学研究》2006 年第 2 期,第 52 页。

第三节　身份主导型政策负排斥

身份主导型政策负排斥，即在公共政策的制定与执行中，政策主导者自觉或不自觉地以社会身份作为区分是否受益于政策的依据，对不同社会身份的人群予以不同政策待遇，使本来应当同等受惠于某项或某些政策的个人、阶层或群体被排除出政策受益范围，不能公正地获得某种权利或社会机会的过程或状态。比如，在现实诸多的政策中，由于性别、编制、户籍、所有制等不同，不同社会群体所享有的权利与社会机会存在巨大差距。依据社会身份的具体因子不同，身份主导型政策负排斥可分为性别排斥、户籍排斥、所有制排斥、文化排斥、就业排斥等。

一、身份主导型政策负排斥的基本特征

（一）社会身份成为社会成员获得权利和社会机会的决定性因素

所谓社会身份是指人们在社会中所处的地位及其相互关系。在身份主导型政策负排斥中，人们获得某种权利、社会机会以及社会地位主要由其社会身份及身份之间的关系所决定，如籍贯、户籍、职业、种族、职位等。李强认为，这种负向排斥性政策主要有严格的户籍政策、单位政策、档案政策等。[①] 其一，户籍政策按人们的出生地、父母（尤其是母亲）的户籍身份把他们分为城市居民与农村居民两个基本层次，并赋予其不同的社会权利和社会机会。城市职工以及其他许多城市居民可以享受或部分享受公费医疗、低价租借住房、子女入学入托，甚至包括就业等种种福利，而持农业户口的社会成员却被整体性地排除在国家粮油食品的计划供应、城镇就业以及退休金、公费医疗等国家福利之外。[②] 其二，单位政策把单位组织划分为行政单位、事业单位或企业单位，并赋予其不同的利益和机会。比如有部级的企业和医院，省级的公司和研究所，地市级的学校和商店，县处级的供销合作社，等等。在一般情况下，单位的级别愈高，权力就愈大，在社会上的政治与社会地位就愈高，其占有的各种资源、利益和机会就愈多。其

[①] 李强：《中国社会分层结构的新变化》，李培林、李强：《中国社会分层》，北京：社会科学文献出版社2004年版，第17页。

[②] Tiejun Cheng and Mark Selden, "The Origin and Social Consequences of China's Hukou System," *The China Quarterly*, No.139, 1994, pp. 644-668.

三,档案管理政策把人们区分为体制内与体制外两种身份,具体划分为正式编制、人事代理、聘用制、租赁制等不同的社会身份,并赋予其不同的工资和社会福利待遇。这种政策排斥严重相悖于公共政策的公正属性,是典型的负向排斥。正如沃尔泽所指出的那样,"拥有某种社会职务的人只能获得基于这种职务的利益,而不能把这种职务转换为其他领域中的利益"①。

(二)身份性权力在社会公共资源分配中居于主导地位

在身份主导型政策负排斥中,人们所拥有的权利和社会机会主要由其社会身份所决定。为什么社会身份能够成为人们获得权利或社会机会的媒介呢?这是因为社会身份及其相互关系也能产生权力,即居优势地位的社会成员和社会群体具有决定、控制和影响处于劣势地位的社会成员与社会群体的机会和能力。一个人的身份位置决定了其能接触到哪些人,特别是关键位置的人。比如,在档案政策的作用下,那些没有编制的社会成员处于单位中的底层,在社会公共资源分配中处于被支配地位,进而决定其社会生活所必需的资源、机会等依附于体制内群体的被排斥处境。

(三)差等正义:身份主导型政策负排斥的价值理性

差等正义的观念可以追溯到柏拉图那里,他在《理想国》中阐述了差等正义的实质:天赋原则要求适合种地的种地,适合做鞋的做鞋,作战勇敢的做军人,有管理能力的担当统治者。每种人各做各的事,互不越位,这就是正义。黄健荣把这种正义称为"差等正义":"公共政策的差等正义,是指决策者或执行者在制定、执行公共政策时背离其应恪守之公共性、公正性和公平性铁律,对不同群体或阶层、不同地区实行双重或多重标准。"②身份主导型政策负排斥以社会成员的社会身份(民族、性别、户籍、职业、文化、职位、所有制等)作为社会利益分配的根本依据,实质就是把人分为不同的等级,并在资源分配上施行双重或多重标准,是一种对某种或某些先天差异的后续保持,是一种典型的差等正义。在这种政策负排斥环境中,个人获得的多少、优劣与其所属社会等级紧密挂钩。

---

① 〔美〕迈克尔·沃尔泽:《正义诸领域:为多元主义与平等一辩》(褚松燕译),上海:译林出版社 2002 年版,第 23—24 页。
② 黄健荣:《当下中国公共政策差等正义批判》,《社会科学》2013 年第 1 期,第 4 页。

（四）精英垄断的利益整合机制：身份主导型政策负排斥生成的根本要因

身份主导型政策负排斥实质上就是按照人们的身份等级来分配社会资源，等级高低与享有社会权利的多少和国家财富再分配的多少成正比。而产生这种等级政策的根源在于精英垄断的利益整合机制，即高等级阶层直接掌握着价值分配的权力，而低等级阶层在一些关系自己命运的利益分配上没有发言权。在现实中，这种利益整合机制表现为：政治精英把控国家权力的执行部门，从而决定他们的福利待遇在整个社会中处于最高水平；事业单位不仅拥有数量最多的专业技术人员，而且作为国家合作主义的合作对象，其在利益整合中处于次优地位；工人与农民阶层几乎不掌握社会资源，而且工人与农民集体行动的困难在很大程度上削弱了他们在政治领域的重要性，这决定了他们在整个利益整合机制中的弱势地位。李成贵就认为，"三农"问题的深层原因就在于城乡利益集团力量对比相差悬殊，他们在结构位置、资源控制、行动能力等方面存在明显的反差，这些反差进而对政策安排的损益产生了巨大的影响。①

二、身份主导型政策负排斥的演变轨迹

中华人民共和国成立 70 年来，身份主导型政策负排斥经历了 1949 年至 1978 年间的全面形成、1978 年至 21 世纪初的高位运行、2003 年以来的继续强化三个阶段。与政治主导型、资本主导型政策负排斥所不同的是，从 1960 年开始，身份主导型政策负排斥一直处于高位运行的状态。

（一）1949—1978 年：身份主导型政策负排斥的全面形成阶段

中华人民共和国成立之初，为维护与巩固社会主义国家政权，中国政府面临的一项重要任务就是建立公共秩序。在实现这项任务的进程中，中国政府建立了一系列具有社会等级分层特征的负向排斥性政策体系。

1. 城乡之间严格的二元户籍身份分层政策。1953 年 11 月，政务院通过《关于实行粮食的计划收购和计划供应的命令》规定，"在城市，对机关、团体、学校、企业等的人员，可通过其组织，进行供应；对一般市民，可发给购粮证，凭证购买，或暂凭户口簿购买"②。自此，城镇户口与粮食开始挂

---

① 李成贵：《国家、利益集团与"三农"困境》，《经济社会体制比较》2004 年第 5 期，第 57 页。
② 《建国以来重要文献选编》（第 4 册），北京：中央文献出版社 1993 年版，第 565、561、562 页。

钩。1958年1月9日《中华人民共和国户口登记条例》公布,正式确立了户口迁移审批政策和凭证落户政策,初步确立了中国的城乡二元身份体制。1977年11月《公安部关于处理户口迁移的规定》强调要严格控制"农转非",继续严格限制农民进城。按"农业人口"和"非农业人口"进行管理并在就业、福利、教育等方面对两类人群实行区别管理的城乡二元户籍政策最终确立。

2. 城市内部工人、干部的身份分层政策。1949年后建立的人事管理制度与劳动用工政策既把招工与招干分开,也把对工人的管理与调动和对干部的管理与调动分开,由此确立了干部与工人两种身份系列。1955—1956年的社会主义改造期间,这种分类办法又被推广到所有非国营企事业单位中,当时城市的所有从业者都被套上了"干部"或"工人"的身份。在这种劳动用工政策中,干部与工人在工资、住房、医疗、退休等待遇上均有很大的差异,"级别"成为干部群体政治经济生活排序的重要标准。

3. 单位等级政策。为了实现有效的社会控制,我国建立了具有鲜明等级制的单位政策,从而导致各不同单位职工权利和社会机会的巨大差别。就拿住房来说。在单位制下,由于单位性质与实力的不同,不同单位所享受的住房等待遇有着巨大差别。通过上面三大政策体系的建构,一个以社会身份等级为特征的身份社会全面形成,农民、非国家工作人员、级别较低的单位等遭受政策负排斥的情形逐步渗透到社会的各个角落。

(二)1978年至21世纪初:身份主导型政策负排斥高位运行阶段

1978年以后,在改革开放政策的作用下,某些身份主导型政策负排斥的发展势头得到了有力遏制。一是户籍政策有所松动。20世纪80年代后,农民被允许进城从事第三产业。二是档案身份有所突破。随着人们大量涌入私企就业,档案身份对就业者的束缚有所减弱。三是单位级别的分层作用逐步弱化。随着市场经济的推进,企业地位的高低由改革开放前的单位级别转向以其资产、产值、利润来评价。这样,单位级别的分层作用逐步减弱。四是社会分层机制有所变化。人们通过后天努力获得的文凭、技术证书等逐步取代传统的先天身份指标,发挥着社会分层的功能。然而,身份主导型政策负排斥仍然大量存在,并呈现高位运行的态势,比如城乡二元分层结构不但没有得到解决,而且还有加剧的趋势;市场力量的作用下,不同社会阶层的基本社会保障水平的差别显著扩大,困难群体的社会权利进一步被压缩;官员级别、身份在某些方面也有强化的现象。① 另外,在区域化高等教育招生政策的推动下,身份主导型高等教育政策负排斥进一步加剧。户籍、性别等社会身份因素越来越成为获得某一高校教育机会的重要因素。从大学招生计划来看,招生人数出现地区之间的巨大差异。比如,1998年,上海交通大学把招生计划指标(2396名)的59%分配给了上海、江苏、浙江3省市,其中上海占了近一半的指标(1125名),江苏省(190名)、浙江省(95名)分列二、三位。② 从2000年若干地区的高校录取比例来看,如果将全国的平均录取水平设为1,那么,北京的录取率则为5.23,上海、天津、辽宁和江苏分别为3.62、2.86、1.68和1.39。北京的录取水平是贵州的10.93倍,是山东的6.52倍。③

(三) 2003年以来:身份主导型政策负排斥非对称性发展阶段

在改革开放的头20年里,"效率优先"是一切工作的指导思想。2003年以来,中央逐步确立了公平导向的政策价值取向。2005年年底,中共十六届五中全会进一步提出未来中国要"更加注重社会公平,使全体人民共享改革发展成果"。为贯彻注重公平的政策理念,中央通过了一系列政策调整。一是收入分配政策。比如实施义务教育政策、取消农业税政策等。特别是中共十八大实施精准扶贫战略以来,农村贫困人口的数量显著下降,"贫困人口减少6800多万,易地扶贫搬迁830万人,贫困发生率由10.2%下降到3.1%"④。二是医疗和社会保险政策。2002年以来,中央逐步建立并完善了新型农村合作医疗政策,把农民纳入了医疗保险的范围。中共十八大以来,"社会养老保险覆盖9亿多人,基本医疗保险覆盖13.5亿人,织就了世界上最大的社会保障网"⑤。三是农村最低生活保障政策。2007年,《国务院关于在全国建立农村最低生活保障制度的通知》,城乡二元的福利体制有所打破。中共十八大以来,中央提高了低保、优抚等标准,完善了社会救助制度,"近6000万低保人员和特困群众基本生活得到保障"⑥。四是高校招生政策。中共十八大以来,高校招生对中西部地区实行

---

① 李强:《改革开放30年来中国社会分层结构的变迁》,《北京社会科学》2008年第5期,第48页。
② 陈中原:《中国教育平等初探》,广州:广东教育出版社2004年版,第159页。
③ 彭世华:《发展区域教育学》,北京:教育科学出版社2003年版,第84页。
④ 《政府工作报告——2018年3月5日在第十三届全国人民代表大会第一次会议上》,北京:人民出版社2018年版,第3页。
⑤ 同上书,第3—4页。
⑥ 同上书,第12页。

了倾斜政策,高校招生的城乡差距进一步缩小,"重点高校专项招收农村和贫困地区学生人数由1万人增加到10万人"①。这些政策的实施有力地改善了身份主导型政策负排斥的总体状况。但是,身份主导型政策负排斥现象仍然大量存在,并呈现非对称性发展的态势,即某些传统的身份主导型政策负排斥(如医保、社保、单位政策)有所减弱,但新型的身份主导型政策负排斥却有不断加剧的趋势,主要体现在以下两个方面。一是某些身份主导型政策负排斥有进一步加深的趋势。比如,户籍政策仍然是获得公民权利的重要条件,而且大城市户口的含金量越来越高,获得难度也越来越大;所有制政策的负排斥效应更加明显(国有企业与非国有企业的权利、地位的差距进一步扩大);不同地域的公民实然权利享有差距进一步扩大。二是由于竞争的强化和技术的革新,一些新的身份主导型政策负排斥不断涌现,比如工作机会获得中的性别排斥、网络参政中的信息排斥等。

三、身份主导型政策负排斥的形成机理

从本质上说,身份主导型政策负排斥是政策主导者以社会身份因素为基准来分配权利和社会机会,使某些社会成员或社会群体遭受非公正对待的过程和结果。如下机制对身份主导型政策负排斥发挥着重要作用。

(一)社会身份认证机制

在身份主导型政策负排斥中,负排斥过程主要是通过社会身份认证机制来启动的。社会身份认证主要是通过户籍认证、单位认证、人事认证三种认证方式来实现。当某社会成员的权利需求输入后,就进入了社会身份认证程序。首先,要通过地方政府的户籍认证,以分别本地户口和外地户口,城市户口与农村户口,等等。其次,要通过单位认证,以区别本单位与其他单位,编内(有编制)还是编外(人事代理、合同制、租赁制),等等。最后,要通过(组织)人事认证,主要包含行政编制、事业编制、工人编制认证,职位(职称)等级认证,党群关系认证,学历认证,等等。人事劳动部门通过上面一系列认证完成对某一社会成员社会身份的鉴别,从而为社会成员的权利和社会机会的分配提供依据。另外,隐性社会身份认证机制也在身份主导型政策负排斥中发挥着重要作用,比如谁是某某人的亲戚、学生或老乡等标签,都有可能成为某社会成员获得某种社会资源和社会机

---

① 《政府工作报告——2018年3月5日在第十三届全国人民代表大会第一次会议上》,北京:人民出版社2018年版,第12页。

会的依据。

(二) 单位中介机制

为实现以社会身份为基准对社会成员的权利和社会机会进行分配,单位机制发挥着至关重要的作用。比如,改革开放以前,作为资源分配的主体,单位几乎决定了一个人工作、生活的所有方面。在那个时代,人们的吃穿住行、生老病死、小孩上学等社会生活的方方面面几乎都通过单位解决,甚至连结婚也要单位批准。假如婚姻不幸福,单位还要出面调解。① 即使在当下的中国,单位因素在决定工作者的经济收入和福利方面仍然起着重要的作用。② 在优势单位工作的人在工资收入、社会保障、就业等方面往往享有特权。正如有学者指出,获得城市单位身份是"一切体制外的人梦寐以求的最高理想",而"剥夺这种身份,则是对单位人最严酷的惩罚"。③

(三) 社会封闭机制

为排除或限制他人对自身或其所代表群体利益的分享,社会封闭成为重要手段。正如李路路所言,社会封闭就是通过各种方式排除或限制其他人的参加,保障自身已经获得的机会和利益。④ 社会成员的种族、户籍、出身、家世、语言等,都可能作为封闭的标准。韦伯曾说,各种各样的成员资格限制乃至婚姻,以自由参加为形式的各级各类资格考试,或者排除他人对自身既得权利和资源的觊觎,都可以成为社会封闭的方式。⑤ 由于存在各种社会封闭机制,那些占有优势地位或垄断地位的强势群体就能轻松地对外封闭或垄断各种资源获得的机会,从而将它们继承或传递下去,形成社会群体之间的权利差距及权利代际再生产。

综上,身份主导型政策负排斥是社会身份生产与再生产的过程及结果。其中,社会身份认证机制是身份主导型政策负排斥的基础性机制,也是其他负排斥机制有效运作的基础性条件;单位中介机制为社会身份的再分配提供了媒介;社会封闭机制为身份主导型政策负排斥的生产与再生产

---

① 谢宇:《认识中国的不平等》,《社会》2010年第3期,第7页。
② Xie Yu and Wu Xiaogang, "Danwei Profitability and Earnings Inequality in Urban China," The China Quarterly, No. 195, 2008, pp. 558-581.
③ 揭爱花:《单位:一种特殊的社会生活空间》,《浙江大学学报(人文社会科学版)》2000年第5期,第76—83页。
④ 李路路:《再生产与统治——社会流动机制的再思考》,《社会学研究》2009年第6期,第53页。
⑤ 〔德〕马克斯·韦伯:《经济与社会》(林荣远译),北京:商务印书馆1997年版,第72—75页。

提供了制度保障。

在社会身份分配机制作用下,一系列如孙立平所说的"社会断裂"现象逐渐形成:社会等级与分层结构的断裂,城乡之间、区域之间的断裂,文化以及社会生活等诸多层面的断裂。社会断裂必然导致阶层固化,即一个阶层的成员只同本阶层的人交往,以确保外人无法侵占他们的资源和特权,也就是我们常说的"农之子恒为农,商之子恒为商"现象(见图2-3)。

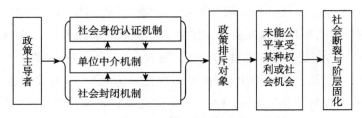

图 2-3　身份主导型政策负排斥的形成机理

从总体上说,当代中国公共政策负排斥呈现非同步性发展的态势。在改革开放以前,政治主导型政策负排斥在人们的社会政治生活中居于主导地位,身份主导型政策负排斥次之,资本主导型政策负排斥呈现较低水平发展状态。但是,改革开放以后,随着中国在经济、社会各领域改革的深入,在推进市场经济和废除政治歧视的背景下,政治主导型政策负排斥得到了一定程度的遏制,而资本主导型政策负排斥却愈演愈烈,成为影响人们政治社会生活的主要类型,身份主导型政策负排斥也在显著加剧。2003年以来,在以人为本的政策理念影响下,政府更加注重加强对政策负排斥的制度化治理,有力遏制了政策负排斥不断发展的态势,但是由于精英垄断的利益整合机制并没有得到根本性的改变,加之政策的惯性作用,政策负排斥现象仍然大量充斥在社会公共生活之中,集中体现在两个方面。一是显性的政策负排斥显著衰减,但隐性的政策负排斥现象却还大量存在,甚至有加剧的趋势。二是身份主导型政策负排斥仍然呈现高位运行的态势,成为当下中国政策负排斥的主要类型。例如,事业单位中的正式工、合同工、临时工之间的身份区隔与工资差序政策,造成地域歧视的高考政策,国有企业与民营企业在投资、贷款领域中被区别对待的政策,养老保险领域中的待遇差序政策等。在社保、医疗、教育、住房等重要的民生领域,都还存在大量的政策负排斥现象。

第三章　当下中国公共政策负排斥的实证考察

> 让我们记住，公正的原则必须贯彻到社会的最底层。
>
> ——马库斯·图利乌斯·西塞罗

如前所述，公共政策负排斥，是指政策主导者把某些本来应当同等受惠于某项或某些政策的社会成员、群体或区域排斥在政策受益范围之外，或是将某些本来应当同等受惠于某种权利和社会机会的人群确定为政策的受制者的过程或状态。具体表现为：一是公民基本权利未得到平等保障；二是社会机会未实现公平分配或遭受不公正限制；三是公民未获得与个人所做出贡献相当的收益；四是困难群体未得到政策的特殊保护。一项或一类政策的负排斥可能体现在一个层面，也可能体现在多个层面。这一章，我们选取了社会保障、医疗、教育、住房等不同领域的典型政策个案，并以公共政策负排斥分析框架对每个政策的负排斥状况进行评估，以期更直观地考察当下中国公共政策负排斥的现状，为公共政策负排斥的治理提供实践依据。

第一节　社会保障领域：以养老保险政策为例

为实现人民"老有所养"，近10年来特别是中共十八大以来，国家出台了《中华人民共和国社会保险法》《国务院关于机关事业单位工作人员养老保险制度改革的决定》《国务院关于完善企业职工基本养老保险制度的决定》《国务院关于建立统一的城乡居民基本养老保险制度的意见》《财政部人力资源社会保障部关于城乡居民基本养老保险中央财政补助资金管理有关问题的通知》等一系列政策法规，同时，地方也出台了相关政策规定。

据此,中国已基本形成以机关事业单位公职人员养老保险、城乡居民基本养老保险、企业职工基本养老保险为主体的覆盖全民的基本养老保险政策体系,为养老保险政策负向排斥的治理和正向排斥的展开奠定了坚实的制度基础。一是基本形成统一的、可转移接续的城乡居民基本养老保险的政策体系,为养老权利差序格局的改善提供了政策依据。《国务院关于建立统一的城乡居民基本养老保险制度的意见》要求将新型农村基本养老保险制度和城镇居民基本养老保险制度合并实施。2014年人力资源和社会保障部、财政部印发《城乡养老保险制度衔接暂行办法》,解决了城镇职工与城乡居民两大制度的衔接问题。到2015年年底,全国所有县级行政区基本完成这两项制度的整合,实现了制度名称、政策标准、管理服务、信息系统"四统一"。2017年人力资源社会保障部、财政部印发《关于机关事业单位基本养老保险关系和职业年金转移接续有关问题的通知》,解决了职工在机关事业单位和企业之间流动就业时基本养老保险和补充养老保险关系的转移接续问题。二是初步形成了我国社会保障制度体系的基本框架,即以社会保险、社会救助、社会福利为基础,以基本养老、基本医疗、最低生活保障制度为重点,以慈善事业、商业保险为补充的覆盖全民的社会保障制度体系。三是随着城乡居民基本养老保险把城镇个体工商户、灵活就业人员、农民纳入参保范围,社会养老保险基本实现了参保机会的全覆盖,有力地缓解了不同群体养老参保机会不平等的状况。截至2016年年底,基本养老保险参保人数达到8.88亿多人,比2012年年末增加9980万人,社会保险覆盖范围不断扩大。① 四是企业退休人员基本养老金自2005年开始到2016年已连续上调12年,提高到2016年的2362元,其中2012年到2016年间年均增长8.8%②,2016年人均基本养老金比2004年增长了两倍多,逐步缩小了与机关事业单位的差距,养老保险公平性显著提高。

但是,以公共政策负排斥角度观之,通过对上面国家层面和一些地方层面的养老保险政策(如《上海市城乡居民基本养老保险办法》《江苏省城乡居民社会养老保险办法》《广东省城乡居民社会养老保险实施办法》《湖南省人民政府关于建立统一的城乡居民基本养老保险制度的实施意见》等)进行实证研究发现,在目前的养老保险政策环境中,不同人群的养老权

---

① 《社会保险制度改革完善 社会保险事业快速发展——党的十八大以来经济社会发展成就系列之二十》,国家统计局网站,http://www.stats.gov.cn/ztjc/ztfx/18fzcj/index.html,2018年2月23日访问。

② 同上。

利与养老参与机会的差距依然巨大,当下中国养老保险政策的负排斥问题依然存在。

一、基本养老权利的差序格局

权利有法律权利和实然权利之分。权利公平不仅包含法律权利的公平,同时也包含实然权利的公平,两者缺一不可。养老权是指居民达到国家规定的劳动义务解除年龄之时而享有国家和社会的物质帮助权以及家庭的养老扶助权。养老权是居民在因年龄而不能工作时享有的生存权,是生存权体系的重要组成部分,因此,养老权是每个公民都应该享有的基本社会权利。2011年,中国以法律形式确定了公民享有基本养老保险的权利,如《中华人民共和国社会保险法》规定:"国家建立基本养老保险、基本医疗保险、工伤保险、失业保险、生育保险等社会保险制度,保障公民在年老、疾病、工伤、失业、生育等情况下依法从国家和社会获得物质帮助的权利。"每个公民都应享有基本的养老保障,这就意味着每一位公民所享有的基本养老保障待遇是平等的,不因其身份、地位、性别、地域、职业等因素而不同。但是,在我国的现有养老保险政策设计和执行中,却仍然存在养老保障权利差等的状况,即由于身份、地区、职业等因素,有些社会成员不能享有与他人同等待遇的基本养老保障权利,或者被排除在国家养老保障的范围之外,形成了基本养老保障的差序格局,主要体现在以下方面。

(一)不同人群之间法定养老权利的差序格局

虽然中国已经确立了机关事业单位公职人员、企业职工、城乡居民为对象的覆盖全民的养老保险政策体系,但是,法律赋予的养老保障权利在农村居民与城镇居民之间、企业职工与机关事业单位公职人员之间存在着较大的差距,主要体现在筹资模式、缴费标准、待遇水平、财政补贴等方面(见表3-1)。在养老保险的资金统筹上,机关事业单位公职人员主要由单位承担(实际上是政府出资),城乡居民由个人、集体(社区)和政府共同出资,政府承担部分责任,企业职工主要由个人和企业共同承担,政府兜底;在退休金的待遇计发上,机关事业单位公职人员退休待遇与退休前工资水平有关,而城乡居民和企业职工则主要与缴费水平、缴费时间相关。由此可见,三种制度的运作模式与机理不同,直接导致出身、职业、地位等不同的人群所享有的养老保障权存在巨大差距,呈现碎片化的态势。

表 3-1 中国现行养老保险政策比较

类型	政策依据	覆盖范围	筹资模式	缴费标准	待遇水平	财政补贴
机关事业单位养老保险	《中华人民共和国社会保险法》《国务院关于机关事业单位工作人员养老保险制度改革的决定》	机关事业单位编制内工作人员	社会统筹与个人账户相结合	基本养老保险费=单位缴纳（比例为本单位工资总额的20%）+个人缴纳（比例为本人缴费工资的8%,由单位代扣）	以当地上年度在岗职工月平均工资和本人指数化月平均缴费工资的平均值为基数,缴费每满1年发给1%	基本养老保险基金出现支付不足时,政府给予补贴
企业职工养老保险	《中华人民共和国社会保险法》《国务院关于完善企业职工基本养老保险制度的决定》	城镇各类企业职工、个体工商户和灵活就业人员、企业招用的农民工	企业、个人共同承担	基本养老保险基金=用人单位缴费（缴费比例为当地上年度在岗职工平均工资20%）+个人缴费	以当地上年度在岗职工月平均工资和本人指数化月平均缴费工资的平均值为基数,缴费每满1年发给1%	没有补贴,只承担个人账户领完后的兜底责任
城乡居民养老保险	《中华人民共和国社会保险法》《国务院关于建立统一的城乡居民基本养老保险制度的意见》	年满16周岁（不含在校学生）,非国家机关和事业单位工作人员及不属于职工基本养老保险制度覆盖范围的城乡居民	个人缴费、集体补助、政府补贴	缴费标准目前设为每年100元、200元、300元、400元、500元、600元、700元、800元、900元、1000元、1500元、2000元12个档次,省（区、市）人民政府可以根据实际情况增设缴费档次	由基础养老金和个人账户养老金组成;基础养老金每人每月88元（2018年）;个人账户养老金的月计发标准为个人账户全部储存额除以139	政府对符合领取条件的参保人全额支付新农保基础养老金

另外,由于养老保险政策设计上存在一些漏洞,这实际上已经构成对某些人群的政策负排斥。如《国务院关于建立统一的城乡居民基本养老保险制度的意见》规定,"年满16周岁（不含在校学生）,非国家机关和事业单位工作人员及不属于职工基本养老保险制度覆盖范围的城乡居民,可以在户籍地参加城乡居民养老保险",但是,由于政策规定,参加城乡居民养老保险的人员须个人缴纳基本养老保险费,于是出现一些社会成员由于没钱或其他原因没有缴纳基本养老保险费而最终被排斥出养老保险范围的情

况,而且,那些没有单位的流动人口由于没有单位缴费也被排除在养老保险的范围之外。

(二)不同人群之间实然养老权利的差序格局

基本养老金的领取是公民享受养老保障权利的实现,也是法律权利的落地。实然的养老权利可以养老保险待遇水平来衡量。养老保险待遇水平是反映公民实然养老权利最终获得程度的关键指标,也是反映养老保险政策负排斥程度的重要指标。因身份、职业、地区等不同,不同人群退休后的养老保险待遇差别较大。目前,机关事业单位公职人员、企业职工已能够享受到基本的养老保险保障,而城市外来人口和农村地区居民却仍然处于中国社会养老保障体系的边缘,"目前全国还有1亿多人没有参加基本养老保险,主要是部分非公经济组织员工、城镇灵活就业人员、农民工以及部分农村居民等"①。再如,2015年,机关离退休人员基本养老金水平是企业退休职工的1.42倍,事业单位离退休人员基本养老金是企业退休职工的1.43倍,而新农保的基础养老金只有70元(见表3-2)。

表3-2 2008—2015年离退休人员基本养老保险待遇水平比较(单位:元)

年份	企业	机关	事业单位	农民
2008	1100	1740	1628	0
2009	1225	1876	1778	55
2010	1362	1982	1895	55
2011	1511	2167	2073	55
2012	1686	2271	2347	55
2013	1856	2514	2514	70
2014	2025	2592	2665	70
2015	2240	3193	3210	70

资料来源:《中国人力资源和社会保障年鉴—2016》,北京:中国劳动社会保障出版社、中国人事出版社2017年版。

二、基本养老参与机会不均等

养老机会均等意味着任何个人或群体不会因为身份、职业、财富、地域

---

① 《国务院关于统筹推进城乡社会保障体系建设工作情况的报告》,中国人大网,http://www.npc.gov.cn/npc/xinwen/2014-12/24/content_1890884.htm,2017年6月7日访问。

等因素而被排除出养老保险政策受益范围,反之,则构成养老保险政策的负排斥。养老保险政策机会公平的重要衡量指标是政策覆盖率和参保率,前者表示参与机会的均等程度,即一种养老保险政策所能覆盖的目标人群范围越大,该政策的机会公平程度也越高;后者表示的是社会居民对养老保险政策安排认可程度,反映了居民参与养老保险的实然状况。2011年《国务院关于开展城镇居民社会养老保险试点的指导意见》的出台,标志着当下中国的养老保险政策已覆盖城乡居民、企业职工、机关事业单位人员等不同人群。但是,由于养老保险筹资与缴费机制的差异,不同人群养老保险的参保率(参保率=[参保人数/应参保人数]×100%)也存在巨大差别,表明不同群体的养老保险参与实然机会不均等,也反映了养老保险政策的负排斥程度还比较严重(见表3-3)。对机关事业单位人员而言,只要获得国家公职人员编制就能在退休后领取养老保险金,因此,其参保率已经达到了100%,而到2015年年末,城镇企业职工养老保险的参保率为45.9%,新农保的参保率仅为25%左右。

表3-3 2008—2015年中国城乡社会养老保险参保率比较

地区	年份	2008年	2009年	2010年	2011年	2012年	2013年	2014年	2015年
农村	当年参保人数(万人)	—	—	—	—	17943	17532	15983	15111
	农业人口(万人)	70399	68938	67113	65656	64222	62961	61866	60346
	参保率(%)	—	—	—	—	27.9	27.8	25.8	25.0
城镇	当年参保人数(万人)	21891	23550	25707	28391	30427	32218	34124	35361
	非农业人口(万人)	62403	64512	66978	69079	71182	73111	74916	77116
	参保率(%)	35.1	36.5	38.4	41.1	42.7	44.1	45.6	45.9

资料来源:根据2009年至2016年的《中国人力资源和社会保障年鉴》公布数据计算所得。

近年来,尽管中国基本养老保险的城乡居民和企业职工参保率均呈现不断增长的发展趋势,但仍远远低于机关事业单位的养老保险参保率。这一状况表明,目前依然有相当一部分城乡居民和企业职工被排斥在基本养老保障范围之外,即当下中国的养老保险政策仍然存在较严重的负排斥状况。

三、不同群体之间的养老保险贡献回报不公平

按照贡献进行分配是社会公正的基本体现,"社会成员应根据其贡献来获得因他提供的服务而应得的一份收入"[1]。按照贡献原则,某个人对社会的贡献与其在退休后所能享受的养老保障水平应基本相适应,亦即如果贡献相同,那么,即使在不同的养老保险政策体系中,其所享有的养老保险待遇应基本相同。

养老保险替代率是衡量劳动者退休前后生活保障水平差异的一项基本指标。个人养老保险替代率=(劳动者退休时养老金领取水平/退休前工资收入水平)×100%。基于公平的考量,在养老保险政策的设计中,不同群体的养老保险替代率应该是基本相同的。换言之,不同群体的养老保险替代率差距越大,则不同群体之间贡献回报不公平程度就越严重。虽然从2005年起,我国每年连续调高企业职工养老金,但是,与机关事业单位相比,目前企业职工养老保险替代率仍然较低,"近5年来,我国的企业职工养老金替代率一直维持在65.9%—67.6%"[2],"中国人民大学公共管理学院社保研究所所长李珍介绍,机关事业单位养老金替代率一直维持在100%左右"[3]。与机关事业单位职工和城镇居民相比,农民的养老保险替代率更低,2018年农民的基础养老金替代率仅为7.23%。[4]

不同群体之间的贡献回报还体现在缴费回报上。依据贡献原则,同一缴费额所获得的养老待遇水平应大致相等。待遇缴费倍数是测算缴费回报的有效方法。待遇缴费倍数=参保者年度人均待遇额/退休者年度人均

---

[1] 盛庆崃:《功利主义新论:统合效用主义理论及其在公平分配上的应用》,上海:上海交通大学出版社1996年版,第516页。
[2] 白天亮:《基本养老保险覆盖率达80%》,《人民日报》2015年7月1日,第10版。
[3] 韩宇明:《数据显示企业和机关事业单位养老金待遇差距加大》,《新京报》2012年9月14日,第18版。
[4] 根据农业农村部公开数据,2018年农民的基础养老金为1056元(88×12=1056),人均纯收入为14600元,据此计算,农民的基础养老金替代率约为7.23%。

缴费额。待遇缴费倍数与缴费回报呈正比关系。由于筹资和政府补贴机制的不同,机关事业单位、企业、城乡居民的缴费回报存在严重不公平状况。以湖南为例,在 2013 年,缴费型机关事业单位的待遇缴费倍数达到 60.1 倍,企业和城乡居民的待遇缴费倍数分别为 2.5 倍和 5.9 倍(见表 3-4)。[1] 可见,缴费型机关事业单位与企业和城乡居民在养老保险缴费回报方面存在巨大差距。

表 3-4　2013 年湖南"三轨制"参保人员"待遇缴费倍数"比较

	人均养老金（元）	人均缴费额（元）	待遇缴费倍数
缴费型机关事业单位养老保险	35610	592.9	60.1
企业养老保险	19800	8006	2.5
城乡居民养老保险	702	120	5.9

资料来源:唐未兵、吴开明:《我国基本养老保险制度公平现状的定量分析》,《学术论坛》2014 年第 9 期,第 128 页。

四、城乡困难群体养老的特殊保护缺失

按照社会公正的特殊保护规则,对于没有工作、没有收入或身体残疾的特殊人群,政府要以免缴个人保险费的方式把其纳入养老保险政策的受益范围,否则会产生由于缴费基数高或无缴费能力而被排斥出养老保险政策受益范围的情况。在中国现有的养老保险政策及其实施中,这种政策负排斥主要体现为城乡贫困居民的特殊保护缺失。

(一)人均养老保险补助呈倒挂状态

依据社会公正的特殊保护规则,养老保险补助应坚持偏向弱者的原则进行分配,那么,养老保险补助在机关事业单位人员、企业职工、城乡居民中应呈递增之势,但是,现实恰恰相反。以湖南为例,普通居民的人均养老保险补助仅分别为机关事业单位和企业人员的 2.4%和 3.4%。[2]（见表 3-5）

---

[1] 唐未兵、吴开明:《我国基本养老保险制度公平现状的定量分析》,《学术论坛》2014 年第 9 期,第 128 页。

[2] 同上。

表 3-5 2013 年湖南"三轨制"参保退休人员"人均补助额"比较

	全口径补助总额（亿元）	参保退休总人数（万人）	人均补助额（元）
机关事业单位养老保险	196.96	215.72	9130.4
企业养老保险	474.93	748.27	6347.3
城乡居民养老保险	67.26	3126.72	215.1

资料来源：唐未兵、吴开明：《我国基本养老保险制度公平现状的定量分析》，《学术论坛》2014 年第 9 期，第 128 页。

（二）城乡居民基础养老金补贴偏低

按照《国务院关于机关事业单位工作人员养老保险制度改革的决定》，单位缴纳基本养老保险费的比例为本单位工资总额的 20%（单位缴纳实际上就是国家缴纳）。假设每人每月工资为 5000 元，那么国家（通过单位）为其缴纳的每月基本养老保险费为 1000 元。城乡居民的基本养老保险费虽然也是由国家全额补助，但到 2018 年也只有 88 元（2018 年）。而民政部数据显示，截至 2018 年 2 月，全国平均城市低保标准为 541 元/人/月，农村低保标准为 358 元/人/年。可见，对于参与城乡居民养老保险的参保人来说，年满 60 岁，每月领取基础养老金不及低保的 1/4。这种情况不仅反映了城乡居民与机关事业单位基本养老保险财政补贴的巨大差距，也反映了当下中国养老保险政策对城乡居民的保护不足。

（三）城乡贫困居民养老保险呈现逆向调节态势

《国务院关于建立统一的城乡居民基本养老保险制度的意见》规定，城乡居民基本养老保险保制度缴费标准为每年 100 元至 2000 元 12 个档次，政府按照分档补贴原则进行补贴，"选择最低档次标准缴费的，补贴标准不低于每人每年 30 元；……选择 500 元及以上档次标准缴费的，补贴标准不低于每人每年 60 元"。这一政策规定虽然有利于激励参保人参与城乡基本养老保险，但是也出现了有些缺乏缴费能力的城乡贫困居民只能选择不参保或选择最低档次缴费，得到的政府和集体的补贴就没有或较少，而有能力选择较高缴费档次、较长缴费年限的经济能力较强的人却补贴的更多，客观上形成了"多补富少补穷""补富不补穷"的逆向调节事实。这种逆向调节实际上构成了对城乡贫困居民的负排斥效应。

第二节 医疗领域：以医疗保险政策为例

2003年特别是2012年中共十八大以来，中国政府进行了一场旨在追求医疗公益性的新一轮医疗改革，进一步明确了公共医疗卫生的公益性质和政府责任，建立了以保基本、兼大病、全覆盖为内容的医疗保险政策体系，为医疗卫生政策负排斥的评估和正排斥的实施确立了基本政策依据。一是《中共中央 国务院关于深化医药卫生体制改革的意见》的出台和"健康中国"理念的提出，标志着医疗改革的"国家顶层设计"基本完成，同时把发展健康和以健康促发展上升为国家战略。二是形成了城镇职工医疗保险、城镇居民医疗保险、新农村合作医疗保险为主体的基本医疗保险政策体系，全民医保体系基本建立。2015年，城镇职工基本医疗保险、城镇居民基本医疗保险、新型农村合作医疗（简称"新农合"）等三项基本医疗保险参保人数超过13亿，参保率保持在95%以上。2015年新农合、城镇居民医保人均筹资增加到500元左右，其中政府补助标准提高到380元，比2010年（120元）增长了将近2.2倍。各级财政对城镇居民基本医疗保险的补助水平逐步提高，由2012年的每人每年240元提高到2016年的420元；2016年职工医疗保险和居民医疗保险基金最高支付限额分别为当地职工年平均工资和当地居民年人均可支配收入的6倍，政策范围内住院费用基金支付比例分别达到80%和70%左右。① 三是初步建立了覆盖城乡居民的大病保险和医疗救助体系。2015年7月《国务院办公厅关于全面实施城乡居民大病保险的意见》发布。2016年按照精准扶贫的要求，进一步巩固完善大病保险，对贫困人口等困难人员实行精准施策，在起付线、报销比例等方面给予重点倾斜。到2017年，已建立起比较完善的大病保险制度，"大病保险覆盖城乡居民超过10亿人，各省大病保险政策规定的支付比例不低于50%，有效缓解了困难群体的大额医疗费用负担"②。四是基本公共卫生服务体系基本建立。到2017年，城乡居民基本公共卫生服务项目从最初的9类41项扩大到12类45项，包括建立居民健康档案、健康教育、预防接种、传染病防治、高血压与糖尿病等慢性病和重性精神疾病管理、儿童保健、孕

---

① 《社会保险制度改革完善 社会保险事业快速发展——党的十八大以来经济社会发展成就系列之二十》，国家统计局网站，http://www.stats.gov.cn/ztjc/ztfx/18fzcj/index.html，2018年2月23日访问。

② 同上。

产妇保健、老年人保健、中医药健康管理等,基本覆盖了居民生命全过程。五是医疗改革的一系列瓶颈问题取得了突破性进展,如《国务院办公厅关于城市公立医院综合改革试点的指导意见》的发布,标志着公立医院改革、破除公立医院以药养医机制迈出实质性步伐。再如,《基本医疗保险跨省异地就医住院医疗费用直接结算经办规程(试行)》及地方各种配套政策的制定和实施,意味着基本医疗保险跨省异地报销进入了可操作的阶段。2016年全国基本医疗保险关系跨统筹地区转移接续190万人次,比2012年增加100万人次。到2017年7月,已实现90%以上的地市接入国家异地就医结算系统平台。①

虽然中国已经建立了覆盖全民的医疗保障政策体系,但是,由于政策规定的偏颇,中国现行的医疗保险政策还存在不同程度的负排斥问题。本部分以《国务院关于建立城镇职工基本医疗保险制度的决定》《国务院关于开展城镇居民基本医疗保险试点的指导意见》《关于建立新型农村合作医疗制度的意见》及其地方实施办法为政策蓝本,依据公共政策负排斥分析框架,评估现阶段中国医疗保险政策的负排斥状况。

一、基本医疗保障权的差序格局

基本卫生保障的公共品属性及外部效应特征决定了政府必须对基本卫生服务进行干预。如果任由市场调节,低收入者将可能因为价格因素而得不到足够数量和质量的卫生医疗服务,导致其健康权利受损,因此,保障人人公平享有基本医疗权是政府实现社会公平正义的重要体现,也是健康公平的本质所在。基本医疗保障公平可以从两个方面衡量:一是全体公民有平等的机会参加基本医疗保险;二是全体公民享有的基本医疗保障水平应大致相等,不会因为其身份、收入等不同而受到差别对待。目前,我国已经建立以新型农村合作医疗、城镇居民基本医疗保险和城镇职工基本医疗保险为主体的基本医疗保险政策体系,但是被三大主体政策覆盖的人群所享有的基本医疗保障权仍然存在差序问题。

其一,基本医疗保险待遇水平的人群差序格局。三类基本医疗保险政策设计在人均筹资、补偿水平、受益对象等存在明显差别,导致参保群体在报销比例和保障范围上存在显著差别(见表3-6)。

---

① 《社会保险制度改革完善 社会保险事业快速发展——党的十八大以来经济社会发展成就系列之二十》,国家统计局网站,http://www.stats.gov.cn/ztjc/ztfx/18fzcj/index.html,2018年2月23日访问。

表 3-6 三种基本医疗保险待遇水平比较

类型	城镇职工医疗保险	城镇居民医疗保险	新型农村合作医疗
政策依据	《国务院关于建立城镇职工基本医疗保险制度的决定》	《国务院关于开展城镇居民基本医疗保险试点的指导意见》	《关于建立新型农村合作医疗制度的意见》
覆盖范围	城镇职工	城镇非从业人员	农业人口
缴费主体	企业和个人共同缴费	政府和居民共同缴费	政府和农民共同缴费
账户情况	个人账户与统筹账户	统筹账户	家庭账户与统筹账户
筹资层次	市级	市级	县级
保障范围	个人账户用于门诊服务,统筹账户用于住院服务	住院和门诊大病	住院为主、兼顾门诊
报销比例	85%左右	60%左右	50%左右
保障水平	较高	较低	最低

资料来源:根据我国现行基本医疗保险政策相关资料整理。

按现有的医保政策规定,基本医疗保险由地方统筹,如《国务院关于建立城镇职工基本医疗保险制度的决定》规定,基本医疗保险原则上以地级以上行政区(包括地、市、州、盟)为统筹单位。这就决定了某一群体的基本医疗保险待遇水平实际上主要由地方医保政策决定。以南京为例,新型农村合作医疗的保险水平要低于城镇居民和城镇职工基本医疗保险水平(见表3-7)。

表 3-7 南京市三种医疗保险政策支付报销标准的比较

类型	新型农村合作医疗（溧水区）	城镇居民基本医疗保险	城镇职工基本医疗保险
起付线	镇级定点医疗机构的起付线为200元,区级定点医疗机构的起付线为400元,省市级定点医疗机构的起付线为600元,非指定公立医疗机构起付线为300元	三级医疗机构1000元;二级医疗机构650元;一级医疗机构(含一级以下医疗机构,下同)400元。参保人员在一个自然年度内多次住院的,起付标准逐次降低,第二次及以上住院按规定住院起付标准的50%计算,但最低不低于150元	一个自然年度内第二次住院的,起付标准降低50%;第三次及以上住院的,免除起付标准

(续表)

类型	新型农村合作医疗（溧水区）	城镇居民基本医疗保险	城镇职工基本医疗保险
封顶线	当年内每人累计获得最高报销限额为人民币12万元	在一个自然年度内,统筹基金最高支付限额以上至15万元以下的医疗费用	一个自然年度内统筹基金最高支付限额为18万元;大病医疗救助基金不设最高支付限额
报销比例	门诊全年每人限报600元,其中镇、村社区卫生服务机构年限报300元;本区级、区外定点医疗机构年限报300元。住院按镇级、区级、指定省市、非指定公立医疗机构划分补偿比例分别为85%、70%、55%和20%	门诊和门诊大病费用在起付标准以上、最高支付限额以下的,实行限额补助;参保老年居民和其他居民在一级、二级、三级医疗机构发生的住院费用基金支付比例为65%、60%、55%	门诊医疗费和药费从个人账户中支付,超支自理;一次性住院医疗费的起付标准以上、最高支付限额以下的部分,由统筹基金支付80%左右

资料来源:南京市城镇职工、城镇居民和新农合医疗保险相关实施办法。

综上所述,不同医疗保险政策保障水平存在较大差距。就门诊报销而言,城镇职工相对较高,城镇居民和新农合较低。就住院保险而言,城镇职工基本医疗保险比城镇居民和新农合高10%至15%。医疗保险政策的碎片化导致了不同的参保群体有着不同待遇的医疗保障,使得城乡以及地区间的医疗社会资源分配失衡,这不仅影响公共资源公平地分配,更与民生和社会稳定息息相关。[1]

其二,基本医疗保障待遇水平的城乡差序格局。在不均衡的医疗资源配置因素影响下,城市居民所享有的医疗保障待遇远高于农村居民,使得城乡居民医疗保障水平呈现"中心到边缘"的"差序"状态。"2015年,城镇职工基本医疗保险共有2.9亿人,保险支出总额7351.5亿元,人均支出2544元;城乡居民基本医疗保险共有3.8亿人,支出总额1780.6亿元,人均支出额473元;前者是后者的5倍多。"[2]基本医疗保障待遇水平的不公平

---

[1] 王俊华、任栋、马伟玲:《新型农村合作医疗迈入全民基本社会医疗保险体系的可行性研究》,《江苏社会科学》2013年第1期,第88页。

[2] 张光、陈曦:《中国福利国家及其部门构造的规模、公平与可负担性》,岳经纶、朱亚鹏主编:《中国公共政策评论》(第14卷),北京:商务印书馆2018年版,第7页。

制造了城乡居民之间基本医疗保障权的差序格局,进一步拉大了城乡居民之间的不平等。

二、基本医疗保险参与机会不均等

基本医疗保险参与机会包括法理参与机会和实际参与机会,前者是法律规定的参与机会,后者则是法理参与机会在实际中的获得程度。在政策层面上,基本医疗保险已经实现了全覆盖,城镇职工、城镇非从业居民、农村人口可分别加入城镇职工基本医疗保险、城镇居民基本医疗保险和新型农村合作医疗,实现了法理参与机会人人享有。但是,由于政策规定的偏差,基本医疗保险实际参与机会却存在不均等的状况。一是一些特殊人群医疗保险实际参与机会较低。依据目前的政策,城镇居民基本医疗保险和新农村合作医疗实行自愿参保的原则,而且政府补贴是在个人投保的基础上获得的。由于实行自愿原则,在没有雇主为一些特殊人群(如城镇非正式就业人员,包括个体工商户、临时工、失业人员等)缴纳应由单位缴纳的保险费的情况下,上述群体就可能最终选择不参保,于是也不能获得政府的补贴,导致其实际参与机会较低。二是农民工的实际医疗保险参保率不高。一方面,城镇居民基本医疗保险报销比例较低,导致农民工参加城镇居民基本医疗保险的热情度不高。2016 年年末,参加城镇居民基本医疗保险的农民工人数为 4825 万人,参保率仅为 17% 左右。① 另一方面,由于医保衔接机制不健全,加之新农合医保外省市就医报销比例低(只有 30% 左右),从而大大降低了在外省市就业的农民工参加新农合医保的积极性。三是城镇居民基本医疗保险和新农村合作医疗实行先自付后报销的费用支付管理方式。在这种支付方式下,农民住院看病需要自己先垫付看病费用,否则就无法入院治疗。医保政策还规定了较高的自付费用比例(各个地方有差异,一般设为 30%—60%),导致参保居民难以有效获益于医疗保险:第一,城镇非从业居民和农民因为经济支付能力不足而选择不就医或不参保;第二,较高的自付比例使得贫困人群无法像其他人一样享有充分的卫生医疗服务,实际上造成了贫困人群在单次就诊时得到的补偿较低。四是城镇居民基本医疗保险政策的设计导致居民参保意愿较低。按照《国务院关于开展城镇居民基本医疗保险试点的指导意见》规定,城镇居民基

---

① 郭晋晖:《仅 17%农民工有城镇医保 专家呼吁全民统一医保》,第一财经,http://www.yicai.com/news/5377963.html,2018 年 2 月 24 日访问。

本医疗保险不设立个人账户,个人缴费不计入个人账户,而且,由于新参保、续保和长期参保所需要缴纳的保费和待遇水平相同,这种政策规定造成了城镇居民只有等到疾病风险增加后才来参保,从而影响了参保率。以上四个原因,导致城镇非从业居民、农民和农民工等群体难以获得与城镇职工同等的基本医疗保险实际参与机会,实际上形成了对这些群体的政策负排斥。

基本医疗保险实际参与机会还体现在不同群体对医疗卫生服务利用的状况上。由于报销比例高及就医可及性高,城镇职工在医疗卫生服务的利用方面明显高于城镇居民及农民,体现了基本医疗保险实际参与机会在三大群体间的获得程度不均等(表3-8)。

表3-8 2013年卫生服务调查不同保障制度保障居民的卫生服务利用状况

检测指标	城镇职工基本医疗保险	城镇居民基本医疗保险	新型农村合作医疗
a.两周患病率(%)	38.3	23.6	19.7
b.两周就诊率(%)	13.4	12.4	13.3
c.自我医疗比例(%)	12.0	17.2	14.1
d.未就诊率(%)	0.4	0.6	2.5
e.住院率(%)	11.2	7.1	9.0
f.例均住院次数(次)	1.2	1.2	1.1
g.住院天数(天)	13.7	12	10.6
h.手术病人比例(%)	26.2	29.1	24.9
i.获报销病人(%)	95.3	88.7	91.1
j.报销费用比(%)	68.8	53.6	50.1
k.次均报销费用(元)	8579	5369	3329
l.未住院比(%)	15.8	18.4	18.1
m.其中因为经济困难(%)	4.6	9.1	8.2

数据来源:国家卫生计生委统计信息中心编著:《第五次国家卫生服务调查分析报告》,北京:中国协和医科大学出版社2015年版。

三、不同群体之间医疗保险缴费回报不公平

不同群体之间贡献回报公平意味着城镇职工、城镇居民和新农合三大基本医疗保险的个人缴费或筹资回报率(可用支付筹资比指标来衡量)应

该基本相同。但是,从 2011—2015 年间三大基本医疗保险筹资支付情况来看,三大医疗保险的支付筹资比存在显著差别:城镇居民医疗保险的支付筹资比最低,城镇职工医疗保险次之,新农合最高。(见表 3-9)虽然城镇职工医疗保险的人均筹资最高,但其补偿水平也高,其所获得的绝对补偿水平要远远高于城镇居民基本医疗保险和新农合,这样,城镇职工只要生病,就会主动选择高质量、高价格的门诊服务,从而获得了较高的实际补偿水平(贡献回报率高)。相反,由于补偿的绝对水平较低(报销较少),城镇居民基本医疗保险和新型农村合作医疗的成员即使生病也常常选择自我药疗,这样,这两个群体的实际补偿水平(贡献回报率)与城镇职工医疗保险相去甚远。正如有研究表明,"城镇职工在较高的补偿比作用下,其所享受的医疗服务远远优于其他人群,其人均医疗消费要远远高于全社会的人均医疗消费水平"①。人均支付筹资比的差距表明,城镇职工医保、城镇居民医保和新农合三大群体的贡献回报存在不公平状况。

表 3-9　2011—2015 年三大基本医疗保障制度筹资支付情况

项目	年份 类别	2011 年	2012 年	2013 年	2014 年	2015 年
人均筹资 (元)	城职保	1960.2	2288.8	2573.2	2840.6	3143.7
	城居保	268.7	322.9	400.5	524.4	559.6
	新农合	246.2	308.5	370.6	410.9	490.3
人均支付 (元)	城职保	1592.9	1838.2	2124.4	2366.6	2606.7
	城居保	186.8	248.6	327.7	456.9	472.5
	新农合	205.6	299.1	362.6	392.7	437.8
人均支付筹资比 (%)	城职保	81.3	80.3	82.6	83.3	82.9
	城居保	69.5	77.0	81.8	87.1	84.4
	新农合	83.5	96.9	97.8	95.5	91.1

备注:此表是结合《中国统计年鉴—2016》和《中国人力资源和社会保障年鉴—2016》中的相关数据,计算得出的数据。具体推理过程如下:1.人均筹资=当年对应医疗保险收入/当年参保人数;2.人均支付=当年对应医疗保险支出/当年参保人数;3.平均=总收入或者总支出/总人数;4.人均支付筹资比=人均支付/人均筹资。(此表中,城镇职工基本医疗保险简称"城职保",城镇居民基本医疗保险简称"城居保"。)

---

① 张亮:《三大基本医疗保障制度保障能力差异分析》,《中国卫生经济》2013 年第 2 期,第 62 页。

四、医疗困难群体的特殊保护不足

医疗保险具有互济与风险共担功能,这也就是将发生在个体身上的由疾病风险所导致的经济负担分摊给所有参加医疗保险的社会成员,从而达到降低疾病患者的经济风险和帮助其及时就医的健康保障功能。发挥基本医疗保险的互济功能,对于保障医疗困难群体①的基本健康和基本生活尤为重要。对医疗困难群体而言,医疗保障实际上是困难群体和其他参保者之间实现风险的转移和分散,即当困难群体有疾病风险时,虽然他们没有能力缴纳医疗费,但他们可得到其他参保者缴纳的医疗保障基金的转移和救济,实现对他们的经济补偿,最终达到保障其能享受基本医疗保障权的目标。发挥基本医疗保险的互济功能,意味着医疗保障政策应当给予医疗困难群体以特殊保护,使他们避免遇到由于经济能力不足而未能及时就医的情形。但是,在现有的政策设计中,却存在诸多对困难群体保障不足的情形。

其一,对农村困难群体医疗保障不足。2003年以来,在中央的统一安排下,各地已在陆续建立和实施新农合和农村医疗救助政策,有效保障了农村困难群体的基本医疗保障权。但是,从整体上看,现有政策对农村困难群体的基本医疗保障仍然存在诸多缺陷。一是现行补偿机制是以补助大额医疗费用或住院费用为主的"大病统筹"机制,这就使患有慢性病的大多数参合农民,只能自行负担治疗费用而无法从新农合获得补偿,从而大大降低了医疗保险对农村困难群体的救济功能。二是现有政策都设置了起付线及共付比例,从而增加了部分低收入参保人群获得医疗保障的难度,进而降低新农合对农村困难群体的保障功能。三是由于政策设计时对农村人口流动状况的考虑不足,从而大大降低了医疗保险对农民工的救济功能。如有关异地就诊的规定不合理(如报销手续的流程、异地医疗机构的选择等),使得那些长期身处外地的参合农民特别是大量的农民工,即使所遭遇的疾病风险符合补偿要求,在实际生活中也很难获得及时补偿。

其二,对城市低收入群体的医疗保障不力。城市低收入人群主要包括

---

① 所谓医疗困难(弱势)群体,就是面对疾病、受伤等风险需要诊断、检查、治疗和康复时,公民自身或家庭的经济状况导致其不能接受商业性的医疗服务,其生存权和健康权不能够得到有效保障的群体。

失业下岗人员、三无人员（城市中无生活来源、无劳动能力、无法定抚养义务人的人员）、残疾人困难群体、退休人员中的困难群体等。对于这部分群体的基本医疗保障，国家建立了城镇居民基本医疗保险政策予以保障。但是，依据现有政策，城镇居民基本医疗保险以家庭缴费为主，政府给予适当补助。这就导致了这些群体由于未能承担家庭缴费责任，从而被排除在基本医保范围之外。而且，即使参与了城镇居民基本医疗保险，但由于筹资和补偿水平较低，这些群体所获得的医疗保障非常有限，实际体现了对这部分群体的医疗保障不力，影响了国家整体医疗保障体系的公平性。

第三节 教育领域：以高考政策为例

从高考的本质看，选拔功能和分配功能是高考的主要功能。高考制度设计和实施的出发点和落脚点，在于合理分配资源和公平选拔人才。高考制度的公平公正，关键在于把握好以下原则。一是能力原则。能力的因素是高等教育入学机会分配的首要标准。二是平等原则。虽然所有人都接受高等教育是不可能的，但是每个人都应该享有通过公平竞争获得高等教育的机会。三是补偿原则。在遵循能力原则与平等原则的前提下，向落后地区或困难群体进行某种补偿和矫正，使得那些相对处境不利者享有与相对优势群体基本相同的受高等教育权利。依据公正原则，个人的努力及才能是高等教育机会分配的主要依据，而不应受到考生出生地、家庭背景、经济状况及所拥有的社会关系等其他因素的影响。反之，则属于政策负排斥。中共十八大以来，中国在高等教育公平的道路上取得了显著的成就。一是实施高考招生向农村地区倾斜政策，使高考招生城乡差距进一步缩小。自2012年起，国家实施农村贫困地区定向招生的国家专项计划、地方专项计划和高校专项计划等，2015年共招收7.5万名学生，比上一年增长了10.5%，上述计划"累计招收农村和贫困地区学生27.4万人"[1]，初步形成保障农村和贫困地区学生上重点高校的长效机制，有效促进了高等教

---

[1] 《教育事业取得历史性进展 教育质量水平明显提高——党的十八大以来经济社会发展成就系列之十九》，国家统计局网站，http://www.stats.gov.cn/ztjc/ztfx/18fzcj/index.html，2018年2月23日访问。

育城乡入学机会公平。二是高考政策公平效应日益显现。据统计,2015年,录取率最低省份与全国平均水平的差距从 2010 年的 15.3 个百分点缩小至 5 个百分点以内。① 三是人民群众关心的瓶颈问题得到了有效缓解。如 2015 年,29 个省(区、市)近 8 万名符合条件的随迁子女在流入地参加了高考。四是致力于公平的制度体系进一步完善,如在 2014 年《国务院关于深化考试招生制度改革的实施意见》《2018 年普通高等学校招生工作规定》和地方配套政策中,高考加分项目及分值大幅度减少,全国性鼓励类加分项目全部取消,政策性加分项不得超过 20 分。但是,检视近年来国家层面和地方层面的高考政策,我们可以看到,高考政策的负排斥状况仍然存在。

一、高考招生分省配额政策:入学机会的区域差序格局

在各高校执行国家招生计划的过程中,在招生本地化取向的作用下,各高校往往将更多的招生计划投向本地生源,于是就形成了高校"贫瘠地区"与高校密集地区学生入学机会的巨大差距。从公平角度看,这种差距体现了高校入学机会分配的地区不公平。从政策排斥角度看,各高校把招生计划更多投向本地生源,那些高校分布较少地区的高考生源却被排除在本应同等享有优质大学入学机会的范围之外。这种差距实质体现了"高考招生分省配额政策"对高校分布较少地区高考生源的政策负排斥。

一般而言,录取率是衡量一个省考生的入学机会比较客观科学的指标。录取率以招生计划数与考生总数之比来计算。通过对 2013 年综合大学中的录取率比较,我们可以发现,中国各省份的综合大学入学机会仍然存在巨大差距(见表 3-10),呈现显著的地区负排斥,即一些人口多的省份考生不能享受与其他地区的考生一样的大学入学机会。从录取率看,大部分省份处于平均水平左右,差异不大。但是,入学机会低的地区与入学机会高的地区却有巨大差距,青海以及北京、天津、上海等部分省(区、市)的入学机会(超过 13%)则远远高于全国平均水平,是入学机会排名靠后的广东、甘肃、河南等省份(3.4% 以下)的四倍以上。

---

① 《各支援省份近年来高考录取率均明显高于全国平均水平——教育部有关负责人就 2016 年普通高校招生计划有关情况答记者问》,《劳动报》2016 年 5 月 15 日,第 6 版。

表 3-10　各省份 2017 年综合大学本科入学机会比较

省份	综合大学本科招生计划总数(万人)	考生总数(万人)	综合大学本科入学机会(%)
北京市	1.5834	6.0638	26.11
上海市	1.6423	5.1000	32.20
西藏自治区	0.2137	2.8517	7.49
天津市	1.4525	5.7015	25.48
青海省	0.4931	4.6346	10.64
江苏省	7.2025	31.0100	23.22
陕西省	3.3750	31.9196	10.57
黑龙江省	3.2743	18.8000	17.42
吉林省	2.6604	14.2940	18.61
海南省	1.7082	5.7000	29.99
宁夏回族自治区	0.6126	6.9233	8.84
辽宁省	2.0212	20.8502	9.69
湖北省	3.9472	36.2465	10.89
新疆维吾尔自治区	1.5450	18.3700	8.41
湖南省	8.9317	41.0800	21.74
四川省	5.8933	58.2800	10.11
山东省	12.0492	68.3203	17.64
重庆市	3.1432	24.7490	12.70
福建省	4.3484	18.8200	23.11
河北省	3.4182	43.6200	7.85
安徽省	2.7222	49.9000	5.45
广东省	11.4236	75.7000	15.09
内蒙古自治区	3.3159	19.7394	16.80
云南省	2.3655	29.3467	8.06
贵州省	2.0862	41.1897	5.06
江西省	4.7517	36.4900	13.02
甘肃省	1.5983	28.4800	5.61
广西壮族自治区	3.4369	36.5000	9.42
浙江省	4.2403	29.1300	14.56
山西省	3.1021	31.7208	9.78

(续表)

省份	综合大学本科招生计划总数（万人）	考生总数（万人）	综合大学本科入学机会（%）
河南省	5.8811	86.5800	6.79
总　计	114.4392	940	12.17

资料来源：《中国教育统计年鉴—2017》和中国教育在线网站公开数据计算所得。

优秀高校入学机会的地区负排斥更加突出。在2016年"985工程"高校在各省市的录取比例中，占据"985工程"高校明显优势的天津、北京、上海（从"985工程"高校分布情况看，天津市有2所，北京市有8所，上海市有4所，均为分布集中地区）分别居前三位，分别为5.90%、5.50%、4.30%；中部的山西、河南、安徽等人口大省，高考人数居高不下，但"985工程"高校计划招生人数却一直偏低，报考人数多但没有"985工程"高校的河南（1.20%）却处于倒数第一位①，这与其拥有"985工程"高校的数量基本呈正比关系。除地区负排斥之外，高考招生分省配额政策的负排斥还体现在对农村学生的负排斥上。高等教育实行扩招政策之后，总体来看，城乡考生之间的入学机会差距正在逐步缩小，但重点高校的城乡入学机会差异却越来越大。农村大学生的比例在逐年下降，越是重点大学、名牌大学，比例越低，这已经成为不争的事实。例如，2016年，北大共录取农村考生700余人，其中，校本部共录取农村考生近500人，比例为16.3%；清华大学共录取农村考生720余人，其中农村户籍考生570余人，约占录取总数的17%；复旦大学2016级3400余名新生（不含留学生）中，有623名同学是通过农村专项腾飞计划和农村贫困地区定向招生计划进入复旦。②

二、自主招生政策：城乡、校际与地区入学机会不均等并存

高校自主招生是指拥有自主招生权的高校在统一高考基础上，自主选拔录取一批具有学科特长或创新潜质的学生的招生方式。通过近十年的发展，高校自主招生为弥补高考不能体现学生个性的弊端，为国家有效选拔具有学科特长、创新潜质的偏才发挥了积极作用。但是，自主招生政策

---

① 《2016年高考：各省市985高校录取率究竟差多少？》，江苏招生考试网，http://www.js-edu.cn/n/422407.html？p=2，2018年1月23日访问。

② 王庆环、邓晖：《北大清华复旦农村学生比例超15%　寒门学子圆梦重点高校》，《光明日报》2016年9月8日，第8版。

仍然存在负排斥倾向。

（一）"城市偏好取向"导致农村考生未能享受均等的入学机会

各高校制定的自主招生政策不约而同地把竞赛名次、科技发明创新奖项作为报考的基本条件。如2018年，北京大学把报考普通类专业的条件限定为以下之一者：(1)有发明创造或参加科技类竞赛全国决赛、国际比赛获得优异成绩者；(2)在我校自主招生专业范围内有相关学科特长、创新潜质，并在国内外相关专业学习实践活动中取得优异成绩者；(3)在高中阶段参加全国中学生学科奥林匹克竞赛（数学、物理、化学、生物学、信息学）全国决赛获得优异成绩者。2018年上海交通大学把选拔对象限定为：(1)高中阶段获得全国中学生奥林匹克竞赛（数学、物理、化学、信息学）省赛区一等奖；(2)高中阶段获得青少年科技创新大赛、"明天小小科学家"全国一、二等奖。注重竞赛获奖和创新能力，有助于高校选拔符合创新潜质和学科特长的学生，但是，这种"资格限定"更有利于城市学生，不利于农村学生，从而形成对农村学生的实质性负排斥。因为，农村学生多数缺乏必要的甚至基本的现代教育机会。譬如，计算机网络、多媒体教学等资源在农村的普及程度仍然较低，而且，农村子女因为生存、生活条件相对较差，素质教育水平也存在差距。正如全国人大代表卢凌所言，"农村学校素质教育科目或者社会实践少，而这恰恰在自主招生评价标准里占了较多权重"[①]。另外，在面试环节，自主招生对考生的口语表达与沟通方面的能力设置了较高要求，而这些方面对于城市学生更有优势，于是进一步形成对农村学生的负排斥。自主招生政策及其实施过程中的"城市偏好取向"，实际上限制了农村考生参与自主招生的机会，违背了机会均等原则，形成了对农村考生的负排斥（如表3-11）。

表3-11　南京大学自主招生城乡子女录取比例

年份	城市考生		农村考生	
	人数	比例(%)	人数	比例(%)
2015	188	80	47	20
2016	167	77.67	48	22.33
2017	353	76.74	107	23.26

资料来源：南京大学学生处的内部资料。

---

① 陈小雁：《自主招生后农村生源减少"嫌村爱城"源于资源不均》，《广州日报》2014年3月11日，第B3版。

削弱这种负排斥状况,应该在自主招生环节为农村考生制定特殊政策和评价标准,对农村考生实行教育补偿,如清华大学、西安交通大学、中国科技大学、南京大学等重点大学面向自强不息、德才兼备的农村学生实施的"自强计划"。2012年起,中国人民大学自主招生推出"圆梦计划",主要招收对象为符合条件的应届农村高中毕业生:一是在县及县以下地区就读;二是学习成绩优秀或某方面能力突出。"圆梦计划"是对农村学生的有效补偿,有助于缓解高校自主招生的负排斥状况。

(二)"招生院校的重点化"导致校际和地区间入学机会不均等

从自主招生改革2001年试点以来,教育部均选取全国重点或省级重点院校为试点院校。2017年,全国共有90所高校获得自主招生资格。这些拥有自主招生权的高校,无一例外,都是国家重点或省重点高校,其中,北京(25所)、江苏(11所)和上海(10所)三省(市)的高校占了全国自主招生高校试点总数的近一半。这种设置造成了一些专业性很强但综合实力不突出的院校(一般本科、民办本科、高职三个招生批次的院校)被排斥出自主招生的受益范围,形成对这些院校的负排斥,比如南京邮电大学的通信与信息工程专业、南京信息工程大学的气象学专业、南京审计大学的审计专业均排在本专业全国前列,但是由于不是重点大学而被排斥出自主招生的范围,从而可能失去选拔优秀生源的优势机会。

而且,由于招生的本地化倾向,"招生院校的重点化"还进一步加剧了地区性负排斥,即重点大学数量少的中西部地区的考生未能享受到与重点大学数量较多的北京、上海、江苏等地区考生的自主招生同等获得重点大学求学的机会,形成了对中西部考生的负排斥。譬如,清华大学在2017年自主招生中,697名考生获得录取资格,其中就有45人来自北京地区,约占招生总数的6.5%;中山大学在2017年自主招生中,634名考生获得录取资格,其中就有65人来自广东地区,约占招生总数的10.25%。从2017年具有高校自主选拔录取资格的考生名单(阳光高考信息公开平台公布数据)中获悉,被某些重点高校录取的考生大多分布在经济与教育发达的东部地区与中部地区,西部地区上榜者寥寥无几(如表3-12)。21世纪教育研究院与搜狐网教育频道联合进行的2014年高校自主招生考试考生及家长调查结果显示,"43.18%的应届考生和家长认为'很不公平,令人不信任',

38.04%的应届考生和家长认为'不太公平,公信力明显缺乏'"①。

表 3-12 2017 年四所自主招生高校生源一览表

	生源数量居前五位的 省/自治区/直辖市(人)	生源数量居后五位的 省/自治区/直辖市(人)
北京大学	浙江(66)、湖南(55)、湖北(37)、江苏(36)、辽宁(28)	贵州(0)、青海(0)、新疆(0)、西藏(0)、宁夏(0)、内蒙古(0)
清华大学	湖南(50)、北京(45)、四川(41)、河北(31)、浙江(23)	宁夏(0)、青海(1)、云南(1)、甘肃(1)、内蒙古(2)、海南(2)、新疆(2)
复旦大学	上海(13)、浙江(6)、江苏(5)、江西(4)、重庆(4)	云南(0)、青海(0)、宁夏(0)、新疆(0)、贵州(0)、内蒙古(0)、黑龙江(0)、海南(0)、湖北(0)、河南(0)
中山大学	广东(65)、河南(22)、山东(18)、湖南(16)、福建(14)	青海(0)、上海(0)、宁夏(1)、云南(1)、甘肃(1)

数据来源:阳光高考信息公开平台。

三、高考加分政策:显性入学机会与隐性入学机会不均等并存

我国的高考加分政策大致经历了四个阶段。第一阶段为优先录取阶段,时间是 1949 年至 1976 年。这一时期优先录取的优惠对象为革命干部及革命军人、工农成分学生、少数民族学生和华侨学生等。第二阶段为降分录取阶段,时间是 1977 年至 2000 年。这一阶段取消了革命干部及工农成分学生的优先录取政策,继续对港澳台和归国华侨青年、青年少数民族学生、优秀特长生等实行优先录取。1978 年开始,国家对受政府表彰的优秀青年、学科竞赛获奖者、三好学生、思想品德表现突出者、体育艺术特长生、报考农林等特殊院校者推行高考降分投档政策。第三阶段为加分录取阶段,时间是 2001 年至 2017 年。这个阶段对高中阶段的省级优秀学生干部、优秀学生、思想政治品德表现突出者、单学科竞赛优胜者、省级及以上科技发明创造获奖者、高中阶段在重大国际体育比赛或全国性体育比赛中取得前六名以及获国家二级运动员及以上称号的考生均实行加分投档政策。分析这个阶段各省市的高考加分政策,加分项目主要是三类:一是鼓

---

① 靳晓燕:《高校自主招生该何去何从》,《光明日报》2014 年 6 月 5 日,第 6 版。

励性加分,例如对思想政治品德方面表现突出者,获得省级优秀学生干部、三好学生称号者,在各级创新大赛、奥赛、体育竞赛中获得不同级别的获奖者的加分;二是照顾性加分,例如对归国华侨子女、烈士子女、独生子女、专家博士子女、移民子女、"非典"期间医护人员的子女等的加分;三是补偿性加分,如对自主就业的退役士兵、少数民族考生的加分。第四阶段为加分录取调整阶段,时间是2018年以后。这一时期,省级优秀学生、国际或国内体育大赛获奖者、奥林匹克竞赛获奖者、科技类竞赛获奖者、思想政治品德有突出事迹者等传统加分项被取消,烈士子女、退役军人、归侨、华侨子女、归侨子女、台湾省籍考生、少数民族考生等传统加分项继续保留。可以说,2018年的高考加分政策改革是历史性的突破,对迈向更高标准的教育公平具有里程碑式的意义。但是,从公正角度看,当下的高考加分政策仍然存在负排斥问题。

(一)高考加分政策实质构成显性入学机会不均等

自从设立高考加分政策以来,父母的社会身份、社会荣誉、社会职业都是高考加分的必要条件,如教育部《2018年普通高等学校招生工作规定》第44条规定,"有下列情形之一的考生,由省级招委会根据本地投档录取办法决定,可在高校投档分数线下适当降低分数要求投档或在其统考成绩总分的基础上增加分数投档……(1)边疆、山区、牧区、少数民族聚居地区少数民族考生;(2)归侨、华侨子女、归侨子女和台湾省籍考生;(3)烈士子女"。地方也有相似的规定。如《上海市2018年普通高等学校秋季统一考试招生工作办法》就明确规定,归侨子女、烈士子女、华侨子女等对象被上海普通高校录取时可以享受5分到20分不等的加分优惠政策(见表3-13)。除了直接加分的规定之外,还有"优先录取"的政策,如教育部《2018年普通高等学校招生工作规定》第47条指出,"驻国家确定的三类以上艰苦边远地区和西藏自治区,解放军总部划定的二类以上岛屿工作累计满20年的军人的子女,在国家确定的四类以上艰苦边远地区或者解放军总部划定的特类岛屿工作累计满10年的军人的子女,在飞或停飞不满1年或达到飞行最高年限的空勤军人的子女,从事舰艇工作满20年的军人的子女,在航天和涉核岗位工作累计满15年的军人的子女,参加高考并达到有关高校投档要求的,应予以优先录取"。

表 3-13 2018 年上海市普通高等学校招生录取加分表（部分）

项目	编号	考生条件	加分	证明单位
政策照顾对象	1	烈士子女	20 分,由报考学校审核录取	户口所在地的区民政部门证明
	2	归侨、归侨子女	5 分,由报考学校审核录取	上海市侨办
	3	华侨子女	5 分,由报考学校审核录取	户口所在地的区侨办证明
	4	台湾省籍青年	5 分,由报考学校审核录取	上海市台联会

数据来源:根据上海教育部门官方网站整理。

这种高考加分政策具有身份连带性,是以父母社会身份、职业、荣誉等作为考生是否获得加分录取或优先录取的依据,意味着考生获得高考加分的条件是其父母的某种身份地位、社会荣誉或社会职业,实际上已经背离了社会公正的要求。正如迈克尔·沃尔泽所指出的那样,"拥有某种职务或地位的人只能获得基于这种职务或地位的利益,而不应该把这种职务转换为其他领域中的利益"①。这种身份连带性高考加分政策导致了同等条件下考生的入学机会不均等,构成显性的身份主导型政策负排斥。

（二）高考加分政策隐含隐性入学机会不均等

按照罗尔斯的正义理论,高考加分政策应该是照顾"弱势",而不应该照顾"强势"。这在新一轮的高考改革中得到很好的体现。例如,教育部在《教育部关于做好 2018 年普通高校招生工作的通知》中明确指出,全面取消体育特长生、中学生学科奥林匹克竞赛、科技类竞赛、省级优秀学生、思想政治品德有突出事迹等全国性高考加分项目;在随后各地出台的高考加分政策中,省级优秀学生、国际或国内体育大赛获奖者、奥林匹克竞赛获奖者、科技类竞赛者、思想政治品德有突出事迹者等传统加分项被取消。但是,在这一轮的高考改革中,少数民族考生加分项仍然存在。例如,《北京市 2018 年普通高等学校招生工作规定》明确规定:"从边疆、山区、牧区、少数民族聚居地区在高级中等教育阶段转学到本市就读的少数民族考生,在高考成绩总分的基础上增加 5 分向高校提供档案,由高校审查决定是否录取。"这种加分政策按照民族身份和民族地域进行相应的加分扶持,有利于消解教育起点不均等带来的教育不公平。然而,这种政策仅以民族身份作

---

① 〔美〕迈克尔·沃尔泽:《正义诸领域:为多元主义与平等一辩》（褚松燕译）,上海,译林出版社 2002 年版,第 22—23 页。

为参考,并没有具体分析不同民族地区之间的经济发展水平和不同阶层的区别,对同样属于偏远山区的汉族学生则造成了隐性入学机会不均等,构成了对这些汉族学生的隐性政策负排斥。因为对于与少数民族学生同样生活在偏远落后的民族地区的汉族学生而言,他们在与发达地区城市考生的高考竞争中同样缺乏竞争力,可他们却无法享受到加分照顾。看来,是否要根据民族区域经济发展情况,给居住在落后民族地区的汉族学生以相应的加分照顾,以更好地实施补偿性加分政策,仍然是理论界和实践界研究的课题。另外,给少数民族学生优先录取的机会也会带来隐性负排斥,如《北京市2018年普通高等学校招生工作规定》中指出,散居在汉族地区的少数民族考生,在与汉族考生同等条件下,优先录取。如果某少数民族考生并不是生活在边疆、山区、牧区等少数民族聚居地区,而是生活在北京这种发达地区,他可以享受到与汉族学生同等质量的教育资源,显然不是困难群体,那么给他优先录取的政策优惠,也构成同等条件下各民族间考生的入学机会不均等,形成对本地区汉族学生的负排斥。

四、异地高考政策:教育平等权的差序格局

教育平等权作为基本权利,要求政府履行保障每一个考生在所有省份的报考资格、提供统一的能力测评标准的义务。教育平等权意味着异地高考考生有权利享有在所在地参加高考并按当地标准录取的权利。教育平等权应包括两个层面:(1)平等的参考权,即不受民族、年龄、性别、家庭出身、宗教信仰、居住地区等条件的约束,所有考生都有权利在生活、学习地参加高考,而不是强行被要求回户籍所在地高考;(2)平等的被录取权,即按照本地考生同样的标准录取,既不是按照户籍所在地考生的标准录取,也不被限制只能报考高职院校。① 反之,就形成了对教育平等权的损害,构成以户籍身份进行教育权分配的身份主导型政策负排斥。为促进异地高考公平,2012年8月,教育部等部门共同发布了《关于做好进城务工人员随迁子女接受义务教育后在当地参加升学考试工作的意见》。在该意见的基础上,全国31个省、自治区、直辖市(除西藏外)先后公布了本地区的异地高考方案。但是,从2012以来至今,除了中西部地区以外,北京、上海、天津、广东、江苏等教育发达地区的异地高考方案都不约而同地规定考生父

---

① 管华、陈鹏:《异地高考权及其实现》,《高等教育研究》2015年第1期,第13页。

母拥有居住证明、稳定住所、稳定职业及社会保险期限等是其子女参加该地高考的基本条件(见表3-14)。如,北京规定,外来务工人员的随迁子女异地高考要符合"家长在京连续缴纳社会保险已满3年,持有有效北京市居住证明,合法稳定职业已满3年,其随迁子女具有本市学籍"的条件;上海规定,外来工随迁子女异地高考与居住证挂钩。全国30个省(区、市)制定的"异地高考"方案对家长的职业和住所提出明确要求的,分别占全部方案的70%和60%。

表3-14　2017年"异地高考"报考条件及所占比例

报考条件	随迁子女家长					随迁子女		
	户籍	社保	住所	居住证	职业	户籍	学籍	3年学习经历
所占比例	3%	37%	60%	30%	70%	10%	73%	60%

数据来源:根据2017年各省(区、市)教育部门官方网站数据整理。

而且,有些地方还规定,没有入户的随迁子女只能参与部分专科院校、高职或三本院校的报名与录取。如北京规定,"随迁子女只允许报考当地的高职院校";上海规定,"持居住证C类的务工人员的随迁子女,只能就地参加全日制普通中等职业学校自主招生考试"。

表3-15　全国各地区"异地高考"政策执行方式及地区差异

	东部地区										中部地区								西部地区								
	京	津	粤	冀	鲁	浙	苏	闽	沪	琼	辽	黑	吉	鄂	豫	赣	湘	皖	晋	桂	陕	甘	川	黔	滇	渝	青	宁	新	蒙
一步到位			√		√		√	√			√	√	√	√		√														
缓冲落地				√			√								√		√				√	√								
分步实施	√	√				√														√	√		√	√	√	√	√			

资料来源:刘世清、苏苗苗:《"异地高考"政策的合理性研究——基于30个省(自治区、直辖市)"异地高考"方案的内容分析》,《高等教育研究》2013年第6期,第27页。

各地出台的随迁子女高考政策虽然在一定程度上遏制了"高考移民",然而也使一些有学籍、无户籍的随迁子女失去了在居住地参加高考的机会。进一步言之,这种政策规定已经构成了对随迁子女教育平等权的严重剥夺,形成了严重的政策负排斥效应。一是随迁子女本应与本地考生同等享有的高考参考权却因为"父母的居住证明、稳定住所、稳定职业及社会保险期限"等因素而被排斥出在某地参考的机会,实际构成了对随迁子女平等参考权的侵蚀,"如有稳定的工作、稳定的住所、保险,就是让一部分家庭条件较好的异地子女优先'异地高考',而大部分的异地子女显然被排除在'异地高考'的门外"①。二是随迁子女由于户籍身份而被排斥出获得普通本科教育的机会,已经构成了对随迁子女的平等被录取权的损害。这种政策规定将随迁子女置于不利地位,是一种教育平等权利分配的差序格局,是一种赤裸裸的权利缺位型政策负排斥。

第四节 住房领域:以保障房政策为例

为解决城镇住房困难群体的住房问题,中央先后出台了《经济适用住房管理办法》《廉租住房保障办法》《关于加快发展公共租赁住房的指导意见》《关于公共租赁住房和廉租住房并轨运行的通知》《国务院关于进一步做好城镇棚户区和城乡危房改造及配套基础设施建设有关工作的意见》等一系列住房保障政策,地方也出台了一系列配套的住房保障政策。这些政策从收入、资产、住房面积等方面设置准入或排斥标准,将不符合住房保障标准的社会成员排除出保障性住房的受益范围,发挥了良好的正向排斥效应。一是构建了涵盖经济适用房、廉租房、公共租赁住房、棚户区改造、农村危旧房改造、住房公积金等内容的住房保障体系。随着政策的实施,至2015年年末,全国已基本建成保障性住房5000万套,至2017年年底,保障性住房覆盖面已达20%,使城镇中低收入家庭的住房困难问题得到有效缓解,有效地改善了真正困难群体基本住房保障权缺失状况。二是建构了较为完整的保障性住房正向排斥政策体系:(1)初步建立了家庭收入、住房状况等准入标准,为排斥对象的精准确定和正向排斥的实施提供了基准;(2)初步将资产纳入了排斥范围(如广州的做法),为综合评估困难人群的困难程度、精准确定保障性住房的受益人群做出了有益的探索;(3)建立了较为严格的退出机制,为建立动态的保障性住房正向排斥管理体系、满足最应该享受保障性住房的困难群体的基本居住需求发挥了良好作用。三是建立了具有中国特色的过滤型住房保障供应政策体系,即对于中低收入阶层中的"夹心层群体"②,为其提供公共租赁住房;对于中等收入阶层,为

---

① 谢宇、谢建社、潘番:《教育公平视野下的异地高考新政思考》,《复旦教育论坛》2013年第5期,第73页。

② 详细解释见本书第123页。

其提供经济适用房和政策性商品房；对于低收入阶层，为其提供廉租房。这些政策的实施为实现保障性住房的动态流转与保障功能提供了有效的政策支持。

但是，由于保障性住房准入条件、空间设址、供给结构和退出机制等的不合理、不科学，导致仍有大量低收入群体被排斥出住房保障的体系范围，形成了住房保障领域的负排斥现象，致使中低收入群体未能享受基本生活水平而不断走向边缘化。

一、准入门槛不合理：直接造成基本住房保障权利的差序格局

在市场经济条件下，大部分社会成员及其家庭的住房主要通过到市场购买商品房来实现，因此，住房保障权不是人人都应享有的普惠性权利，而是困难群体所应享有的特定权利。保障性住房有其特定权利主体，即被高房价排斥在外而需要安居的低收入群体。那么，如何把这部分群体甄别出来，做到"应保尽保"是保障性住房政策设计与实施的关键。在保障性住房的设计和实施过程中，家庭收入、已有住房面积、户籍等因素成为各地甄别保障对象的主要标准，但设计和实施的不合理、不科学，导致保障性住房领域出现"应保未保"和"保不应保"双重负排斥[①]局面，形成不同社会身份的社会成员基本住房保障权的差序格局。

其一，以户籍等身份因素为基准，直接导致那些没有城市户籍的城市住房困难群体基本住房保障权的缺失，形成城里人与城外人基本住房保障权的差序格局。目前，中央把住房保障的具体政策交给地方去制定，而各大中型城市的住房保障政策几乎都把户籍作为最基本的准入条件（见表3-16），导致了那些在本城工作、生活的低收入、住房困难但不具有城市户籍的家庭被排斥出住房保障范围。其中两大群体最为典型。一是农民工群体。由于没有城市户籍，在城市长期工作、生活且低收入、住房困难的农民工群体无法进入某城市的住房保障范围，导致其要么去市场租商品房而降低自己实际的生活水平，要么只能居住在工棚、桥洞等地方，生活长期处于边缘化状态。二是部分刚毕业的大学生群体。一些刚毕业的大学生，或是待在某城市找工作，或是未达到某城市的入籍标准而没有获得某城市户口，这

---

① "应保未保"是把本应享受住房保障的人群排除出保障性住房政策受益范围之外，是政策负排斥的典型体现；"保不应保"是把本不应该享受政策利益的群体纳入住房保障范围，实际上构成了对那些本应享受但没有享受政策优惠的人群的基本住房保障权的剥夺，是负排斥的一种特殊形式。

些人群往往收入低但被排斥在住房保障的体系之外。是否获得住房保障以身份因素而不是以收入高低和住房困难程度作为判断标准，已经背离了其本应保障困难群体的初衷，形成了身份主导型政策负排斥。

表 3-16　主要大城市保障性住房的户籍门槛

类型	经济适用住房	廉租住房	公共租赁住房
北京	取得本市城镇户籍满3年	取得本市户籍满5年（家庭为单人的申请人，应当符合晚婚年龄；离异的，应当满3年）	参加社会保险证明
上海	具有本市城镇常住户口连续满3年，且在提出申请所在地的城镇常住户口连续满2年	具有本市城镇常住户口满3年，且具有申请所在地城镇常住户口满1年	具有本市常住户口或持有《上海市居住证》2年以上，并连续缴纳社会保险金（含城镇社会保险）达到1年以上
广州	具有本市市区城镇户籍	具有本市市区城镇户籍	具有本市市区城镇户籍
武汉	具有本市城镇常住户口	具有本市城镇常住户口	具有本市城镇常住户口
杭州	申请家庭至少有一人具有当地常住城镇居民户口（不包括学生户口）并居住5年以上	申请家庭至少有一人具有当地常住城镇居民户口（不包括学生户口）并居住5年以上	具有市区常住城镇居民户口5年（含）以上

资料来源：根据主要城市保障房相关政策规定整理。

其二，收入准入门槛不科学，导致"应保未保"现象，进而产生住房困难群体基本住房保障权缺失的局面。以收入水平作为主要甄别标准是世界各国保障房准入的通行做法。但是，如果收入准入标准设计不科学，也会带来负排斥的后果。中国各个地方政府设计的保障性住房收入准入门槛过于苛刻，导致了一些"夹心层"的出现。如，公共租赁住房收入门槛要求过高，导致一部分群体既不符合租住公共租赁住房的条件，又无力购买商品房，从而形成了住房保障中的"夹心层"。以南京市为例。2018年南京市的相关政策规定，人均月收入中等偏下（收入低于3333元，或低收入即收入低于2083元）的家庭才有资格申请公共租赁住房。2018年，南京二手房均价在27000—30000元之间。在高房价面前，南京存在大量人均月收入3333元以上却又买不起商品房的家庭，这部分群体因既无资格申请公共租赁住房又无能力购买商品房而被排除在住房保障体系之外，形成住房保障中的"夹心层"。

二、空间布局不合理：生成基本住房保障权利的空间差序格局

在土地财政依赖症的影响下，地方政府不愿将保障性住房安置在城市中心等城市高地价区，对保障性住房大都采取集中化、偏远化的空间布局策略，对于在级差地租极为明显的大城市来说，更是如此。宋伟轩通过调研发现大城市保障性住房主要布局在城市郊区等偏远区域。[1] 2008年以来，上海加大了保障性住房的建设，但是，保障性住房重点布局却在偏远的郊区，"已建的顾村、江桥、周康、泗泾、浦江和曹路等大型保障房项目均位于外环线以外的远郊区"[2]。北京的保障性住房主要分布在顺义、通州、昌平、丰台等地区，"目前北京市已集中建成的52个经济适用住房项目……项目建筑面积的60%位于五环路以外。其中位于城市北郊规模最大的'回龙观'和'天通苑'社区距离城市中心均在20千米以上"[3]。广州的保障性住房也大多建在番禺、花都等距离市中心较远的区域。[4] 至2008年，南京市经济适用房项目共竣工810万平方米，合计8.8万套住宅，但"全部散落在南京主城四周的远郊区，距离城市中心10—20千米的空间圈层内，最远的龙潭社区与新街口的直线距离甚至达到30千米以上"[5]。依据南京市房产部门统计数据，截止到2006年年底，南京市储备的1000套廉租住房，主要分布在包括城东马群的百水芊城、城东南杨庄的银龙花园、城南的景明佳园等偏远郊区。而且，"南京的经济适用房经常被布局在洼地上、铁路旁等城市边缘的荒凉地带，缺少应有的交通配套、商业配套和教育配套，导致居民生活极为不便，交通、就业、生活成本较高"[6]。综上所述，我国大型城市的保障性住房空间布局存在三大基本问题：一是地理位置偏远；二是配套设施不完善；三是大规模集中建设。

保障性住房集中化、偏远化空间设址政策形成了以居住分异为特征的社会空间极化现象，制造了新的社会排斥格局，加剧了对困难群体的负排斥效应。一是保障性住房配套不完善，交通不便，教育、卫生、银行、社保、文化等公共服务设施和机构严重不足，给住户造成子女上学、就业、交通、

---

[1] 宋伟轩：《大城市保障性住房空间布局的社会问题与治理途径》，《城市发展研究》2011年第8期，第103—108页。
[2] 同上文，第103页。
[3] 同上。
[4] 同上文，第104页。
[5] 同上文，第103页。
[6] 同上。

消费等方面的诸多不便,一方面减少了低收入群体提升自身及其后代素质的机会,另一方面增加了这些困难群体去城里上班、消费的交通成本,形成信息、空间的边缘化,其就业也必然受到影响,"目前,由于远离城市中心区和城市的工业开发区,这类居住区的居住人口,失业极为普遍"①。二是保障性住房集中连片建设,形成困难群体身份标签化,进而加剧其边缘化。在集中化、偏远化空间设址政策影响下,作为低收入者的社会困难群体被集中安排在远离城市、地处偏僻的郊区。而高收入以及中高收入者的居住区域则在生活环境、规划布局、建筑设计、服务设施等各个方面都要大大优于前者,是优裕生活和较高社会地位的标签,进而人为造成社会阶层在空间上的分化与隔离。社会阶层空间上的隔离容易产生文化区隔,进一步加剧阶层分化与固化。李欣怡、李志刚的研究表明,在广州保障性住房社区居民邻里互动中,产生了"回广州""一元一平方""洲民"等地方性文化符号,进而形成"经济适用房居民阶层""回迁房居民阶层""廉租房居民阶层"及其社会网络。② 阶层分化与固化将进一步强化社会空间极化和社会隔离,加剧困难群体边缘化的后果。三是集中化、偏远化空间设址政策阻碍贫困阶层代内与代际社会流动,人为制造马太效应。在集中化、偏远化空间政策安排下,形成了富裕阶层与贫困阶层的社会区隔,导致马太效应:富裕阶层不经常依赖公共交通却居住在交通便利的城市中心地区,可以享受低成本的交通、更多就业机会、丰裕的公共服务和高品质的生活,而那些严重依赖公共交通的贫困阶层却居住在交通不发达的郊区,要忍受更高成本的交通、更少的就业机会和严重缺失的公共服务。而且,低收入人群居住的规模化和集中化也将造成贫困阶层生活范围相对封闭,与社会中上层群体社会交流的机会锐减,贫困加剧。正如雅各布斯所描述的那样,"低收入住宅原本是要取代贫民区,但现在这里的情况却比贫民区还要严重,成了蓄意破坏、少年犯罪的中心,从最好的方面看,它至多是把贫民区从一个地方转移到了另一个地方"③。在保障性住房郊区化策略的影响下,表面上住房困难群体已经获得了基本的住房保障,但实际上其所获得的是质量低下、未能达到基本保障要求的住房保障,可见,这种郊区化的空间布局形成

---

① 徐琴:《制度安排与社会空间极化——现行公共住房政策透视》,《南京师大学报(社会科学版)》2008年第3期,第28页。

② 李欣怡、李志刚:《中国大城市保障性住房社区的"邻里互动"研究》,《华南师范大学(自然科学版)》2015年第2期,第108页。

③ 〔加拿大〕简·雅各布斯:《美国大城市的死与生》(金衡山译),南京:译林出版社2005年版,第298页。

了住房困难群体基本住房保障权的空间负排斥效应。

三、供给结构不合理：间接导致住房保障机会的差序格局

在中国现行的住房保障供给体系中,经济适用房、廉租房、公租房主要面向的是城市低收入住房困难家庭;集资合作建房主要面向单位职工;限价商品住房主要面向旧城改造、国有工矿棚户区改造、重点工程建设项目等工程中被拆迁住房对象;公共租赁住房供给是不符合经济适用住房条件又无能力进入市场租房的住房困难家庭。但是,现有政策并没有规定各种保障房之间的刚性比例,这就造成了地方政府建设各种保障房的随意性。这种随意性集中体现为:在地方财政紧张和公共租赁住房、廉租房建设成本难以收回的双重压力下,地方政府倾向于供给集资合作建房和限价商品房。这就造成了经济适用住房、公共租赁住房、廉租住房建设比例偏低,供给量严重不足,直接导致城市低收入住房困难家庭"应保未保"的负排斥效应,即未能享受到基本的住房保障权。例如,2011年8月底,保定市保障房开工率即达115%,其速度之快,在河北省名列前茅,但保定市所称在建的3.4万套保障房,多数为企事业单位集资建房及城市危旧房改造。①

实际上,这种住房保障供给思路和结构还造成了"保不应保"的"负保障"效应,间接导致经济适用房保障机会的差序格局。依据《经济适用住房管理办法》第三十四条规定,单位集资合作建房的主要对象为住房困难户较多的企业或者位置偏远的独立工矿企业中的企业职工,但是,"住房困难户较多的企业职工"这一条件较为宽泛,没有具体量化规定。于是,这一规定在现实中则发生了异化:那些有实力的国有企业、事业单位便能够申请到集资合作建房的资格,让其单位职工享受到集资建房政策优惠,而实际上这部分群体中的一大部分不应是保障性住房所应供给的住房困难群体。如一些高校、国有企业获得了集资建房的资格,而那些教授、国企员工显然不是保障性住房所应保障的对象。在这种保障性住房供给思路和供给结构的影响下,那些本不应享受住房保障的人群更容易得到保障性住房的资格,形成对保障性住房名额的不公正占有,而使那些本应享受住房保障的住房困难群体却因难以轮候上保障性住房资格而被排斥在住房保障的范围之外。

---

① 《保定被曝集资房当保障房充数　按商品房售卖》,网易财经网,http://money.163.com/11/1105/09/7I38IHLA002534NU.html,2017年9月23日访问。

保障性住房的供给面积不合理也将产生低收入人群之间住房保障的不公平。现有的政策都将经济适用房、廉租房和公租房的建设面积规定为50平方米左右。如《经济适用住房管理办法》第十五条规定,经济适用住房单套的建筑面积控制在60平方米左右;《廉租住房保障办法》规定,新建廉租住房,应当将单套的建筑面积控制在50平方米以内。地方的规定也相似。这种规定虽能扩大保障人群,但由于没有考虑到保障对象的具体情况,搞"一刀切",容易产生对人口多收入低家庭的负排斥效应。假设一个三口之家申请到一套50平方米的保障性住房,那么,其家庭人均住房面积为16平方米;如果是一个五口之家,由于没有更大套型的保障性住房,该家庭也只能申请到50平方米的保障性住房,那么,其家庭人均住房面积仅有10平方米。显而易见,即使这两个家庭的住房困难情形一样,其所享受的住房保障权益却存在巨大差别,这种保障性住房"一刀切"的供给面积实际带来了人口多收入低家庭住房保障的不公平。

四、退出机制不健全:间接导致某些低收入家庭未能公平获得住房保障机会

保障性住房的受益家庭如果因为后期收入提高使其不符合资格条件,或者因为家庭人口变化等因素,已经享受的保障性住房应该随情况的变化而退出住房保障或者相应减小保障面积,但由于退出机制的不健全和不合理,造成了"诸多不应排斥却被排斥"的负排斥后果(见表3-17)。一是我国的收入登记申报制度不健全和审核与申报主体之间的信息不对称,造成那些由于收入提高或人口减少而应腾退廉租房或减少福利面积的群体,只有依赖于其自觉才能实现保障性住房的合理退出,实现保障性住房的"保其应保"的目标;如果被保障主体不自觉,腾退制度便难以执行,从而使得不应享受保障性住房的家庭没有被排斥出保障性住房政策受益范围,导致那些本应享受保障性住房的低收入家庭未能公平、及时地获得住房保障机会。二是惩罚力度太轻,导致骗租、骗购收益远大于成本,从而产生那些本应退出保障性住房对象却因为保障对象不愿不能及时腾退住房的负"保障"现象。如《廉租住房保障办法》第三十条规定,对已经获得廉租住房保障的,责令其退还已领取的租赁住房补贴,或者退出实物配租的住房并按市场价格补交以前房租;《经济适用住房管理办法》第四十三条规定:对弄虚作假、隐瞒家庭收入和住房条件,骗购经济适用住房的个人,按原价格并考虑折旧等因素作价收回所购住房。三是退出的营利限制机制不完善。尽管《经济适用住房管理办法》已经明确规定,经济适用房购房人购买经济适用房满5年后,按规定交纳土地收益价款后就可以上市交易。这一规定变相鼓励经济上已不符合条件的经济适用房购房人拖延退出时间到5年,大大降低了经济适用房的流通效率,延长了低收入家庭的轮候时间,造成没有轮候上保障性住房的低收入群体较长时间未能享受基本住房保障权的负排斥结果。

表 3-17　国家保障性住房政策中关于退出政策的规定(2015年)

政策规定	退出条件	不退出的处罚办法	"负保障"对象	"负保障"的负排斥效应
《廉租住房保障办法》	城市低收入住房困难家庭人口、收入、住房等不再符合规定条件的	第三十条　对已经获得廉租住房保障的,责令其退还已领取的租赁住房补贴,或者退出实物配租的住房并按市场价格补交以前房租	收入、住房等超出规定资格条件	低收入人群被排斥出廉租房保障范围(由于没有轮候到)
《经济适用住房管理办法》	已经购买经济适用住房的家庭又购买其他住房的;购买经济适用住房满5年,购房人上市转让经济适用住房的,应按照届时同地段普通商品住房与经济适用住房差价的一定比例向政府交纳土地收益等相关价款,具体交纳比例由市、县人民政府确定,政府可优先回购	第四十三条　对弄虚作假、隐瞒家庭收入和住房条件,骗购经济适用住房或单位集资合作建房的个人,由市、县人民政府经济适用住房主管部门限期按原价格并考虑折旧等因素作价收回所购住房,并依法和有关规定追究责任	收入、住房等超出规定资格条件	低收入人群被排斥出经济适用房保障范围(由于没有轮候到)

（续表）

政策规定	退出条件	不退出的处罚办法	"负保障"对象	"负保障"的负排斥效应
《公共租赁住房管理办法》	（一）转借、转租或者擅自调换所承租公共租赁住房的； （二）改变所承租公共租赁住房用途的； （三）破坏或者擅自装修所承租公共租赁住房，拒不恢复原状的； （四）在公共租赁住房内从事违法活动的； （五）无正当理由连续6个月以上闲置公共租赁住房的	第三十五条 以欺骗等不正当手段，登记为轮候对象或者承租公共租赁住房的，由市、县级人民政府住房保障主管部门处以1000元以下罚款，记入公共租赁住房管理档案；登记为轮候对象的，取消其登记；已承租公共租赁住房的，责令限期退回所承租公共租赁住房，并按市场价格补缴租金，逾期不退回的，可以依法申请人民法院强制执行，承租人自退回公共租赁住房之日起五年内不得再次申请公共租赁住房	收入、住房等超出规定资格条件	低收入人群被排斥出公租房保障范围（由于没有轮候到）

资料来源：根据国家保障性住房相关政策规定整理。

  通过对当下中国养老保险政策、医疗保险政策、保障房政策和高考政策的实证分析，我们可以看到，当下中国公共政策负排斥的状况依然不容乐观，主要体现在以下几个方面。一是公民的基本社会权利的保障还很不充分，如不同群体、不同地区之间的基本养老、基本医疗、基本住房待遇仍然存在较大差距，农民的基本权利保障仍然未能得到较好的实现，等等。二是高考机会分配依然不均。如，各院校把招生计划更多投向本地生源，那些高校分布弱势地区的考生却被排除在本应同等享有优质大学教育机会的范围之外，从而形成了对高校"贫瘠地区"学生的负排斥，高等受教育权的不平等状况依然严峻。三是困难群体的政策负排斥状况依然严重，比如，农民工群体不仅受身份主导型政策负排斥的影响（如社保政策），同时也受资本主导型政策负排斥的影响（如购房落户政策），从而使他们在社会生活中处于越来越不利的处境。同时,各种政策负排斥的相互作用,将使农民工群体的不利处境进一步加剧恶化,比如,大多数农民工由于没钱买房而不能通过购房落户获得户籍,进而导致其不能享受社保、医保等的城市待遇,反过来又影响其就业、收入,使其陷入越来越不利的处境。当下中国公共政策负排斥的治理依然任重而道远。

第四章 公共政策负排斥的形成过程：
基于政策过程的理论阐释

> 人们发现，在任何给定的时期，所有大型社会中的决策权都典型地掌握在若干少数人手里。
>
> ——哈罗德·拉斯维尔

要回答"本应享受政策益处的个人或群体是如何被排除出政策受益范围？"这一基本问题，就需深入研究公共政策负排斥的形成过程。而要描述和解释政策负向排斥的形成过程，就需要系统回答三个方面的问题。一是如何立体地展现政策负排斥的形成过程。如果说政策负排斥是一种负向的结果，那么，这种负向结果是通过哪些环节或场域达成的？只有弄清楚这一问题，才能揭示政策负排斥的形成过程。二是如何动态地展现政策负排斥的形成过程。在政策负排斥的形成过程中，哪些政策主体发挥了作用，它们是如何发挥作用的？只有弄清楚这一问题，我们才能解释政策负排斥形成过程背后的动力机制。三是如何系统地展现政策负排斥的形成过程。在政策负排斥的形成过程中，政策主导者为什么会处于主导地位？他们又为什么会采取排斥他人的行动？被排斥者为什么会处于被排斥地位？只有弄清楚这些问题，才能系统揭示政策负排斥形成过程的基本逻辑。政策过程阶段论对回答上述三大问题具有很强的启发性。正如安德森所指出的，政策过程阶段论有其独特的优势："第一，政策的制定常常伴随问题确认、方案设计、方案评估和优选以及政策实施等活动。循此路径，我们可以把握政策过程中各类活动。第二，它描述了政策过程的动态维度，而不是静态的平面。第三，它重视考察政策形成过程背后的政治现象之间的关系，而非简单地列举各种要素或提出分类结构。"① 广义的政策过

---

① 〔美〕詹姆斯·E. 安德森：《公共决策》（唐亮译），北京：华夏出版社1990年版，第32页。

程包括政策制定、执行、评估过程,狭义的政策过程仅指政策的制定过程。大多数学者是从广义来界定政策过程的,例如,阿尔蒙德和鲍威尔将政策过程分作五个阶段,即政策制定、政策执行、政策输出、政策结果和反馈。① 戴伊则认为,政策过程包括确定问题、议程设置、政策形成、政策合法化、政策执行和政策评估等环节。② 陈振明把政策过程分为政策制定、政策执行、政策评估、政策监控与政策终结等阶段。③ 为了方便讨论,本文将政策过程划分为政策问题界定、政策议程设置、政策方案制定、政策合法化、政策执行这五个基本环节,并以此为线索探讨各类政策主体在政策过程中的动机和行为方式,进而揭示政策负排斥的形成过程。

政策过程是决策系统对社会不同阶层和群体的利益诉求进行评价、排序及抉择的过程。为了从政策产出获得最大利益,各政策参与者会围绕政策问题界定、政策议程设置、政策方案制定、政策合法化以及政策执行等环节展开激烈的角逐。只要某一或某些政策主体在其中的任何一个环节实现了对他者的排斥,政策负排斥就可能产生。因而,政策负排斥过程可以简化为:政策主导者在政策过程中针对特定的利益群体,把其本应享受的政策益处部分或全部排除出政策受益范围,使其遭受不公正待遇的政策安排过程(见图4-1)。具体言之,政策负排斥可通过以下环节来实现:(1)在政策问题界定环节,政策主导者通过把控政策问题界定权,把被排斥对象的利益或利益诉求排斥出去,形成不利于被排斥对象的政策问题界定;(2)在政策议程设定环节,政策主导者通过操控政策议程设定权,把被排斥对象排斥出政府议程;(3)在政策方案制定环节,政策主导者把被排斥对象的利益或利益诉求排斥出政策方案的受益范围;(4)在政策合法化环节,强势政策主体可能会把前几个阶段形成的正向排斥变成负向排斥,如在政策合法化阶段对所抉择的方案进行修改而改变政策的性质,形成对被排斥对象的排斥;(5)在政策执行环节的负排斥有两种途径,一是政策执行者全面落实本身具有负排斥向度的政策,二是政策执行者在执行具体政策时产生偏差,使得良好的政策产生了负排斥。

---

① 〔美〕加布里埃尔·A.阿尔蒙德、小G.宾厄姆·鲍威尔:《比较政治学:体系、过程和政策》(曹沛霖等译),北京:东方出版社2007年版,第15—16页。
② 〔美〕托马斯·R.戴伊:《理解公共政策》(彭勃译),北京:华夏出版社2004年版,第28页。
③ 陈振明主编:《政策科学:公共政策分析导论(第二版)》,北京:中国人民大学出版社2003年版,第209—416页。

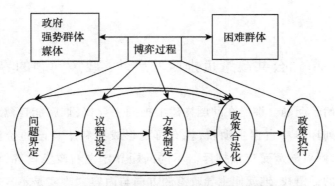

图 4-1　政策过程视角的公共政策负排斥形成过程

在政策排斥过程中，最终何种利益诉求被排斥或被优先排序，取决于决策过程的博弈规则与博弈参与者的力量对比，正如阿利森指出，政策制定系统制定何种政策"取决于规则和各个参加者的力量对比"①。由于博弈力量的不均衡或竞争规则不公正，政府、强势群体、政策企业家、媒体常常处于政策主导者的地位，困难群体常常处于被排斥的地位。其中，政府作为政策的最终决策者，是政策负排斥的决定性力量。在利益多元化的今天，强势群体是推动政策负排斥的主要力量，"强势利益群体特别是既得利益集团常常以各种形式渗透到政策过程，主导政策的走向，比如充分运用集团显赫的社会资源、建立自己的宣传媒体、通过本集团的各级人大代表、政协委员提案等等"②；媒体是影响负排斥的重要力量，"为了争取发行量或广告收入，媒体必然会以取悦强势群体为取向，因为强势群体常常是广告的购买人……"③根据学者的研究，为了提升自己的地位，增加自己的利益，政策企业家也可能被强势群体捕获而成为政策负排斥的积极推动者。"政策企业家应该是指那些愿意投入各种资源，以期望未来在他们所偏好的政策中获得回报的人"④。那么，政策主导者是通过什么行动策略把本应享受政策益处的社会成员或社会群体排除在政策受益范围之外的呢？这是这一章我们要深入探讨的问题。

---

① A. T. Graham, *Essence of Decision: Explaining the Cuban Missile Crisis* (Boston: Little Brown, 1971), p. 57.
② 孙永怡：《强势利益群体对公共政策过程的渗透及其防范》，《中国行政管理》2007 年第 9 期，第 48—51 页。
③ 汪晖、许燕：《"去政治化的政治"与大众传媒的公共性——汪晖教授访谈》，《甘肃社会科学》2006 年第 4 期，第 235—248 页。
④ 〔美〕约翰·金登：《议程、备选方案与公共政策》（丁煌译），北京：中国人民大学出版社 2004 年版，第 226 页。

第一节　公共政策负排斥的启动：政策问题的界定

政策始于问题。谁能在问题构建上把握主导权，谁就能自然地在这之后的一系列环节中占据主动权，就有可能形成有利于自己的价值分配格局。反之，则可能遭受政策排斥。不同问题界定左右政策内容，谁能掌握问题界定的话语权，谁就能主导政策的方向与内容，"事实是不言自明的这一看法其实是非常幼稚的，因为问题存在的事实不会直接导致解决问题的行动。实际上，事实并非不言自明，它们需要解释者。而且，即使人们意识到某种状况的存在，这也不意味着它将成为一个公共的问题"①。彼得斯也强调，"政府要解决的政策问题需要有一个说法，因此给问题贴上标签本身就是一个政治过程……界定的方式决定了可能提供的补救措施，决定了由哪些组织负责解决这一问题，以及决定了公众干预产生的最终结果"②。帕森斯在街头露宿的典型案例中形象地描述和揭示了政策问题的建构遵循一定的逻辑次序，而且这种逻辑次序对于政策议题的设置及后续决策活动具有重要影响。在他看来，街头露宿问题要形成政策产出需经过以下环节：问题（露宿街头的人们）→问题的界定（无家可归）→政策（提供住房）。然后他指出，"如果我们将某些人露宿街头看成是一个流浪问题，那么有关的政策反应可能是运用法律强制手段，动用警察"③。

政策问题界定是政策过程的重要环节，它是对问题的性质、原因、结构、范围和轻重缓急等进行定义，具体表现为界定"这是什么性质的问题、这个问题有多严重、这个问题应由谁来解决"三个主要问题。政策问题具有主观性、复杂性、关联性、变迁性等特征，这就决定了界定政策问题不是一个完全客观的过程，而是利益相关者主观建构的一个过程。在政策问题界定过程中，各政策主体都希望政策问题界定朝着自身预想的方向行进，因而政策问题界定也是一个复杂的政治竞技过程。为了使政策方向与自

---

① W. Parsons, *Public Policy: An Introduction to the Theory and Practice of Policy Analysis* (Cheltenham: Edward Elgar Publishing, Inc., 1995), p. 87.

② 〔美〕B.盖伊·彼得斯：《美国的公共政策：承诺与执行》（顾丽梅、姚建华译），上海：复旦大学出版社 2008 年版，第 60 页。

③ W. Parsons, *Public Policy: An Introduction to the Theory and Practice of Policy Analysis* (Cheltenham: Edward Elgar Publishing, Inc., 1995), p. 87.

身所预想的政策目标对接,政策负排斥施动者首先会对政策问题界定展开一系列策略性行动,即在问题界定过程中,将注意力集中于社会生活的某些特征而排斥其他方面的特征。因而,政策问题排斥过程就演变成了强势政策主体运用政策问题界定权把弱势政策主体的利益诉求排斥出政策问题的过程,政策问题的界定也就成为政策负排斥过程的启动环节。

一、政府对政策问题的界定:精英价值取代大众价值

政府①不仅具有组织、制度、资源与权力上的天然优势,而且还掌握了政策的最终决策权,这就决定了其成为公共政策问题界定过程中的决定性因素。政府是由权力精英组成的,因而政策问题的界定不可避免地依附于权力精英的价值判断和价值理想。戴伊就认为,政策方向受到官僚组织自上而下的控制,政策问题的建构自然也由精英集团价值偏好所左右。

在精英决策环境中,哪些公共问题能够进入政府视野,以及政策问题如何被界定,这都来自官僚体系及权力精英,他们的价值观决定政策问题的界定。正如戴伊所说:"无论学者们多么巧妙地维护这一神话,但事实却是:公共政策总是自上而下地制定的。"②如果问题界定受到不当甚至扭曲的政绩观、地方主义和部门主义的左右或者权力精英自身利益动机的影响,精英价值就不可避免地偏离公共价值,从而导致政策问题界定偏离公共性,政策负排斥由此产生。这种精英价值取代大众价值的途径通常通过以下两种方式来实现。

其一,采取"偏见性动员"实现问题的"安全性"回归。所谓偏见性动员,是指设置或强化某些障碍,使人们难以公开讨论政策冲突的问题,把政策问题限定在安全范围内。当社会公众的利益诉求与政府的政策倾向发生矛盾时,政府可以选择合适的方式,通过对公众的认识和偏好进行引导和塑造,让公众感到自己在当前秩序中的角色是合适的,是不可避免的。比如,最低生活保障多少是合理的、最低工资应是多少、贫困的标准是什么、获得最低生活保障的条件是什么等诸多问题,往往通过政府单方面的

---

① "政府"概念有广义与狭义之分。所谓广义的政府,就是全部国家机构,即包括全部立法、司法与行政机构,而所谓的狭义政府一般只包括国家的行政机构。本文是从广义上来说的。由于中央政策精神要依赖于地方政府制定具体的执行性政策并加以落实,所以本文的政府主要是指地方政府。

② 〔美〕托马斯·R.戴伊:《自上而下的政策制定》(鞠方安等译),北京:中国人民大学出版社 2002 年版,第 41 页。

界定，所以这些问题都被限定在"安全"的范围。显然，如果政府界定的标准不合理，必将导致一些人群无法得到基本保障，从而产生政策负排斥问题。

其二，运用权力实现对政策问题的体制内界定。问题界定受政治系统开放程度以及制度之间关系的影响。政府通过限制民众制度性表达的渠道，使普通民众的许多政策问题未能充分输入到政府体制内，政策问题的界定在很大程度上成了政府的职责。此时，政策问题的界定就容易变成政府内部权力精英之间的政治折中。基于此，政府会在政策问题确定的过程中采取"报喜不报忧"的策略，却掩盖了政策问题的本质，导致出现"当应该解决正确的问题时，却解决了错误的问题"[1]。

二、强势群体的策略性行动："吸引注意力"和"主宰论述"

集体行动理论认为，在社会利益分配中获益较多的强势群体（常常是既得利益群体）具有较强的行为动机去捍卫自身及其群体的利益。而政策问题的变化可能会影响其利益的占有状况。因此，在政策问题界定环节，强势群体会成为积极行动者。为了在政策问题界定中赢得主动权，强势群体通常运用"吸引注意力"和"主宰论述"的策略，"通过运用各种宣传工具或手段，将某些政策问题夸大或缩小，或使其变得戏剧化，或者宣称事态处于危急关头，从而引起社会公众或相关利益群体对特定议题的关注；或者转移公众的注意力，使特定议题淡出公众的视线"[2]，以此对政策问题界定施加影响力。

其一，"吸引注意力"。这种策略是指运用问题界定技巧，吸引人们将目光持续停留在某一议题上，以增强人们对某一议题的关注度。金登认为，政策问题往往通过指标、焦点事件、反馈等三种方式来引起决策者的关注。[3] 强势群体也会通过报刊、电视、广播和网络等媒体来突出有利于自己的焦点事件，宣传本集团的利益主张，反映本群体的利益要求，让本群体的问题引起政府的关注，从而使其成为政策议题。

---

① 〔美〕威廉·N.邓恩：《公共政策分析导论》（谢明等译），北京：中国人民大学出版社2002年版，第97页。

② D. A. Rochefort and R. W. Cobb, "Problem Definition: An Emerging Prospection," in David A. Rochefort and Roger W. Cobb, eds., *The Politics of Problem Definition: Shaping the Policy Agenda* (Lawrence: University of Kansas Press, 1994), p. 3.

③ 〔美〕约翰·金登：《议程、备选方案与公共政策》（丁煌译），北京：中国人民大学出版社2004年版，第114—129页。

其二,"主宰论述"。这种策略是指主导者运用问题建构技巧,引导大多数人接受其对政策问题的解释,引导大众对政策问题形成固定化思维。因此,"主宰论述"实质上是强势群体运用各种手段说服决策者及其他利益群体的过程。为了实现说服效果,强势群体常通过结盟、举办论坛、御用专家等方式对现有政策提出挑战或辩护的论述,讨论维持或变革政策的正当性,抬高政策的对话层次,吸引更多的社会注意力,扩大联盟的支持基础,达到强调问题情境的某些方面而隐藏其他方面的效果。

"政策问题"并非完全客观的情境,而是外在客观情境和人们主观体验的复合体,在强势群体的"主宰论述"下,政策问题的建构难免朝向有利于强势群体的方向,因为"一种不合理的社会情况只有被社会大多数人或社会上很有影响的人士看作是一个社会问题时,它才算是一个社会问题"①。

三、政策企业家:"加工"和"创造"问题情境

政策企业家②拥有较强烈的动机和较专业的知识储备,对社会现存的公共问题有较深入的观察和思考,他们能较早地察觉社会生活中存在的问题,提出关于公共问题的界定并为促使人们认识这一社会问题而努力。在政策问题的界定中,对问题情境的把握至关重要。问题情境虽是客观的,但政策问题的界定却是思维作用于环境的产物,这为政策企业家对政策问题的"加工"和"创造"提供了政策空间。例如,对于房价过高的问题,一些经济学家把它界定为市场供给不足的问题,认为应加大土地供给、激励房产商加快开发商品房;社会学家把它看成是影响社会公平的社会问题,要求政府加大对困难群体的住房问题的关注;政治学家则认为房价过高剥夺

---

① 〔美〕乔恩·谢泼德、哈文·沃斯:《美国社会问题》,太原:山西人民出版社1987年版,第4页。

② 关于政策企业家的定义有狭义与广义之分。罗伯特和金从狭义角度把政策企业家定义为"在公共部门实践中从正式的政府系统之外引入、转换和执行创新观念的人。"(Nancy C. Roberts and Paula J. King, "Policy Entrepreneurs: Their Activity Structure and Function in the Policy Process," *Journal of Public Administration Research and Theory*, Vol. 1, No. 2, 1991, pp. 147-175.)而金登则从广义角度认为,政策企业家是指那些"愿意投入自己的资源——时间、精力、声誉以及金钱——来促进某一主张以换取表现为物质利益、达到目的或实现团结的预期未来收益"的人,这些政策企业家"在政策共同体中的任何一个地方都可以找到。他们既可能在政府内部或外部,也可能在选举产生的职位上或在被任命的职位上,还可能在利益集团或研究组织中。"(参见〔美〕约翰·金登:《议程、备选方案与公共政策》(丁煌译),北京:中国人民大学出版社2004年版,第226页)本书采用金登的定义,即政策企业家是指那些积极投入自己的资源来改变现有公共资源分配方式的人。他们既可能是政治人物,也可能是行政官员,又可能是特定政策利益集团或某研究机构的专业人员或新闻工作者。

了普通民众的住房权利,要求政府出台政策保障普通民众的住房权。

随着决策者对政策智囊的重视,各个领域的专家成为政策企业家的最常见的类型。他们当中大多数人都为实现社会公平正义奔走呼喊,但是由于受自身利益的影响,一些专家学者成为特定社会群体特别是强势群体的利益代言人。比如,有些专家会利用自己的学术地位和民众对专家的敬仰,玩"学钱交易""学权交换";有些专家对于一些社会问题趋向于保持沉默,甚至违背良心"纠正"自己的观点,附和强势群体的言说而失去了社会责任感,没有起到专家学者应起的作用。

四、媒体的迎合性行动:政策信息选择机制

"把关人"理论认为,社会存在一些信息传播的"把关人",只有符合"把关人"价值标准或规范的信息内容才能进入传播的渠道。媒体在政策问题界定中就扮演着这种角色,他们会通过政策信息选择机制来实现这种功能。现代媒体不仅告诉公众发生了什么,还会有倾向性地提供信息和观点,影响公众乃至政府在某一公共问题上所采取的立场。例如,媒体可以对自己所关心的政策问题进行专题报道,把与自己利益相一致的政策问题界定专家进行媒体塑造,对出现的某些社会问题进行信息封锁。中山大学的李艳红曾对2000—2002年广州四大报纸《南方都市报》《羊城晚报》《广州日报》《南方日报》对农民工的报道主题做了系统统计(见表4-1),揭示了媒体的信息选择机制对政策问题界定的影响。

表4-1 各报"农民工"新闻的主题群分布(按篇数统计)

	《南方都市报》(N=252)		《羊城晚报》(N=144)		《广州日报》(N=140)		《南方日报》(N=108)	
	百分比	排序	百分比	排序	百分比	排序	百分比	排序
人口迁移与管理	7.9	5	9.9	5	16.1	3	9.3	5
犯罪	19.8	3	13.4	3	8.0	6	20.4	3
雇佣关系与劳工事务	21.3	2	26.8	1	25.5	2	22.2	2
与城市社会的关系	4	7	4	7	3.6	7	3.7	7
社会事务(除劳工事务之外)	9.5	4	8.5	6	8.8	4	12.0	4
日常生活	32.0	1	26.8	2	28.5	1	25.9	1

（续表）

	《南方都市报》(N=252)		《羊城晚报》(N=144)		《广州日报》(N=140)		《南方日报》(N=108)	
	百分比	排序	百分比	排序	百分比	排序	百分比	排序
春运新闻	4.7	6	9.9	5	8.0	6	6.5	6
其他	0.8	8	0.7	8	1.5	8	0	8

资料来源：李艳红：《新闻报道常规与弱势社群的公共表达：广州城市报纸（2000—2002）对"农民工"报道的量化分析》，《中山大学学报（社会科学版）》2007年第2期，第121页。

从表4-1可以看到，农民工的"犯罪""雇佣关系与劳工事务""日常生活"成为各大报纸聚集的议题，而农民工的迁移却较少受到关注，特别是农民工的"社保问题"、农民工子女的"入学问题"、农民工的"医疗保障问题"少有提及。那么，是不是当时这三个问题已经得到很好的解决了？当然不是（因为直到今天这三大问题仍然是困扰农民工的主要问题）。显然，这与地方政府和职能部门的注意力与决策偏好密切相关，新闻媒体选择与政府相一致的策略，通过信息选择机制把主题控制在政府工作的"安全"范围内。

除了迎合政府之外，媒体也难以摆脱强势群体的控制，"为了争取发行量或广告收入，媒体必然会以取悦强势群体为取向，因为强势群体常常是广告的购买人"[1]。在追逐利润的驱使下，媒体常常充当去说服公众接受强势群体的意识形态和价值观的角色。例如，在政策问题界定过程中有意或无意地加入较多的政府和强势群体的倾向，而选择性地忽略困难群体的利益诉求，从而导致政策负排斥产生。

第二节　公共政策负排斥的发展：政策议程的设立

议程设定是公共政策过程又一重要政策活动，它涉及如何对政策问题、政策意见等进行排序。与问题的界定相比较，议程设定活动强调"各个

---

[1] 汪晖、许燕：《"去政治化的政治"与大众传媒的公共性——汪晖教授访谈》，《甘肃社会科学》2006年第4期，第236页。

问题在议程表上的先后次序,其中一些问题被认为比其他问题更重要或者更需要考虑"①。这一阶段也成为负向政策排斥过程的又一重要环节。显然,如果某一政策主体的利益诉求被排斥出政府的议事日程,那么,后续行动就无从谈起。盖伊·彼得斯概括了议程设置的重要性,"议程设置是解决任何已确定的问题的至关重要的第一步,对议程的控制实质上就控制了最终的政策选择"②。格斯顿更具体指出了议程设定对政策目标、政策方案、政策执行等阶段的重要意义,"为设立政策议程的斗争,也许比政策制定过程更重要,因为通常在选择阶段,基本问题和可选之策已经得到定义"③。

议程设置是一个议题甄别和过滤的过程。少数议题将通过这一过程的筛选而获得政策上的支持,而其他议题则被否决或者遮蔽。因此,这一阶段也就成为各个政策主体竞相博弈的第二个竞技场。政策实践表明,政策问题不会"从天而降",只有通过创设议程,将特定的社会问题以政策议题的形式表现出来,才能引起人们的注意,继而推动有针对性的政策产出。显然,作为决策活动的前置阶段,政策议题的创设至关重要,相关的利益主体为了影响决策结果,就会运用各种正式或非正式的手段推动或阻止议题的设置。凭借自身政策影响力,强势利益主体在政策排斥过程中扮演着重要角色,并运用一系列行动策略把弱势利益主体的利益或利益诉求排斥出政策议程。

一、政府:控制政策议程优先级

由于政府财政资源、人力资源、信息和精力的有限性,为了使符合自身利益的政策议题得到及时解决,政府通过控制政策议程的优先级来实现自身的政策目标,而把与自身政策目标不一致的政策问题编排在议事日程的后端或干脆排斥出议事日程。政府往往通过以下手段实现政策议程优先级的控制:第一,直接的议题"选择性重视"或"选择性失明"。政治精英基于"自身利益"对议题进行过滤和选择,优先把符合其利益取向的议题转化

---

① 〔美〕詹姆斯·E. 安德森:《公共政策制定》(谢明等译),北京:中国人民大学出版社 2009 年版,第 102 页。
② 〔美〕B. 盖伊·彼得斯:《美国的公共政策:承诺与执行》(顾丽梅、姚建华译),上海:复旦大学出版社 2008 年版,第 61—62 页。
③ 〔美〕拉雷·N. 格斯顿:《公共政策的制定:程序和原理》(朱子文译),重庆:重庆出版社 2001 年版,第 77 页。

为政策议程,另一些则进入隐蔽议程。此外,在信息层层传递过程中,政府部门人员也会根据自己的主观判断对信息加以过滤和筛选,实现议题的"选择性重视"或"选择性失明"。第二,行使政策否决权。政策否决是指政策主导者行使否决权,促使政策议题改变或放弃的现象。例如,在1993年5月,时任卫生部副部长殷大奎就明确提出了反对市场化,多顾及医疗的大众属性和起码的社会公平的政策建议,但是在分税制的制度背景和当时的唯GDP政绩考核体系的影响下,医疗卫生事业决策层行使了否决权,在2000年2月出台了《关于城镇医药卫生体制改革的指导意见》,开启了医疗行业产权化改革的序幕。第三,制造隐蔽议程。所谓隐蔽议程是指政策制定活动中,政府有意或无意对公共问题不反应,公共议题因此被排除在政策议程之外。第四,运用不决策权力。巴克拉克和巴拉兹认为,"不决策"就是"通过控制共同体占主导地位的价值、理念、政治制度和程序,将实际决策的范围限制于'安全'的问题的实践"①。因此,运用不决策权力也是政府设置政策议程优先级的重要方式。例如,推进农民养老保障的倡议由于涉及庞大的资金而被搁浅。政府政策议程优先级的控制可能导致政府制定的公共政策偏离了公共利益的轨道,产生政策负排斥。从实践来看,尽管困难群体的利益要求十分紧迫,也完全符合公共利益的需要,但是也许他们发出的呼吁声音太小而不为决策者所重视,造成议程设定中的议程操控或隐蔽议程等问题,导致困难群体的政策诉求长期得不到政府的有效解决。

二、强势群体:推动或阻碍政策议程设立

在政策议程的创立过程中,各种力量会大量运用合法或非法、公开或隐蔽的方式在议程创立的过程中不断地较量,其中以利益集团的"议价"或"交易"表现最为明显。概括地说,一项政策议程能否得以创立,取决于各种力量相互作用所形成的合力。而那些强势群体因在政治过程中占有优势,有可能牺牲困难群体的利益和公共利益以达成自己的利益,正如科布斯指出的,"相比于地位高的人,那些缺乏资源的人往往难以实现其问题的合法化"②。

---

① Peter Bachrach and Morton S. Baratz, "Decisions and Nondecisions: An Analytical Framework," *American Political Science Review*, Vol. 57, No. 3, 1963, p. 641.

② Roger W. Cobb and Charles D. Elder, "The Politics of Agenda Building: An Alternative Perspective for Modern Democratic Theory," *The Journal of Politics*, Vol. 33, No. 4, 1971, pp. 892-915.

推动符合自身利益的政策议程或阻碍不利于自身利益的政策问题进入议事日程，这是强势群体在政策议程设置过程中采取的基本策略。为此，强势群体可能采取的具体方式主要有如下几种。一是控制系统议程。系统议程是一定的政治系统中的社会成员普遍认为某一议题值得公众关注，或在某一现存政府合法权威范围内应加以干预的议题。由于这个阶段的政策问题还没有定性，仍处在论证、讨论状态，这就给强势群体利用自己的信息优势以及与媒体的关系优势控制话语方向提供了空间。例如，通过大众媒介来扩大自己的影响，形成客观上的政策舆论压力，使符合自身利益诉求的社会问题进入政府的政策议程。二是采取联盟战略。现实证明，社会的需求与呼声往往难以通过个人力量促使政策制定者关注，而通过结盟行动才更容易获得政策制定者的重视。因而强势群体也会通过与自己有相同利益诉求的其他群体结成联盟，以实现共同目标。三是运用强势利益表达。例如，强势群体采取游说、上访、争取舆论支持等方式向政策制定者表达自身利益诉求和政治意愿，对其形成足够的压力以改变旧议程、接受新议程，将他们所面临的社会问题上升为政策问题。四是采取"捕获"官员的战术。在合法手段难以奏效的情况下，强势群体也会采取"捕获"政府官员的战术，通过运用非正式渠道或行贿政府官员，为自身团体利益谋取不正当利益。五是操纵隐蔽议程。在现实中，强势利益群体和政治精英往往形成共生关系，利用政府力量堵塞政策议程的建构通道。新闻媒体在与强势群体的共生关系影响下，也会选择性地"报道失声"，导致政策议程停留在"问题"阶段，逐步进入隐蔽议程，达到歪曲、掩盖社会问题的目的。不管以上哪一种方式取得了成功，都有可能导致困难群体所面临的问题被排斥出政府的政策议程。

三、政策企业家：对议程空间的拓展与调适

一般来说，政策议程建构要经历一般议程→公众议程→政府议程→决策议程四个阶段。从一般议程到决策议程的过程中，"谁在发挥作用""怎么发挥作用"等方面都蕴含着巨大的政策空间，这就为政策企业家发挥自己的作用提供了舞台。从实践看，政策企业家会采取以下策略。

一是把控政策论辩过程。如果说在问题界定阶段政策企业家的作用已经存在，那么他们在政策议程建构阶段的身影更是随处可见。例如，通过公开演讲的方式来让其所推崇的政策理念获得其他参与者的认同，促

进符合其利益诉求的议题上升为系统议程,"某一议题吸引的受众越多,那么它就越有可能转变为系统议程"①。

二是操控制度议程。一旦公众讨论的问题被政府认定为职权范围之内的事情,并且认为有义务采取行动予以解决时,系统议程就会逐步提升为制度议程。制度议程指的是政府组织正式讨论并且认为有义务采取政策行动的议题。由于决策者的领导能力和精力有限,核心决策者身边的行政人员或技术官僚的影响就会相对较大,他们利用工作、生活之便影响决策,并运用自己的专业知识对社会问题按其轻重缓急进行"技术性"的排序,甚至会出现代替领导决策的情形,进而操控制度议程。

三是打开政策之窗。金登把公共政策的形成概括为"三流",即问题流、政策流和政治流的汇合。三流汇合意味着政策之窗的开启,政策之窗是"倡议者推出得意方案或促使人们关注特定问题的最佳时机"②。政策企业家是开启政策之窗的关键角色。正如金登所言:"如果政策企业家没有出现,这三条溪流(政策流、问题流和政治流)的汇合是不可能发生的。"③

当政策企业家基于自身利益或代表强势群体的利益而采取上述行动时,在政策议程建立阶段对困难群体的排斥就可能发生。

四、媒体:设置媒体议程

早在1963年,美国学者伯纳德·科恩就曾指出:"在大多数时候,报界在告诉人们怎么想时可能并不成功,但它在告诉人们该想什么时,却是惊人的成功。"④科恩的论述阐释了媒介的议程设置功能。在设置议程过程中,媒体可以采用"是否报道某问题""是否突出报道某问题""报道的优先排序"这三个策略⑤把涉及公平正义的问题置于问题清单的优先位置,进而引起政策制定者的注意并把它上升到政策议程。然而,如果大众

---

① Roger W. Cobb and Charles D. Elder, *Participation in American Politics: The Dynamics of Agenda Building*(Baltimore: Johns Hopkins University Press, 1983), p. 110.
② 〔美〕杰伊·沙夫里茨、卡伦·莱恩、克里斯托弗·博里克:《公共政策经典》(彭云望译),北京:北京大学出版社2008年版,第151—152页。
③ 约翰·金登:《议程、备选方案与公共政策》(丁煌译),北京:中国人民大学出版社2004年版,第230页。
④ Bernard Cohen, *The Press and Foreign Policy* (New Jersey: Princeton University Press, 1963), p. 13.
⑤ 陈力丹、李予惠:《谁在安排我们每天的议论话题》,《学习时报》2004年11月15日,第8版。

传媒"二次加工"功能被自身利益诉求所主导,或者被一些强势群体和政府部门利用,困难群体就可能从大众传媒的公共讨论中被排除出去,而一些强势群体的要求却会通过大众传媒以公众意志的方式来左右消费者和决策者的决策行为,使强势政策主体推动的政策负排斥行为合法化,负向议程设置就产生了。具体来看,新闻媒体的这种负向议程设置方式主要有以下三种。

一是偏见性动员。研究"性别与媒介"的学者发现,各种媒体毫不掩饰地把女性描绘成相夫教子、温柔勤劳的贤妻良母形象①,这种媒体偏见在一定程度上将影响政府对涉及性别方面的政策制定。

二是确立"报道批评"口吻,表现为媒体对受斥者的负面报道。比如有学者专门对整个20世纪80年代以来某报纸涉及同性恋的新闻进行统计分析表明:同性恋被报纸"艾滋病化"了,即似乎同性恋=艾滋病=西方资产阶级生活方式。② 但其实医学证明同性恋并不必然导致艾滋病(见表4-2)。这种过度的负面报道容易把媒体偏见和排斥上升为社会偏见和排斥,因为"媒体很少能劝说人怎么想,却能成功地劝说人想什么"③。

表4-2　20世纪80年代中期以来某报纸涉及同性恋的新闻统计分析

年份	涉及同性恋的新闻总数	与艾滋病关联的新闻数
1985—1991	57	40
1991—2001	41	10
2001—2009	66	35

三是保持沉默,即当新闻媒体发现某种政策负排斥现象并没有得到政府和强势群体的重视时,他们会选择保持沉默,达到防止某种正确观点引起舆论涟漪,防止相关政策讨论进入政策议程的目的。例如,在"文革"期间,尽管马寅初等人之前就提出了"控制人口"等建议,但是当时党内还充斥着"人多力量大"的指导思想,当时媒体也对控制人口的建议保持沉默,致使人口问题在很长时间内都没能引起政府的重视。

新闻媒体的议程设置功能表明,以新闻报道为主要指向的大众传媒可

---

① 孙书蝶:《大众传媒中的性别歧视》,《新闻爱好者》2003年第3期,第16页。
② 吴畅畅、贾佳:《艾滋病、"现身"媒介的合法性与权利行动的可能——基于〈人民日报〉与都市报的文本研究》,《开放时代》2010年第11期,第113页。
③ 〔美〕威尔伯·施拉姆、威廉·波特:《传播学概论》(陈亮等译),北京:新华出版社1984年版,第276—277页。

以有效地影响公众和政府对于特定决策议题的轻重缓急程度的考虑。比如，一部分符合自身利益的社会问题，媒体大肆进行渲染和报道之后，可能获得被列入决策议程的机会，而另外一些与其利益相左的议题则被排除在外，从而成功实现议程设置的排斥功能。

第三节 公共政策负排斥的演进：政策方案的制定

从政策产生的整体流程来看，即便困难群体的利益诉求在政策问题界定和议程设立阶段得到了公正的对待，也不意味着在最终的政策产出中获得了胜利，因为在政策方案制定阶段他们的利益诉求仍然有可能被排斥出局。

政策方案制定是政策负排斥过程的关键环节。政策方案的设计涉及政策问题的解决办法或措施，直接关系到政策对象的利益诉求能不能得到满足，关系到最终的价值分配格局。为了获得有利于自身的政策方案，各个政策主体都会不遗余力地投入到政策方案设计的争夺当中。由于政策方案的规划与选择的专业化特点，许多学者都十分重视职业官僚、研究人员在政策方案制定中的重要地位。金登认为，"备选方案、政策建议以及解决办法都是在专业人员共同体中产生的，这一组相对潜在的参与者包括学者、研究人员、咨询顾问人员、职业官僚、国会办事人员以及为利益集团服务的分析人员"①。可见，除了代表政府的政治权威、技术官僚和研究人员外，利益集团、媒体也是影响政策方案制定的重要因素。

从应然角度看，政治权威、技术官僚、研究人员和媒体理应站在公正立场上参与决策，但是正如公共选择理论所认为的那样，作为决策主体的政府部门及其工作人员也具有"经济人"的自利性倾向，他们也会衍生出各种不同于公共利益的特殊利益，诸如谋求政绩、工作报酬、职务升迁等，在这些偏好的驱动之下，加之一些强势群体施加强大的政策影响力，他们的行为选择就可能导致公共决策偏离甚至损害公共利益，制定出具有负向排斥性的政策。

---

① 〔美〕约翰·金登：《议程、备选方案与公共政策》（丁煌译），北京：中国人民大学出版社2004年版，第252页。

一、政府：封闭政策制定过程

掌握政策方案的设计的最简单、最有效的办法就是政府把政策方案的规划与抉择封闭在体制内进行，有效控制或排斥外部力量的参与。

一是把征求意见限定在体制内进行。在民主政治和执政合法性的双重压力下，决策者有时不得不设置政策方案征求意见的程序来回应民众的政策参与需求，但是，他们常常会把这种程序限定在体制范围内进行。比如，世界上大多数国家在一些重大的公共决策之前，决策部门会设置广泛地听取各地方、各部门、各党派意见的环节，但是，其范围一般不会超出体制范畴。

二是采取专家点缀①的办法。竺乾威在研究怒江大坝建设的决策后指出，地方政府决策者常常采取专家点缀的办法实现对政策方案制定权的掌控，但在邀请专家的过程中只邀请具有相同意见的专家，而排斥那些在政策讨论中与政府决策者意见相左的专家。② 例如，在都江堰紫坪铺水利工程的决策中，第一次论证环节专家发现有虚假材料，因而方案被否决。第二次评估时专家还是认为该工程存在问题。到第三次论证时，地方政府直接换了评估专家。③

这种封闭式政策制定模式在决策者拥有无限智慧、拥有充分信息、能时刻坚守公正立场、决策方法正确科学的条件下也许能成本较低地制定出公正有效的公共政策，但是，这种假设在现实中是难以成立的。在封闭式政策制定过程中，政府决策难以摆脱以下困扰：(1)以追求本部门利益的最大化致使政策偏离公共利益；(2)信息传递渠道的单一和匮乏限制了精英的决策理性；(3)公共事务本身的复杂性。诸如此类问题都将会导致政府决策偏离公共利益轨道，从而滑入负排斥的通道。

二、强势群体：直接或间接参与决策

虽然强势群体可能无法直接参与政策方案设计，但是由于这一环节在

---

① 专家点缀是这样一种现象：由于决策制度上的安排，在今天至少要请一些专家装装门面，就像一个花瓶，放哪里，怎么放，要不要换，最终还是由我决定。专家意见符合我的意思就用，不符合的就弃。(参见竺乾威：《地方政府决策与公众参与——以怒江大坝建设为例》，《江苏行政学院学报》2007年第4期，第88页)

② 竺乾威：《地方政府决策与公众参与——以怒江大坝建设为例》，《江苏行政学院学报》2007年第4期，88页。

③ 同上。

政策制定过程中十分重要,会直接影响其利益实现,作为外部参与者的强势群体将会利用各种渠道将自己的偏好和利益要求输入政治过程。

强势群体直接参与决策的方式主要有以下几种。一是利用利益聚合功能和信息优势,向政策决策者提供众多的信息和可供选择的方案。二是选派自己的代表直接参与政策方案的制定(例如,两会期间提交相关议案)。三是通过内部沟通通道直接递送政策方案或政策建议。例如,在中国的医改方案征求意见期间,医药行业协会针对方案中的"定点""统一定价""全部使用基本药物"等规定开会协商并联名向医改协调小组提交意见。最终,"直接配送""统一定价"等规定在医改定稿中被删除,取而代之的是"国家制定基本药物零售指导价格""药物进行统一配送"的修改结果。

强势群体间接参与决策的方式主要有如下几种。一是政策寻租。为了最大限度地实现自身利益,某些利益集团会通过贿赂、收买、控制等方式对决策关键人物实施影响,这种行动策略被称为政策寻租。二是垄断行业话语权。例如,某些房地产开发商通过与一些专家学者、媒体合作,占据行业话语制高点,通过垄断行业话语权来影响政府政策制定。[①] 三是建立合作联盟。利益集团之间基于共同的利益诉求结成行动联盟,在政策制定过程中选择"互投赞成票"策略增强自己的政策影响力,共同抵制不利于自己的政策出台或推动有利于自己的政策出台。四是多重游说。利益集团进行游说的方式主要有:(1)通过举办或参加听证会游说民众;(2)通过非正式关系影响政府的立法活动。五是合作性施压。合作性施压是指利益集团通过与政府部门建立一定的合作关系,形成利益关联并借此影响政策的制定。在互利发展的利益关联下,当利益集团以增减合作关系作为"威逼利诱"手段时,地方政策制定者便面临巨大的政绩压力而不得不考虑利益集团的要求。

困难群体通过上述行动策略可能导致困难群体利益受损。正如孙立平所指出的那样,如果强势利益群体对公共政策的影响力越来越大,公共政策制定常常为这个群体所左右,导致作为决策主体的国家机构背离公共性的价值取向,在政策选择上倾向于强势群体,从而出现对困难群体的排斥。[②]

[①] 许耀桐:《利益集团与利益群体——关于 interest group 的解析》,《解放日报》2007 年 1 月 8 日,第 13 版。

[②] 孙立平:《90 年代中期以来中国社会结构演变的新趋势》,《天涯》2006 年第 2 期,第 170 页。

三、政策企业家：影响政策目标优先顺序和提供政策工具箱

除了权威之外，专业知识也是影响政策方案制定的重要因素。政府在政策方案规划中都会邀请专家参与政策方案的设计，并在重大决策出台前一般都会召集专家对决策方案进行论证，这已经成为现代决策的制度化要求。这种制度化要求为政策企业家影响政策方案的设计与抉择提供了合法通道。凭借拥有专业知识的优势，政策企业家对政策通过影响政策目标优先顺序，以及提供政策工具的办法影响政策方案的设计和评估。首先，行政型政策企业家在制定或执行政策过程中可以有意无意地改变政策的目标优先顺序。例如，当政策存在多重目标时，行政型政策企业家会凭借自己的专业知识和信息优势，有选择地追求对于自身有利的政策目标，而有意回避和弱化某些目标追求。同时，他们还会在政策目标集内增加自己的目标追求或新的政策意图，显著改变政策核心决策层的目标结构及优先顺序。[①] 其次，技术型或专业型政策企业家常常会通过创新政策工具来改变决策者对政策工具的选择。当备选工具选择所需知识过于专业，决策者难以对各种政策方案的成本与收益进行有效权衡时，技术型或专业型政策企业家就会以"外脑"的身份出现，帮助决策者对各种备选政策方案的成本和收益进行专业计算，并从自己的专业角度对政策工具的选择提出建议，从而成为最终影响政策的关键参与者。最后，"兜售"符合自己政策理念的政策方案。正如金登所言，"与其他的参与者相比，政策企业家会以其专业精神投入更多的金钱、时间、精力，甚至是声誉，立足于突破既有的政策均衡，向其他人'兜售'自己的政策理念，继而提出解决方案。"[②]

政策企业家的积极参与对优化政策方案具有重要意义。然而，政策企业家如果以自己的价值判断代替大众的价值判断，而这种价值判断又与专家自身利益或所代表群体的利益相勾连，则会使自己成为实现某一群体私利的代言人，而其所影响的公共政策可能偏离公共性轨道，致使政策负排斥的发生。

四、媒体：引导舆论导向

在政策方案设计环节，媒体虽然不直接参与政策方案的规划与抉择过

[①] 赵德余：《公共政策：共同体、工具与过程》，上海：上海人民出版社 2011 年版，第 141 页。

[②] John Kingdon, *Agendas, Alternatives and Public Policies* (New York: HarperCollins, 1995), p. 146.

程,但是他们可以对政策方案的背景,特别是对不同政策方案施加不同的关注度,引导舆论,放大某些诉求甚至使其合理化。因此,媒体对政策方案设计具有重要影响。具体表现在以下几个方面。

其一,通过设置大众自由言论平台来引导舆论的方向。比如,媒体会经常设置一些讨论专栏,在微博上设置某一讨论主题,选择一些专家参与对某一社会问题解决方案的分析与讨论,从而达到引导舆论方向的目的,进而影响政府的决策走向。安德森就曾说过:"公共舆论确定了公共政策的基本范围和方向。"[1]

其二,通过发表调查报告引导公众舆论。在政策方案正式确定之前一般都需要经过基层调查环节,这就为媒介影响政府的决策过程提供了空间和机会。媒体有时会专门组织力量就某一社会问题进行调查并公布翔实的事实和数据,发表调查报告,为政府决策提供经验材料或引发公众讨论、引导公众舆论,达到影响政府决策的目的。

媒体对维护社会公平正义具有其独特的价值,但倘若其寻求私利或站在某一特权群体利益的立场引导社会舆论,就可能成为助推政策负排斥的巨大力量。

第四节 公共政策负排斥的确定:政策的合法化

公共政策要发挥作用,就必须通过政策合法化将某政策方案上升为具有权威性的公共政策,即选定的政策方案要获得合法地位还需经过有权机构的审查、批准和颁布在内的一系列程序。政策方案选定后,有权机构按照一定程序将政策公布,政府决定实施该项政策,社会就会产生贯彻政策的实际行动,社会的利益格局就会由此而发生改变。显然,政策合法化也是政策负排斥确定的重要环节。政策合法化至少有两层含义,它不仅意味着经政策规划而形成的政策方案上升为法律或获得合法地位的过程,而且还意味着社会公众能够将其作为合理或正当的事物而加以接受的过程。前者是形式的合法化,后者是实质的合法化。正如琼斯所说,"任何政治系统中,都存在着两种层次的政策合法化,第一层次是政治系统取得政治正

---

[1] 〔美〕詹姆斯·E.安德森:《公共决策》,北京:华夏出版社1990年版,第69、95页。

当性的过程;第二层次是政策取得合法地位的过程"①。因此,政策合法化过程应从形式合法化和实质合法化这两个层面来考察。

将政策合法化从政策过程中分离出来,对于理解政策负排斥过程具有非常重要的意义。一是可以把政策问题界定、政策议程设置、政策方案制定等前端环节所形成的负向排斥政策合法化,使之变成具有权威性、合法性的政策,为最终实现负排斥的结果提供依据。二是即使在政策问题界定、政策议程设置、政策方案制定等前端环节所实现的排斥是正向的,通过强势政策主体的努力也可能在政策合法化阶段把这种正排斥变成负排斥。例如,在政策合法化阶段对所选择的方案进行修改而改变政策的性质,因为,"政策合法化本身也是一个对政策方案进行反复讨论、修改以及对方案进行过滤和淘汰的过程"②。因而,政策合法化的负排斥过程可以看作是强势政策主体推动负向排斥性政策方案合法化或阻碍正排斥性政策方案合法化,从而把弱势政策主体的利益和利益诉求排斥出政策利益范围的过程。

一、政府:追求形式合法性优先于实质合法性

政治合法性是一个政治体系存在和发展的基础。因此,每个政府都试图施行政策来证明其治理的合法性。在现代社会中,由于自利性因素的影响或治理能力的缺乏,政府难免会供给一些具有负向排斥性的政策。但是,它也不会忘记使用一些途径或手段为其合法性进行证明。

一是政治社会化途径。政治社会化是指政治系统通过学校、家庭、大众传播等政治社会化媒介,直接且有计划地传递有关政治信仰、价值与行为的过程。例如,为了淡化农民工及其子女对"接受与城市居民子女不同的教育是不正当"的认识,某地方政府精心挑选在农民工子弟学校读书而取得优秀成绩的舒航涯③作为农民工子女学习的榜样,进行了广泛的宣传,

---

① C. O. Jones, *An Introduction to the Study of Public Policy* (North Scituate Mass.: Dxbury Press, 1977), p. 85.

② 陈振明主编:《政策科学:公共政策分析导论(第二版)》,北京:中国人民大学出版社2003年版,第229页。

③ 舒航涯,1995年7月出生在四川省彭州市丹景镇石牛村。两岁时随进城务工的父母来到成都,就读于成都市锦江区红专小学。多次被评为区"优秀学生干部""三好学生""红花少年""文明小公民",多次在省、市、区青少年绘画、演讲、科普知识竞赛中获奖,2005年4月被评为"首届成都市十佳希望之星",同年10月被团中央、教育部、全国少工委等部门联合评选为第十届"全国十佳少先队员"。

并宣称"她不介意在公办学校还是农民工子弟学校就读,认为在哪里都一样,只要通过自身努力,一样可以实现成才;她对自己的未来充满了信心,并且积极主动地融入城市社会,自觉接受城市文化的洗礼和改造;她也怀揣着一颗感恩的心,积极主动地帮助身边更困难的人"①。

二是通过体制内合法化方式实现政策的合法化。草案进入审查阶段后,决策者可以通过召集体制内成员参与审查、选择持赞成态度的代表去旁听等体制内合法化的方式,实现对政策方案审查、通过等合法化过程的控制。如果体制内主体不能或不愿对政策方案进行严格的合法性审查,甚至还排斥体制外主体对合法化过程的参与,则可能只实现形式的合法化而未能实现实质的合法化,最终导致具有负向排斥性的政策顺利出台。

二、强势群体:影响合法化的走向

政策合法化意味着某种政策分配格局上升为法律或获得合法地位。因此,强势群体会使用各种手段来保障自身利益在最终选定的政策方案中占有优势。它们常用的方式主要有两种。一是接近行政权力。这是利益群体影响政策合法化最常见的途径。为谋求政绩,政府及其官员往往愿意与强势群体建立紧密的利益联盟关系,这就为强势群体对政府官员主导的合法化过程施加影响提供了便利的渠道。二是通过选派代表担任政府公职直接参与政策合法化过程。例如,安排利益代言人到政府机关工作,直接参与政策方案的表决。

实质上,政策合法化是一种体现集体选择的社会契约化过程。在政策争辩和利益妥协为内容的合法化过程中,在强势群体的渗透下,政策往往带有强势群体的痕迹,"对许多穷人来说,政治组织只不过是象征性的参与而已,他们的声音会被中产阶级的声音所淹没"②,这样,政策负排斥就难以避免了。

三、政策企业家:影响投票过程

政策企业家也在政策合法化过程中扮演重要角色。一方面,行政型政策企业家(比如行政当局的文官和国会的议员)可以直接参与政策方案的

---

① 熊易寒:《当代中国的身份认同与政治社会化:一项基于城市农民工子女的实证研究》,复旦大学博士学位论文,2008年10月,第158页。
② 〔美〕B.盖伊·彼得斯:《美国的公共政策:承诺与执行》(顾丽梅、姚建华译),上海:复旦大学出版社2008年版,第64页。

审查、通过乃至签署某一政策法案；另一方面，一些政策企业家也可以利用自己议员的身份对其他议员进行游说，影响其他议员的投票行为，进而影响政策的合法化过程。当这些政策企业家以部门利益或自身群体利益为出发点时，就可能会使其所签署的政策或所影响的政策偏离政策公共性的轨道，导致政策负排斥的发生。

四、媒体：塑造大众的政策认同感

政策合法化的基本目标就是让公众了解政策内容，以取得民众的支持，这一任务主要由大众传媒来完成。然而，媒体在这一阶段的活动并非是完全客观的，它们可能为了特定利益，提前过滤一些重要新闻，向公众提供经过选择的"消息"或者经过排练的"事件"，让公众获得片面的"图像"，有目的地引导公众对某一负排斥性政策方案的认同，从而帮助政府实现政策的合法化。

一方面，媒体通过新闻报道的框架功能，影响公众对政策取向的判断。例如，在中国医疗体制市场化改革初期，媒体常常聚焦和放大计划经济下医疗卫生事业的低效率，宣扬市场化、效率目标，为改革定调，影响公众的价值判断。另外，为了配合政府的政策合法化，媒体常常大幅报道某一政策方案的正面评价，而对政策方案的负面影响采取避重就轻的策略。

另一方面，媒体还常常通过控制信息沟通渠道来影响合法化的过程。这主要是指具有信息优势的媒体建立起符合自己利益和需要的话语规范，引导政策朝自己期望的方向发展。巴格迪坎就说过："控制信息的权力是控制社会的主要杠杆。"[①]媒体传播着社会主流文化价值观，决定着社会舆论的基本导向，从而深刻影响着公众对政策的认同感。

第五节　公共政策负排斥的实现：政策的执行

政策在付诸实施之前仍然只是一种具有观念形态的分配方案，政策效果必须经过实际的执行过程才能实现。正如艾利森所言："在达到政策目

---

① 〔美〕本·巴格迪坎：《传播媒介的垄断》（林珊等译），北京：新华出版社1986年版，第242页。

标的过程中,方案确定的功能只占 10%,而其余 90% 取决于有效的执行。"①换句话说,一种政策负排斥后果的产生,不仅与政策制定过程有关,还与政策执行紧密相关。一项负向排斥性政策在经过合法化过程后,还须通过政策执行才能产生负排斥的后果。在政策执行过程中,强势政策主体可能采取以下措施进一步强化政策负排斥的结果。

一、政府:落实负排斥性政策或政策执行异化

如果一项负向排斥性政策得到政府的贯彻执行,那么负排斥结果就不可避免。另外,一项良善的政策,也可能因为执行部门的异化执行,形成负排斥的后果。异化是指事物朝着与其原有性质相背离的方向发展变化的趋势和结果。作为经公众授权后服务于公众的政府,其政策执行自然应以实现、增进公共利益为目标,如果政策执行违背或是有损公共利益,那么我们就说它发生了异化。政策执行会经常出现异化状况,主要表现为四种情况。

其一,政策执行扩大化,即执行主体给政策附加了原政策目标所没有规定的不恰当内容,从而使政策执行导向地方利益、偏离公共利益的情形。例如,在执行异地高考政策中,北京制定了严格的社保期限的条件(连续缴纳社会保险满 6 年),致使父母没有缴满 6 年社保的外来务工家庭的子女被排除在异地高考政策受益范围之外,形成了对这部分人群的负排斥。

其二,政策执行局部化,即执行主体对政策内容任意取舍而导致片面追求局部利益而忽视长期利益的情形。比如,改革开放后,在"效率至上"发展观的导引下,某些地方政府在执行上级政策时以追求经济发展作为优先目标,而医疗、社保、公共服务、环境保护等常常被排除在政策议程之外。

其三,政策执行敷衍化,即执行主体只做表面文章,未采取有实际效果的具体措施,导致政策效用低于政策目标或无法有效实现公共利益的情形。例如,在治理大气污染时,有的地方政府只采取一些控制工地扬尘、道路洒水等表面措施,而对污染企业搬迁、减排等却未制定可操作的具体措施,致使中央制定的"蓝天计划"未能在地方得到有效落实。

其四,政策执行变形化,即政策执行主体认为政策对自己不利时,对政策精神实质或部分内容有意曲解,使原政策在具体执行时"走样""变形",

---

① 转引自〔美〕詹姆斯·安德森:《公共决策》(唐亮译),北京:华夏出版社 1990 年版,第 4 页。

偏离目标而无法实现公共利益的情形。例如，在保障性住房政策的执行中，地方政府在偏远郊区建一些拆迁安置房充当保障房，而城市大部分困难群众被排斥在外，致使政策执行偏离了保障性住房政策的初始目标。

二、强势群体：推动负向排斥性政策的顺利执行或改变政策执行方向

行动者在政策博弈过程中的权力资源及关系运作能力不同，其对政策执行的影响也存在明显不同。行动者所拥有的资源与其影响政策执行能力具有正相关性。强势利益群体作为优势资源的占有者，通常会采取以下措施影响政策执行。一方面，对那些不符合公正要求但对自身群体有利的政策，强势群体会通过自身所掌握的组织、信息、财力等资源大力支持政策的有效实现自身利益；另一方面，对于那些符合公正要求但对自身群体不利的政策，强势利益群体将抵制执行或者改变执行方向，致使政策产生负排斥的效果。至于后者，他们采取的具体方式主要有两种：一是采取抵制行为，即直接采取对抗措施抵制政策的实施，使政策难以推进；二是制造群体性事件，即通过诸如上访、集会、游行、静坐和封堵公路等非制度性参与方式向决策者表达本群体的利益诉求，使政策执行受到影响甚至中断。由于强势群体与困难群体对于政府决策执行的干预能力极不对称，政策执行效果难以避免地会带有强势群体的偏见，最终损害困难群体利益，产生负排斥的后果。

三、政策企业家：为政策背书或修改政策方案

在政策执行过程中，政策企业家会通过各种渠道进行"造势"，通过宣传政策理念，进行政策解读等方式，推动有利于自身的政策方案进入执行过程。对于那些不符合自己所代表的群体利益或不符合自己政见的政策，有的政策企业家会采用理性证伪甚至是抨击的方式，影响政策的执行或导致政策执行偏差。他们采取的主要方式有两种。一是利用自己的专业知识和影响力为损害公共利益的政策执行包装，美化错误的执行方式。例如，在2005年大兴矿难前几个小时，一个由7名高级专家组成的专家组向当地政府提交的一份论证报告中称，大兴煤矿所在的矿区"所开采的煤层大部分都已在水淹区影响范围以外，其正常条件下的开采是安全的"[①]。二

[①] 赵东辉、凌广志、王攀：《大兴矿难前的专家论证疑云：一份发人深省的煤矿安全开采"意见书"》，《瞭望》2005年第34期，第8页。

是直接向决策者上报政策修改方案。以异地高考政策为例,教育部的意见没有规定积分制,它主要规定了三类条件,即稳定的住所、工作、社保,但有些专家明确向决策者提议实行积分制。例如,某课题专家组向上海市教委提出了"按积分制的标准对居住证采取 A 证和 C 证区别对待,持 A 证人员,其子女可在上海参加中考、高考;持 C 证人员,其子女可以按照规定参加全日制普通中等职业学校自主招生考试"的上海异地高考方案建议稿。这种建议稿实际上把现有进城务工人员分为三六九等,这种建议已经违背了教育部以推进异地高考促进教育公平的政策初衷,构成了政策执行的异化。

四、媒体:为异化的政策执行辩护或放大政策执行的负向效应

媒体对政策执行的影响主要通过报道执行的状况来实现。媒体报道对政策负排斥的实现有两个方面的作用。一是为异化的政策执行进行辩护。例如,为迎合教育部落实异地高考的政策要求,上海、北京、广东等地分别制定了具有较强负排斥性的门槛型异地高考政策,一些媒体也积极为其辩护。2012 年 12 月 26 日《南方日报》发表《"异地高考"若无门槛,城市学校将被挤爆?》①的言论,重点阐释了设置高门槛的必要性。也有学者表达了对推进异地高考的忧虑,如《异地高考不可操之过急》②。二是放大政策执行的负向效应。每一项政策都不可避免会有其消极的一面,而一些媒体为了达到自身及其利益相关者的目的,故意放大政策执行的消极影响,以此影响公众的舆论风向。以免费师范生免试读研政策为例,《扬州晚报》的相关报道使用了诸如"绑着人就业""饥不择食""入伙""嗟,来食吧"等具有很强负面感情色彩的文字对免试读研政策表达质疑和反对③,表达对政策执行的不满,以达到阻碍政策执行或改变政策执行方向的目的。

总之,从政策过程角度来看,公共政策负排斥是政府、强势群体、政策企业家、媒体等政策主体在政策形成和执行的各环节把被排斥对象的利益和利益诉求排斥出政策受益范围而最终形成有利于自身的政策安排的过程。换言之,政策的负排斥行为只要在政策问题界定、政策议程设定、政策方案制定、政策合法化、政策执行等任何环节取得了成功,政策负排斥的结果都可能产生。

---

① 雷雨:《广东"异地高考"若无门槛,城市学校将被挤爆?》,《南方日报》2012 年 12 月 26 日,第 7 版。
② 柯政:《异地高考不可操之过急》,《社会科学报》2012 年 11 月 22 日,第 8 版。
③ 杨光志:《免费师范生免试读硕是"诱使"?》,《扬州晚报》2010 年 5 月 30 日,第 B1 版。

第六节　公共政策负排斥过程典型案例剖析：户籍政策

城乡二元户籍政策就是政策主导者为了维护属地利益而将非属地居民排除在该地方政策的受益范围之外，使其不能与属地居民平等享受属地权利和社会机会的一种政策安排，属于典型的负向排斥性政策。因此，通过检视户籍政策的形成过程，对于系统考察政策负排斥的形成过程具有重要的实践意义。

一、政策问题界定中的负排斥：以《户口登记条例》的出台为例

界定问题就是对问题的性质、原因、结构、范围和轻重缓急等进行定义，因此，问题的界定将影响政策的走向。对户籍政策的制定而言，内容及其性质的变迁伴随着政策主导者对户籍功能界定的变化。

（一）政府对户籍功能的界定：精英价值取代大众价值

在新中国成立初期，随着重工业优先的工业化战略的启动，大量农村劳动力进入城市，影响了城市社会的稳定和国家的粮食安全。如何解决这种危机？政府想到了一个最简单易行的手段——户籍控制，即把户口分为农业人口和非农业人口，并把户口、粮油供应、劳动用工和社会保障等与户籍捆绑，实现对农村人口自由迁徙的严格限制，达到维护粮食安全的目的。正如彭希哲等人指出的，制定和维持户籍制度的工具性目标在于通过对人口迁移和流动人口权利的限制，来实现政治领导层所期望的社会稳定、工业化和城市化发展战略、粮食供给安全等社会目标。[1] 在这种思维导引下，1958年《中华人民共和国户口登记条例》（简称《户口登记条例》）出台，标志着城乡二元分割的负排斥性户籍政策正式形成。

（二）强势群体的策略性行动："吸引注意力"和"主宰论述"

20世纪50年代，在城乡二元户籍政策形成过程中，城市居民是主要的强势利益群体，其中工人和干部占城市居民的绝大多数。而工人和干部在当时是社会中地位较高、利益获得较多的群体。由于担心农村人口大量流

---

[1] 彭希哲、赵德余、郭秀云：《户籍制度改革的政治经济学思考》，《复旦学报（社会科学版）》2009年第3期，第4页。

入城市给自身利益带来损失,他们试图通过户籍工具把农民排斥在城市体制之外,通过一系列措施把社会和政府的注意力吸引到控制农民盲目流动上来。例如,城市居民利用其所掌握的舆论力量,把全社会的注意力都吸引到农民过度流动给城市乃至整个国家都带来巨大危险的讨论上来。在城市居民的努力下,在当时的社会上普遍流传这样一种论调:大量农村人口流入城市造成了社会秩序混乱,社会治安状况恶化,妨碍了城市的正常运转,威胁城市安全。公安部1957年5月的一份报告就指出,"有些企业、基本建设单位,不经过劳动部门审查批准,私自到农村去招工,或者随便录用盲目流入城市的农民,这种行为应该制止"①。强势群体通过"吸引注意力"的方法,营造了一个"似乎只有出台户籍政策限制农村人口自由迁徙,才能维护社会稳定"的舆论环境。

（三）政策企业家:"加工"和"创造"问题情境

在20世纪50年代,推动户籍政策制定的政策企业家主要是政府内部的行政官员。比如,为了更好地维护社会稳定、实现户籍的控制功能,公安部三局局长黄耕夫在1954年7月的一份内部报告中讲:"只有做到人人有户口,彻底消灭漏口、漏户,才便于发现与控制反革命分子和刑事犯罪分子,才便于寻找通缉罪犯,才能有效地达到对社会的严密控制。"②为了强化对农民的户籍控制,使户口成为维护社会稳定的重要工具,时任公安部部长罗瑞卿在说明《户口登记条例》的制定目的时强调:"既不能让城市劳动力盲目增加,也不能让农村劳动力外流。"③他还批评有的城市机关、单位"私自招工",或让"从农村盲目流入城市没有户口的人员"长期居住。④ 公安部相关官员的推动,在促使全国人大最终制定《户口登记条例》中发挥了关键性的作用。

（四）媒体的迎合性行动:政策信息选择机制

媒介在政策问题界定中充当了信息把关人的作用。在《户口登记条例》出台的前一年(1957年),诸多主流媒体都在论证大量农村人口进城给

---

① 《公安部关于各地执行劝止农民盲目流入城市和紧缩城市人口工作中发生问题及解决意见向国务院的报告》(1957年5月27日)。
② 黄耕夫:《关于上海、南京、杭州户口管理工作的考察报告(内部版)》,1954年7月。
③ 罗瑞卿:《关于中华人民共和国户口登记条例草案的说明》,《人民日报》1958年1月10日,第1版。
④ 同上文。

粮食安全和城市社会稳定带来的巨大威胁,为以户籍作为限制流动人口迁徙权利的措施的合法性提供辩护。以《人民日报》为例,1957年发表与户口有关的主要文章有五篇(见表4-3)。

表4-3　1957年《人民日报》刊发的与户口有关的文章统计

发表日期	题目	核心内容
1957年2月19日	《反对从农村乱拉人出去》	劳动力过多流入城市使农业生产遭受巨大威胁
1957年3月26日	《为什么若干城市在生活方面还有许多不便呢?》	城市人口增长过多过快是造成城市紧张的基本原因
1957年4月5日	《闲居城市非上策　决心回乡闹生产》	农民回乡是正确选择
1957年8月26日	《减少粮食销量　山西压缩城镇非生产人口》	城镇人口急剧增加,不仅减少了农村劳力,影响生产,而且使城镇的粮食供应日趋紧张
1957年11月27日	《必须控制城市人口》	城市人口增长过快危及城市安全
1957年12月16日	《动员流入城市的农民还乡生产》	动员农民还乡是当前政府紧迫的任务

资料来源:根据《人民日报》图文数据全文检索系统公开数据统计。

这五篇文章都聚焦于大量农村人口进城给粮食安全和城市社会稳定带来的巨大威胁上,其中《为什么若干城市在生活方面还有许多不便呢?》和《必须控制城市人口》两篇文章更是直接把城市面临的困境归咎于农村人口盲目流入城市。"农村人口盲目流入城市,给城市带来很多的困难。"①综上所述,通过政府、强势群体、政策企业家、媒体对农民流动问题的共同界定,农民的过度流动成了危及国家粮食供给安全、维护社会稳定的高危险因素,这也就使得建立对农民的迁徙权进行限制的城乡二元政策具有历史的必要性和必然性。据此,以政府为主的政策主导者在政策问题界定环节完成了对农民的负排斥界定,从而为最终出台对农民产生不公正排斥的负向排斥性户籍政策埋下了伏笔(见图4-2)。

---

① 傅毅刚:《为什么若干城市在生活方面还有许多不便呢?》,《人民日报》1957年3月26日,第2版。

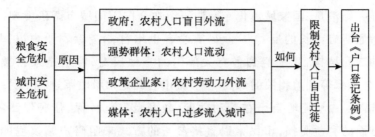

图 4-2 户籍政策在政策问题界定环节负排斥形成示意图

二、政策议程设立中的负排斥：以改革开放以来户籍政策的整体改革为例

就户籍政策改革而言,政府、强势群体、政策企业家、媒体所主导的户籍改革议程设置直接决定户籍改革的进程,对于负向排斥性户籍政策的形成具有重要影响。

（一）政府：控制户籍改革议程优先级

20 世纪 80 年代初,为加快市场经济发展的步伐,促进农村劳动力的自由流动成为户籍改革的优先目标。1984 年户籍改革迈开了第一步——允许农民在自理口粮的前提下,在县以下的小集镇（不含县城关镇）落户。但是,到了 80 年代后期,快速增长的农转非人口对城市粮食安全、城市就业、社会稳定等执政目标构成巨大的压力,控制农村人口自由流动又成为政府户籍改革的优先目标,如《国务院关于严格控制"农转非"过快增长的通知》对户籍迁移又进行了更严格的控制。到了中共十四届三中全会,加快社会主义市场经济步伐的要求再次促使户籍改革启动。在后续改革中,政府基本都是按照从小城镇到中小城市再到大城市的优先级排行推进户籍改革。可见,在政府操控下,城市粮食安全、城市就业、社会稳定一直被置于户籍改革政策议程的优先位置,而社会期盼的自由落户却迟迟未纳入政府议程,导致对农村人口具有强烈负排斥效应的户籍政策一直未得到根本性的改变。

（二）强势群体：推动或阻碍政策议程设立

在中央政府推动户籍政策改革的过程中,地方政府既是政策的执行者,同时也作为一个强大的利益集团而存在。由于担心大量流动人口进入城市给财政、教育、医疗、社保带来巨大压力,也担心遭到本地市民的反对,地方政府常采用直接拖延的方法来阻碍户籍政策改革。《南方日报》登载过这样一则消息,国家城镇化专题调研组在全国不同城市调研发现,"户改几乎遭遇所有市长的反对"①。另有学者也坦言,"废除农业户口、非农业户口的二元结构,几乎遭到各有关部门的一致反对,特别是来自教育、劳动、社会保障等利益相关的部门"②。城市居民是户籍改革进程中另一强势利益群体。由于担心自己在劳动就业、教育、医疗、社保、住房保障等公共服务方面的利益受损,市民常以直接参与的方式来阻碍户籍议程的设立,因为大多数决策者本身就是城市居民。正如有学者指出,"中国城市偏向政策的动力主要不是来自普通市民的压力,而是来自同样具有城镇居民身份的行政管理者阶层"③。另外,城市居民也通过舆论等不同方式向地方政府抱怨,把城市失业率上升、犯罪率提高及城市脏乱差都归咎于外来人口。

(三) 政策企业家:对议程空间的调适

虽然理论界和实践界对户籍制度改革的必要性早已达成共识,但是对于"应如何改革"却有较大分歧。例如,户籍制度改革是从大中小城市整体推进,还是从中小城市开始?这一论题为政策企业家提供了富有弹性的议程空间。一些专业型政策企业家努力把户籍改革的议程控制在小城镇的范围内,他们常常有如下论调:"许多发展中国家都将限制城市迁入人口作为消除贫困的一项措施"④;"城市户籍制度改革,需要慎重,稳妥行事。相对而言,小城镇的户口改革方向就比较明朗"⑤。除了专业型政策企业家之外,行政型政策企业家也积极把户籍改革议程牵引到小城镇改革上来。在1993年户籍改革会议上,国家计委的负责同志就提出了"严格控制特大城市,适当控制中小城市,积极发展小城镇的方针"⑥的建议。由此可见,政策企业家主要还是把户籍改革的议程讨论限制在"放开户籍对经济发展的影响上"而非"公民自由迁徙权利上"。

(四) 媒体:设置户改议程

新闻媒体可以通过对报道数量、报道期数、报道版面等相关指标的选择,影响受众对议题的关注度,从而影响议程设置。通过对《人民日报》进

---

① 《推进户籍改革需要更多有效措施》,《南方日报》2012年8月21日,第2版。
② 朱其良:《迁徙自由的社会学思考》,《改革与战略》2002年第7—8期,第23—24页。
③ 楚成亚、刘祥军:《当代中国城市偏向政策的政治根源》,《当代世界社会主义问题》2002年第4期,第75页。
④ 朱农:《发展中国家的城市化问题研究》,《经济评论》2000年第5期,第5页。
⑤ 张庆五:《有关我国现行户籍制度改革的思考》,《公安大学学报》1994年第3期,第27页。
⑥ 殷志静、郁奇虹:《中国户籍制度改革》,北京:中国政法大学出版社1996年版,第70页。

行分析发现,媒体对户籍改革的报道权重与户籍改革的进程和力度成正比关系(见表4-4)。

表4-4 2001—2007年《人民日报》关于户籍改革议题的统计

年份	2001	2002	2003	2004	2005	2006	2007
篇数	27	25	32	18	1	4	6

资料来源:根据CNKI中国重要报纸全文数据库公开数据统计。

从表4-4可以看出,2001年至2003年,中国国内最具权威性的报纸《人民日报》对户籍制度改革保持了高度关注,这直接推动了南京(开始于2003年4月)、郑州(开始于2004年年初)等一系列城市的户籍改革。但是,由于受到郑州户籍改革(被认为是失败的户籍改革,2004年8月被迫停止)的影响,为与官方谨慎态度相适应,《人民日报》迅速减少了关于户籍改革的报道。

总之,户籍改革议程在政府、强势群体、政策企业家、媒体等的共同操控下,流动人口的权利保障和利益诉求并没有被置于政策议程中的优先地位。设置"落户门槛"的挤牙膏式改革成为地方政府户籍改革的一大特色,固化了户籍政策的负排斥格局。

三、政策方案制定中的负排斥:以购房落户政策为例

购房落户是近十多年来地方上常见的一种户改政策。该政策始于2001年的北京、上海等大城市。后来由于城市人口过快增长,并且带来了教育、社保等问题,北京、上海、广东等城市取消了该政策。2008年年底至2009年年初,为刺激楼市,成都、武汉、重庆、天津、杭州、厦门等城市相继出台"购房落户"政策。例如,杭州市出台的《外地人在杭购房入户试点办法》规定,外来购房者只要在钱江新城购买单套住宅总价达到100万元以上(含100万元)、杭州经济开发区达到60万元以上(含60万元)、滨江区达到80万元以上(含80万元),就可以办理1户(夫妻及未成年子女)的杭州户籍。在购房落户政策逻辑中,城市户籍(以及城市户籍附属的各种权利和社会机会)可通过购房来获得;反之,如果不买某城市一定面积的住房,又不是该城市的急需人才,就不能获得该城市的户籍及相关的各种权利。这是一种典型的对穷人构成排斥的资本主导型政策负排斥现象。审视这一政策的制定过程,有助于进一步透视负向排斥性政策的形成过程。

（一）地方政府：封闭政策制定过程

地方政府是购房落户政策的制定主体。在短期政策观的驱动下，通过购房落户政策来挽救短期经济困局以换取短期政绩就成了地方政府的最佳选择。于是，政府采取了封闭决策的方式，主要体现在两个方面。一是购房落户政策出台前往往缺乏向社会征求意见的程序。马光远就曾指出："购房落户的确有检讨之必要。毕竟，在成都、武汉、重庆、杭州、天津等户口含金量比较高的大城市，这样的公共政策未经公众的辩论程序已经公然实施。"①二是购房落户政策出台前缺乏听证程序和专家咨询程序。正如王锡锌所质疑的那样，"'购房落户'是行政决策，按照国务院《全面推进依法行政实施纲要》这一等同于行政法规的要求，应当科学决策、民主决策、依法决策；地方政府出台该政策时是否征求了民意？是否通过了科学求证，该政策会不会像地方贸易保护一样，改善只是短暂的，将来可能会造成更多深层次的矛盾？"②

（二）强势群体：直接或间接参与决策

房地产利益集团是购房落户政策的最大受益者。为了推动这一政策的出台，他们通过各种方式对地方政府展开游说活动。一是通过房地产协会对决策者发声。例如，2009年9月，中国房地产业协会向国务院有关领导递交了关于将目前"严厉调控"改为"适度控制"的建议，其中包括允许地方政府出台购房落户政策自行救市。③ 2009年2月15日，广东地产商会直接上书原广东省省长黄华华建议启动购房入户政策以稳定房市。④ 二是借助决策咨询机构的渠道表达自己的政策建议。又如，2006年1月16日，中国民主促进会海南省委员会向大会提交了《关于完善和恢复海南省"购房入户"政策的建议》，建议省委、省政府从实际出发，进一步完善和恢复"购房入户"的政策。⑤

---

① 马光远：《购房落户开公共政策私用恶例》，新华网，http://news.xinhuanet.com/comments/2009-02/13/content_10811865.htm，2016年5月10日访问。
② 《法学专家：购房落户涉嫌违法，存在四大不公平》，《法制资讯》2009年第2期，第55页。
③ 贾海峰：《中房协上书国务院 建议调整房地产"严厉"调控政策》，中国新闻网，http://www.china.com.cn/news/txt/2008-09/24/content_16523901.htm，2017年8月3日访问。
④ 刘旦等：《广东地产商会上书建议稳房市：启动购房入户政策》，中国新闻网，http://www.chinanews.com/estate/zcfg/news/2009/02-15/1563646.shtml，2017年8月4日访问。
⑤ 《恢复海南"购房入户"政策》，海南在线新闻中心，http://news.hainan.net/newshtml/2006w1r16/71427f0.htm，2017年8月4日访问。

(三) 政策企业家：提供政策工具箱

除了地方政府和利益集团之外，政策企业家也是影响购房落户政策制定的重要力量。政策企业家最常采用的方法是"兜售"符合自己政策理念的政策方案。例如，北京大学杨开忠教授（时任北京大学首都发展研究院常务副院长）就提出了用购房落户政策拉动北京房地产发展的建议，"拉动房地产需求有多种渠道，但我认为还有一个非常重要的方面是'购房落户'政策……有效拉动住房市场消费，而且可以加快户籍体制改革，使户籍管理更公开、透明和公平"①。媒体评论员童大焕也认为，购房落户可成户籍改革内容之一。②

(四) 媒体：引导舆论

为迎合地方政府和强势利益群体的要求，媒体对购房落户政策大多表示了"赞同"态度（见表4-5）。在2008—2009年间CNKI中国重要报纸全文数据库所有关于"购房落户政策"的报道中，8篇"反对"，16篇"赞成"。媒体的推波助澜在一定程度上推动了地方政府积极推行购房落户政策。购房落户政策实际上是地方政府、强势群体、政策企业家、媒体共同推动的结果。

表4-5 CNKI中国重要报纸关于"购房落户政策"报道的代表性文章统计（2008—2009年）

发表日期	题目	刊发报刊
2009年2月12日	《购房落户可成户籍改革内容之一》	《江苏科技报》
2009年5月27日	《来蓉购房落户 养老医疗关系可转入》	《成都日报》
2009年2月13日	《广东有条件城市将放宽购房入户》	《广州日报》
2009年4月17日	《购房落户与户改目标殊途同归》	《中国改革报》
2009年3月23日	《"购房落户"有助拆除户籍藩篱》	《中国高新技术产业导报》
2009年2月17日	《购房落户：描绘人口迁移新版图》	《中国改革报》
2008年11月22日	《济南：外地人买房三种情况可落户》	《工人日报》
2010年12月13日	《进城定居六个月或购房即可落户城镇》	《人民公安报》
2009年2月23日	《"购房落户"应缓行》	《光明日报》

---

① 王红茹：《北京是否也可"购房落户"》，《中国经济周刊》2009年第5期，第37页。
② 童大焕：《购房落户可成户籍改革内容之一》，《江苏科技报》2009年2月12日，第A02版。

四、政策合法化中的负排斥：以户口买卖政策为例

1992年，湖北省掀起了一股公开买卖户口的热潮，并迅速波及全国各地。据报道，湖北省襄阳县每一个商品粮户口收费6000元，临近的枣阳市则出价5000元；在河北省景县和临近的阜城、故城、冀县、衡水等县市，人们只要花千元，就可以当场办好转为城镇非农业户口的手续，仅景县在三天之内就办了近5000人的农转非户口。① 在买卖户口政策中，户口成了一种可以交换的商品，它一方面彰显和维护了二元户籍制度下城乡户口的价值差别，另一方面又继续固化了二元社会结构。买卖户口政策是对户籍制度改革的严重背离，是典型的负向排斥性政策。

（一）地方政府：把控户口买卖政策合法化过程

在中央政府"放权让利"的环境下，地方政府成为户口买卖政策合法化过程的主导力量。买卖户口政策能够给地方政府带来急需的市政建设和经济发展资金，而中央政府对推行这种政策的地方政府并没有实施严厉的经济和政治惩戒。基于收益与成本的考量，推行这一政策成为地方政府探索户籍制度改革方式的较优选择，买卖户口迅速发展成一种跟风现象，"安徽省南陵县在几天中办理'农转非'近3000人后，邻近的芜湖、凡昌等地也闻风而动，马上跟着干起来"②。为了更好地控制户口买卖政策的走向，地方政府把该政策的合法化过程局限于行政合法化层面来完成，并未把它置于立法合法化的程序。

（二）强势群体：影响合法化的走向

除了地方政府之外，政府中各部门和城市居民也是政策合法化博弈中的重要力量。在部门利益驱使下，政府部门常常成为买卖户口政策的直接推动者和具体执行者，"据报道，一些市、县的公安、财政、人事、劳动、银行、粮食部门联合办公，承接'农转非'买卖"③。大多数城市居民也对这种政策持支持态度，正如温铁军指出的那样，"现在的政策研究人员应该看到，那些能够参与资本收益分享的发达地区，可能成为把'自由迁徙权利'重新写入宪法的主要障碍"④。

---

① 俞德鹏：《城乡社会——从隔离走向开放》，济南：山东人民出版社2002年版，第373页。
② 吴王文：《城镇户口出卖潮》，《国际新闻界》1993年第2期，第25—26页。
③ 同上文，第25—26页。
④ 温铁军：《我们是怎样失去迁徙自由的》，《中国改革》2002年第4期，第23页。

（三）政策企业家：为政策辩护

由于户口买卖政策的社会不良反响十分强烈，有些政策企业家在政策合法化的投票过程中竭力扮演着为政策辩护的角色。例如，关于"卖户口"的利弊分析，国家农业部刘纯彬研究员认为，小城镇"卖户口"有助于改善城镇基础设施，发展第二、第三产业，农民"买户口"可以达到转换居住地和转换身份两个目的，"卖户口"是改革探索，主流应当肯定。① 一些地方政府官员更是常常通过媒体渠道来论证这一政策的合理性。例如，一位地方官员曾经向媒体阐述了自己的看法："我们是属于贫困落后地区，要发展，资金短缺是一件让人头疼的事。自从卖了户口，资金问题得到缓解。这些钱可以用来投资发展地方经济，也可以用于市政建设，改善外部投资环境。"②

（四）媒体：塑造大众的政策预期

户口买卖政策具有明显的非正义性。但是，为了迎合地方政府的诉求，某些地方媒体并没有引导大众将关注点放在政策的公平正义上，而是把公众的目光引导向政策带来的好处上，干扰了公众对这一问题的正确判断。例如，某市电视台播放政府公告：欢迎农村居民来此购买城市户口，交7000元便可解决一个"农转非"，一次办两个以上者实行优惠价（每个 6000元），财政局具体承办，一手交钱，一手交货（粮证、户口本）。③

总之，在城市居民、政策企业家、媒体特别是地方政府的共同推动下，户口买卖政策完成了合法化过程。在此过程中，困难群体特别是流动人口未能平等参与合法化的博弈过程，甚至被排除在合法化的过程之外，最终导致对其政策负排斥的产生。

五、政策执行中的负排斥：以外来人口落户城镇政策执行为例

如前所述，我国行政体制中的下级要对上级负责，而政策负排斥的结果在政策制定环节已经基本定性，所以产生负排斥的后果主要应归咎于政策制定环节。但也有可能政策本身具有公正性，而政策执行的偏差行为导致了政策负排斥的后果。例如，为了推动城乡人口的合理流动，国家相继

---

① 刘纯彬：《小城镇——中国户籍制度改革的切入点》，《社会》1997 年第 1 期，第 14—16 页。
② 张玮：《城市户籍制度改革的地方实践》，华东师范大学博士学位论文，2009 年 4 月，第 127 页。
③ 《买卖"农转非"的是与非》，《价格月刊》1992 年第 12 期，第 47 页。

出台了《国务院办公厅关于积极稳妥推进户籍管理制度改革的通知》《国务院关于进一步推进户籍制度改革的意见》等政策。但是，由于地方政策执行的偏差，地方政府普遍确立了高门槛的城市落户政策，从而对大多数外来人口特别是从事技术含量不高的外来农民工构成了负排斥。那么，这种执行偏差是怎么形成的呢？

（一）地方政府：政策执行异化

为了更充分地保护原籍人口的利益，减轻外来人口给城市带来的压力，地方政府采取"设置落户的高门槛"的策略，导致政策执行出现偏差甚至是走样。《国务院关于进一步推进户籍制度改革的意见》要求，地方可以合法稳定就业、合法稳定住所、参加城镇社会保险年限、连续居住年限等为主要指标来完善积分落户制度。然而，诸多省市如上海，除了设置居住证和社保缴纳年限外，还从学历背景、外语和计算机水平、科研创新、收入水平、特殊成就、创业投资活动、职业经历等方面设置了积分落户的条件。可见，某些地方户籍只对少部分拥有资金、专业技术和高学历的人群开放，而占城市外来人口大多数的农民工却被排斥在政策受益范围之外，实际上也构成了对他们的负排斥。

（二）强势群体：阻碍政策执行或改变政策执行方向

实际上，在地方拥有较大自主权的背景下，外来人口落户政策的执行过程演变成了地方政府、城市居民、城市企业、城市公共机构和外来人口的多方博弈过程。出于"自身利益最大化"的考虑，在外来人口落户政策的执行过程中，城市公共机构、城市企业、城市居民常会选择阻挠政策执行或改变政策执行方向的办法来防止自身利益受损。落实外来人口落户城市要求城市社保、医疗、教育等公共福利体制进行相应改革，而这种整体性改革对城市公共机构的工作构成巨大压力，这种压力促使城市公共机构成为改革的阻力。城市企业一方面希望通过以户籍为基础的城市社会保障和福利体制的排斥作用，来达到减少或免除外来员工的工伤保险、医疗保险、养老保险和住房等福利支出；另一方面又希望放开对高层次人才的落户限制，为吸引高层次人才创造条件，于是他们更倾向于设置高门槛的外来人口落户政策。地方政府既要落实中央政策，也要安抚城市居民、城市企业、城市公共机构等所组成的城市利益集团的情绪，高门槛的城市落户政策是平衡这两者之间矛盾的较好选择。由于准入条件与学历、投资额、技术职称、商品房购买量等指标挂钩，旨在促进常住人口有序实现市民化的城市落户政策异化成了地方政府对人才、资金、技术的争夺的策略。这种高门槛的城市落户政策中，实际上户籍只是向少部分拥有资金、专业技术和高学历的人群开放，而占城市外来人口大多数的农民工却被排斥在政策受益范围之外。

（三）政策企业家：为人才、资金、技术导向型高门槛落户政策背书

为了迎合地方出台的人才、资金、技术导向落户政策，许多政策企业家为政策背书。例如，有些政策企业家对上海的居住证积分制进行了高度的赞扬，"它给农民工送出一缕阳光"①；有人更是指出，上海做法"日后还可以扩大到北京等城市群，使百姓得以实现在国内自由迁移的大同梦"②。还有学者委婉地表达了对这种高门槛落户政策的呼吁，"上海的政策可以说给了人们一个新的视角，实现了剥除福利和降低户籍制度的门槛两条路径的有力整合"③。但也有学者指出，户籍的全面放开将会给城市带来混乱和破坏。④

（四）媒体：为人才、资金、技术导向型高门槛落户政策进行辩护

对于某些地方设置的人才、资金、技术导向型高门槛落户政策，虽然其偏离了合法稳定就业、合法稳定住所、城镇社会保险年限、连续居住年限等核心指标要求，但是除了少数媒体表达"反思"态度外，大多数媒体特别是地方媒体都表示了赞同或选择沉默。这种报道取向实际上就是为地方政府的人才、资金技术导向型高门槛落户政策进行辩护。

表 4-6 CNKI 中国重要报纸关于"高门槛城市落户政策"
报道的代表性文章统计

（2014 年 7 月 24 日—2015 年 11 月 30 日）

发表日期	题目	刊发报刊
2015 年 2 月 10 日	《北京"积分落户"破冰》	《中国财经报》
2014 年 8 月 4 日	《积分落户，在改革中梦圆》	《经济日报》
2015 年 1 月 30 日	《最严积分落户或落地北京》	《中国经济时报》
2014 年 7 月 31 日	《北上广严控人口规模实行积分落户》	《北京日报》

---

① 吴丽英：《居住证积分与大同梦》，《联合早报》2013 年 6 月 26 日，第 B 版。
② 李德民：《居住证积分制 农民工圆上海梦》，《京华时报》2013 年 6 月 20 日，第 3 版。
③ 刘兴伟：《居住证积分制是对户籍改革有力整合》，《华商晨报》2013 年 6 月 20 日，第 4 版。
④ 傅勇：《户籍改革宜渐进有序——与主张全面取消者商榷》，《经济学家》2005 年第 4 期，第 61 页。

（续表）

发表日期	题目	刊发报刊
2015年1月6日	《户籍新政将推动南京人口合理布局》	《南京日报》
2015年8月4日	《调控压力大 北京积分落户会是"高门槛"》	《中国商报》
2015年9月1日	《积极稳妥有序推进户籍制度改革工作》	《南方日报》
2015年4月20日	《上海农民就业：城乡同城同待遇》	《解放日报》

第五章 当下中国公共政策负排斥成因的多维理论检视

> 常常问题是提出了,但还不能解决,就是因为还没有暴露事物的内部联系。
>
> ——毛泽东

公共政策负排斥是社会不公正在政策领域中的集中体现,它的存在对政府的合法性构成严峻的挑战。搞清楚其生成的原因,方能找到正确的治理策略。从决策理论、博弈理论、他者理论、新制度主义理论这四个维度解析当代中国公共政策负排斥的形成原因,有助于拓展和深化对公共政策负排斥现象及其本质的认知,为公共政策负排斥的宏观治理提供理论启示。

第一节 决策理论视阈的政策负排斥成因分析

说到底,公共政策负排斥是由公共政策的制定和执行异化造成的,因此,公共政策负排斥必然与公共决策密切相关。一般来说,公共政策正排斥依赖于以政府为主体的公共机构的正确决策,反之,公共决策能力的异化将不可避免地导致政策负排斥的发生。本质而言,公共决策应以实现、增进公共利益为目标。所以,公共决策能力异化,应是指以政府为主体的公共机构因某种消极因素的影响而做出趋向有损或是违背公共利益的决策的情形。公共决策的异化将导致政策偏离公共利益的轨道,从而产生政策负排斥的结果。

一、决策价值观之异化:政策负排斥生成的根本性因素

公共政策的价值导向,对于确定一项具体政策的政策目标起着根本性

的作用。公共决策秉持公平正义的价值目标是政府合法性的重要来源,而输出的政策内容对社会价值导向起着关键的引导与示范作用。毋庸置疑,公共决策应该坚守公平正义的价值导向,正确有效地发挥公共政策所具有的调控功能、导向功能、管理功能、分配功能,实现社会中的每个人各尽所能、各得其所。在现实生活中,决策价值观之异化是指公共决策偏离公正价值导向的状况。比如,通过政策安排使一些人得到更大的利益或更有利的地位而剥夺另一些人的正当利益甚至自由。如果公共决策坚持的是这种价值导向,那么,被剥夺或被排斥的人就遭受了非公正的政策对待,遭受政策负排斥。而且,倘若公正价值取向缺失,公共政策就会失去公共利益之目标,从而成为少数个人或者集团谋求私利的工具。

在改革开放之前,中国社会是一个高度政治化的社会,政治控制和影响着公民的社会生活和经济生活,作为价值分配工具的公共政策"充当了实践政治理想的工具"①。改革开放之后,中国确立了"效率优先,兼顾公平"的政策制定总原则。在这一时期,功利优先是公共决策的基本价值取向,公正原则从属于功利原则,实质体现为公共决策价值观的一种异化。2003年以来,虽然中国的公共政策价值取向逐渐转移到公平上来,但是由于路径依赖和政策复杂性的影响,政策价值的功利主义导向仍然在中国政府特别是地方政府决策中具有重要的影响:以功利作为公共政策的目的,公共政策谋求"最大多数人的最大幸福";优先考虑现实利益,公共政策功能的现实性突出;强调效率价值,"效用"成为选择和评价公共政策的依据。② 功利主义价值取向引导下的政策实践带来了一系列负排斥效应。

其一,公共政策偏离社会公正价值目标。在功利主义价值导向中,公平正义原则在公共政策的价值位序中低于功利原则,且从属于功利原则。在这种决策价值观影响下,政府部门及其官员常常将GDP增长和短期政绩视作至上目标,而较少考虑政策的长期目标和可持续发展,于是,环保、公共卫生、社会保障等社会发展指标常常被排斥在优先政策议程之外。功利主义对个人利益的张扬,还诱使地方官员形成重局部利益轻公共利益的决策偏好。例如,在城市利益、局部利益的导引下,地方户籍改革演变成了一场地方政府抢人才、抢资金的竞争游戏,强化了大城市的户籍壁垒,致使户

---

① 罗德刚:《行政伦理的理论与实践研究》,北京:国家行政学院出版社2002年版,第68页。
② 崔浩:《功利主义价值取向的公共政策及其实践反思》,《浙江社会科学》2009年第4期,第43—45页。

籍改革严重偏离了促进公民自由迁徙的应然目标。

其二,困难群体的利益得不到有效保护。功利主义公共政策认为,为实现大多数人的最大幸福可以牺牲部分人的权益和幸福。在现实中,强势群体拥有较多的政治经济资源而享有更多的话语权,进而容易得到政策保护;而困难群体由于缺乏经济与政治资源,他们的利益往往受到功利主义政策的忽视。

其三,功利主义的政策容易形成地区社会成员基本权利的差序格局。在功利主义的价值导向中,平等原则让位于功利原则,这种价值排序使公共政策在追求效率优先、实现经济快速增长时忽视了利益平等分配问题,导致城乡发展失衡。例如,长期以来,中国的户籍、医疗、社保、公共服务等方面的政策都带有城市偏向性,形成了对农村人口的负排斥效应。有学者统计,"在医疗卫生方面,在1991—2012年期间,农村与城市之间新生婴儿死亡率的比率、农村与城市婴儿死亡率的比率、5岁以下儿童的死亡率的比率和孕产妇的死亡率的比率,其均值都在两倍以上,最高值都在三倍以上"①。

二、决策过程之异化:政策负排斥形成的关键性因素

从应然层面上说,公共决策是公共决策者为实现公共利益最大化、合理化而进行的决策活动。公共决策理应遵循民主原则。在民主决策过程中,各政策制定主体特别是各利益相关者能够充分参与到决策中来,以平等的身份在决策舞台上谈判、论辩,协商互动以达成政策共识;同时,公民的政策参与权、合法反对权将受到法律的保护。从公共决策角度看,精英决策可以看作是民主决策的一种异化。正如精英主义的代表人物托马斯·戴伊对精英决策所做的经典阐述:社会可划分为拥有权力的少数人,以及未拥有权力的多数人;少数人是社会的精英,多数人是非精英;精英享有分配社会价值的权力,公众则未能影响公共政策。② 在转型期,我国的社会结构分化程度不高,所以在决策过程中利益表达与综合主要由精英来完成,社会力量对公共政策的影响力较弱,是一种典型的精

---

① 李平、陈萍:《城市化、财政支出与城乡公共服务差距》,《财经问题研究》2014年第9期,第66页。

② 〔美〕汤姆·戴伊:《公共政策新论》(罗清俊等译),台北:韦伯文化事业出版社1999年版,第29页。

英决策。① 虽然近年来网络技术的发展大大促进了公民的政策参与,但是我国的决策过程仍然深深打上了精英主义的烙印:社会群众参与公共决策的技能不熟练、掌握的信息等社会资源与权力精英相比极端不对称,以及利益表达渠道不畅等因素使人民群众参与决策成本过高,在决策过程中处于被动接受的客体位置,对政策的影响力极小。②

精英决策具有独特的优势:(1)精英能够形成一个有组织、有目标并且自觉的团体以有效地制定政策,较好地克服分散的、不自觉的普通群众难以有效决策的弊病;(2)精英决策可以减少大众民主决策中反复的讨价还价环节,能相对迅速地做出判断,可以大大降低决策成本;(3)精英一般有较高的知识水平,所以能够做出更加合理、富有创造性的决策,克服个体博弈过程中带来的效率和效能损失,同时在一定程度上克服个体决策的非理性;(4)执政党的执政理想把占社会少数的精英的根本利益和人民群众的整体利益有效统一起来,有利于公共决策较好地实现广大人民群众的利益。

然而,精英主导型决策过程也可能产生一些负排斥效应。(1)当决策精英们主导决策过程之时,则不可避免地用精英价值观取代大众价值观,使得普通大众的价值诉求难以在政策中得到有效体现。正如戴伊所说:"所有的国家都一样,美国的公共政策反映了统治阶级精英集团的价值观念与兴趣爱好。那种宣称公共政策反映了'民众的要求和呼声'的断言,与其说是表达了民主的真谛,倒不如说是描述了一种神话。"③(2)决策主体是社会的精英阶层,而他们容易受到自利动机和自身能力的双重制约,将难以进行理想意义上的科学决策。同时,非精英参与的缺位使得精英思维进一步强化,造成非精英诉求更加边缘化,失去对涉及自身利益问题的话语权,从而可能导致精英利益偏向型的负向排斥性政策的产生,因为,"在制度与行动者之间,一般是强势行动者决定制度的正义程度及其实施,弱势行动者寻求制度变迁,以期保护自身利益的可能性或机会很少"④。(3)在精英们主导的决策过程中,他们常常将那些社会普遍关注而又符合

---

① 胡伟:《政府过程》,杭州:浙江人民出版社1998年版,第254—255页。
② 李杰、吴永辉:《我国决策模式剖析》,《社会科学研究》2006年第6期,第59页。
③ 〔美〕托马斯·戴伊:《自上而下的政策制定》(鞠方安等译),北京:中国人民大学出版社2002年版,第1页。
④ 李月军:《以行动者为中心的制度主义——基于转型政治体系的思考》,《公共管理学报》2007年第4期,第80页。

自身偏好的问题提升到公共政策议程的优先地位。《变革世界中的政府：1997年世界发展报告》曾深刻地指出："在几乎所有的社会中，有钱有势者的需要和偏好在官方的目标和优先考虑中得到充分体现。但对于那些为使权力中心听到其呼声而奋斗的穷人和处于社会边缘的人们而言，这种情况却十分罕见。因此，这类人和其他影响力弱小的集团并没有从公共政策和服务中受益，即便那些最应当从中受益的人也是如此。"①譬如，在计划经济时期，"以钢为纲""政治挂帅""工业优先发展"等政策偏好一直左右着中国公共财政的分配，而"户籍改革""高等教育入学公平""农民养老保障"等却被排斥出公共财政分配的政策议程。

另一方面，政策负排斥也将进一步塑造精英决策过程。政策负排斥把社会成员按身份等进行区隔，固化了各阶层在社会经济、政治生活中的位置，切断了阶层之间的交流与互动，必将进一步固化精英决策过程。在政策负排斥的作用下，一部分群体拥有更多的政治、经济资源，在公共决策过程中享有较大的话语权，从而在后续的政策制定中进一步地固化自身及所在群体的利益，干扰和排斥其他群体的正当利益诉求。这样，政策负排斥影响之下的精英决策过程就陷入一个恶性循环：精英决策过程→政策负排斥→固化精英决策过程→加深政策负排斥……

三、决策主体结构之异化：公共政策负排斥生成的基础性因素

各级人民代表大会的决策主体结构确立国家决策权力分配的基本秩序，决定着关键性决策权的根本归属。在中国，人民代表大会制度决定着社会各个群体在国家决策中的权力分配格局，决定着社会各个群体在国家决策中的影响力。国家属于全体人民，国家权力则应在不同人群、阶层中实现均衡分配。城乡人大代表名额分配的不均衡实质体现为决策主体结构的异化。从人大代表的选举法中可以看到社会各个群体在国家决策中的权力分配不均衡状况。1979年的《中华人民共和国全国人民代表大会和地方各级人民代表大会选举法》第十条明确规定，自治州、县、自治县人民代表大会代表的名额，由本级人民代表大会常务委员会按照农村每一代表所代表的人口数四倍于镇每一代表所代表的人口数的原则分配；第十二条明确规定，省、自治区人民代表大会代表的名额，由本级人民代表大会常务

---

① 蔡秋生：《变革世界中的政府：1997年世界发展报告》，北京：中国财政经济出版社1997年版，第110页。

委员会按照农村每一代表所代表的人口数五倍于城市每一代表所代表的人口数的原则分配。此后,1982年、1986年、1995年修订的选举法虽然对城乡人大代表比例作出了调整,但仍然把城市与农村人大代表所代表人口数比例比维持在1∶4的水平。选举法对人大代表名额的制度性规定直接导致各社会群体在人大代表实际名额分配中的失衡,进而导致城乡不同社会群体话语权的失衡。农民代表数在人民代表大会中的不足,造成中国农民在国家政策及日常决策中话语权的缺位,使得一些有损农民利益的负向排斥性政策得以顺利通过,如城乡二元的养老保险政策。2010年出台的《全国人民代表大会关于修改〈中华人民共和国全国人民代表大会和地方各级人民代表大会选举法〉的决定》中规定代表名额要"按照每一代表所代表的城乡人口数相同的原则,以及保证各地区、各民族、各方面都有适当数量代表的要求进行分配"。特别是,中共十八大以来,中央强调要进一步增加农村基层的人大代表比例,"在十二届全国人大,来自一线的工人、农民代表401名,其中农民工代表数量更是大幅增加。党政领导干部代表则大幅下降,比上届降低了6.93个百分点,代表结构明显优化"①。选举法的修改和十八大以来相关政策的实施从宪法秩序层面有力地改善了过去各群体在国家决策中话语权失衡的状况,从宪法秩序层面上为遏制与治理政策负排斥奠定了制度基础。

第二节　博弈理论视阈的政策负排斥成因考察

团体博弈理论认为,公共政策实际上是多种政治力量互相作用的结果,是特定时期内团体博弈、斗争达成的均衡,是竞争环境下的理性选择。②加布里埃尔·A.阿尔蒙德、戴维·伊斯顿、查尔斯·林德布洛姆等人就认为,政策制定过程是各种社会力量运用其所拥有的政治资源,以及因此形成的政治影响力,对政府决策施加影响,进行谈判、协商、交易和妥协的过程。在政策博弈过程中,不同行动者之间的力量对比、博弈结果决定了政策的走向。占支配地位的一方往往凭借其得天独厚的政治资源决定公共

---

① 铁永功:《人大代表结构优化体现民主进步》,《光明日报》2013年3月1日,第2版。
② 〔美〕托马斯·R.戴伊:《理解公共政策》(彭勃译),北京:华夏出版社2004年版,第22页。

政策的走向,并将其政策偏好和现实的政治需要转换为实质性的政策和行动,形成对被支配一方的政策负排斥。换言之,政策排斥的走向及其绩效取决于利益相关者的博弈过程与结果。那么,进一步的问题是,谁在决策过程中对政策的影响力更大。厘清这一问题有助于我们更深入地理解政策负排斥的形成过程,即强势群体为什么能够影响政策排斥走向并取得成功,以及困难群体为什么难以影响政策排斥的走向而常常成为政策负排斥的承受者。博弈理论为我们理解这些问题提供了一个重要视角。

一、集体行动的逻辑:强弱群体之间的政策影响力差距

曼瑟尔·奥尔森在他的经典著作《集体行动的逻辑》中指出:"除非存在强制或其他某些特殊手段以使个人按照他们的共同利益行事,有理性的、寻求自我利益的个人不会采取行动以实现他们共同的或集团的利益。"[①]经过理论和实证研究,奥尔森进一步得出结论:由于小集团成员人数少,每个成员可以得到总收益的相当大的一部分,因而能激发集团成员积极参与政策制定;相反,对于大集团而言,每个成员只能得到集团所增加的总收益的很小一部分,而且集团越大,个人在集团总收益中占有的利益份额就越小,因此个人就有强烈的"搭便车"动机。社会群体的搭便车心理,使得这些人成为政策制定中的消极参与者,也就放弃了手中影响公共政策的权力。其实,奥尔森的集体行动的逻辑与威尔逊的政策类型理论有相通之处。威尔逊认为,政治过程的首要因素就是哪些人参与了这个过程,而"政策成本与收益的集中程度决定了政策的政治过程"[②](见表5-1)。根据政策类型理论,政策的成本与收益方面的不同特点决定了潜在参与者的范围。魏姝进一步指出,无论是成本集中还是收益集中,都会刺激相关团体成为积极的政策参与者,或者支持或者反对政策;而成本与收益的分散则往往意味着大多数相关群体采取比较冷漠的态度,法定的政策制定者处于主导地位。[③]

[①] 〔美〕曼瑟尔·奥尔森:《集体行动的逻辑》(陈郁等译),上海:三联书店、上海人民出版社1995年版,第2页。

[②] James Q Wlison, "The Politics of Regulation", in J. W. McKie, ed., *Social Responsibility and the Business Predicament*, Washington: Brookings Institution, 1974, p. 68.

[③] 魏姝:《政策中的制度逻辑:美国高等教育政策的制度基础》,南京:南京大学出版社2007年版,第88页。

表 5-1 威尔逊的成本—收益政策类型

		收益	
		在很多人中分配	集中于少数人
成本	集中于少数人	利益集团政治:受益者团体和承担成本团体之间的冲突	经济人政治:团体及其领导寻求劝说政策制定者从公共利益出发进行决策,决策成本由少数人承担
	在很多人中分配	顾客导向的政治:在政策制定者、规制者和被规制者之间形成密切的顾客关系	多数政治:人们或者其代表结成松散的团体,寻求某种实质性或者符号性的政策声明

资料来源: Thomas A. Birkland, *An Introduction to the Policy Process: Theories, Concepts, and Models of Public Policy Making* (New York: ME Sharpe Inc.), 2001, p. 143。

在中国,一些组织化程度较高的强势群体,由于政策为其带来的成本与收益较为集中,群体成员对群体共同利益与自身利益的关系认知程度较高,因而能激发群体成员积极参与政策制定。正因为强势群体可以通过组织化的集体行动为集团成员带来较大收益,所以他们会自觉地强化利益表达。同时,他们在信息和权力资源等方面的优势使其往往能采用"超常"手段和方式影响利益表达,从而在利益表达中形成"垄断",继而可能威胁和损害其他利益群体和公民的利益,产生政策负排斥的恶果。奥恩斯坦等在研究美国的利益集团后指出,金钱、集团成员的数量和地理分布、集团的团结程度、领导能力、可以得到的情报和对情报的使用、政治手段和议会知识及集团从事活动时的专注度,都是一个集团在影响政府活动中能否取得成功的因素。[①]

与强势群体相反,社会上的部分困难群体尽管人数居多,但政策为其带来的成本和收益较为分散,使得成员常常对群体利益认识不清,而且人数众多的群体更容易出现搭便车行为,这些都导致困难群体难以形成有效的组织动员。他们常常以自发的、松散的、临时性的"乌合之众"行动来表达某种利益诉求;多数时候甚至连"乌合之众"的联合行动都难以形成,仅以个体为单位来开展行动,加之利益表达渠道的不通畅,以致他们很难对公共决策产生有效影响。

---

① 〔美〕诺曼·杰·奥恩斯坦、雪利·埃尔德:《利益集团、院外活动和政策制定》(潘同文等译),北京:世界知识出版社1981年版,第9页。

总之,受集体行动逻辑的影响,强势群体比困难群体在政府决策中具有更强大的影响力,从而使最终的政策可能偏向于强势群体而对困难群体形成负排斥。

二、政策均衡的非中性:非对等资源禀赋下的政策公共性偏离

资源禀赋决定论认为,在既定制度环境下,当事人可以凭借其资源禀赋,形成对政策安排设计和选择过程中的竞争力与控制力,以设计出最有利于自身的政策安排。正如杜鲁门所说:"群体的影响力一般取决于群体在社会中的地位与声望、政府官员是否作为群体的正式或非正式成员、群体是否作为技术的或政治知识的一个来源、群体组织的合适程度、在既定情形下群体的凝聚力、领导的技巧、组织拥有资源和资金的丰富程度、政府机构的运行体制所带来的便利或阻碍等诸多因素。"[1]

我们假定:A(资源优势者)和B(资源劣势者)满足完全理性和拥有完全信息,且交易成本为零;A和B行动满足(2×2)维博弈空间和支付结构;个体A和B有着不同的资源禀赋,A为资源优势者,且$A_{11}>A_{12}$,$A_{22}>A_{21}$,$B_{11}>B_{12}$,$B_{22}>B_{21}$。那么,资源禀赋是如何决定政策的?(见表5-2)

表 5-2 政策博弈均衡的收益矩阵

		B	
		行动 1	行动 2
A	行动 1	(A_{11},B_{11})	(A_{12},B_{12})
	行动 2	(A_{21},B_{21})	(A_{22},B_{22})

资料来源:王林辉、董直庆、张屹山:《真实制度的均衡过程:基于非对等资源禀赋的视角》,《制度经济学研究》(第二十六辑),北京:经济科学出版社2009年版,第5页。

在利益不一致的情形下(在政策负排斥过程中,强势群体与困难群体利益常常不一致),依据资源禀赋决定论,A是资源优势者,也是追求自身利益最大化的理性经济人,为了最大化地实现自身利益,他们会利用自身资源优势去选择有利于自身利益最大化的行为策略组合,于是,将会产生以下结果:只需要满足$A_{11}>A_{22}>0$,资源优势者A可以不顾B的行动而直接选择行动1;虽然B在收益矩阵中$0<B_{11}<B_{22}$,但B知道,如果不跟从A将可能得到小于或等于零的收益。虽然A也可能出现小于或等于零的收益,但

---

[1] David B. Truman, *The Governmental Process*, (New York: Alfred A. Knopf, 1971), p. 239.

由于 B 知道 A 更能承受收益为零的非合作均衡结果，而且也能够预期到在 A 选择其利益最大化策略时，如果不跟从 A 的行动其利益损失更大（比 A 还要大），特别是当 B 无法承受持续收益小于或等于零的结果时，无论 A 如何行动，B 都将跟从 A 而采取合作。黄少安、宫明波就说过："若双方谈判能力有着很大的差别，显然分配要有利于谈判能力强的一方。并且，在弱势的一方是多人组成的团体时，由于外部性问题，单个的个体缺少重新谈判的动力，久而久之，有利于谈判能力强的一方的那个分配方案则成了一个被各方接受的惯例。"①政策是资源优势者 A 有意设计和选择的结果。

从以上分析我们不难得出结论，政策博弈主体的不平等资源禀赋决定均衡政策的非中性，即，某一个体或群体拥有资源越多（财富越多、职权越大），其对政策安排的选择和控制权也就越大，越能影响政府制定有利于其利益最大化的政策安排，从而使政府决策带有明显的强势利益群体的利益偏好，而困难群体因缺乏影响公共决策的通道和手段，更容易成为利益博弈中的受损者，成为政策负排斥的排斥对象，"一些集团很富有且势力强大，拥有重大影响力，而有些集团力量太薄弱而为人所忽视"②。

三、强势群体的利益排他：分利集团排外性行为逻辑

每一个社会个体或群体参与政治生活，都是为了获得某种利益，正如马克思所说，"人们为之奋斗的一切，都同他们的利益有关"③。对于社会群体来说，主要有两种增进其成员利益的途径：一种是通过努力增加全社会的总体利益，从而使自己的总利益也随之增加；另一种是努力使自己的成员在社会总利益中得到更多的份额。④ 由于每一个利益群体都是社会成员中极小的一部分，即使其为社会做出了巨大的贡献也只能分到极小的一部分利益，所以作为理性人的群体成员往往都不愿意单方面付出成本去争取社会公共利益。结果是，利益群体一般会选择后一种途径来增进其成员的利益，"如果社会中的典型组织只代表其中一小部分人的利益，则该组织

---

① 黄少安、宫明波：《论两主体情形下合作剩余的分配——以悬赏广告为例》，《经济研究》2003 年第 12 期，第 82 页。
② 〔美〕迈克尔·罗斯金等：《政治科学（第六版）》，北京：华夏出版社 2001 年版，第 92 页。
③ 《马克思恩格斯全集》第 1 卷，北京：人民出版社 1995 年版，第 187 页。
④ 韩向民、赵斌：《奥尔森的国家兴衰理论及其现实性》，《文史哲》1999 年第 5 期，第 74—75 页。

必然不肯为增加全社会的利益而作出自我牺牲"①。

由此,各个利益群体都会使出浑身解数追逐和维护从社会总利益中分割出来的特殊利益,并施加自己的影响力把这种利益通过政策确定下来。同时,为了保持成员的收益不减或分得的份额更大,享有特殊利益的特殊团体就会设立政策壁垒以阻挡外部成员获取利益。曼瑟尔·奥尔森把这种利益群体称为"排外性"利益集团。他认为,各国的利益集团,尤其是经济领域的分利集团,无不利用其组织性优势,为霸占市场和控制资源而不择手段地排斥异己,"分利集团,一旦大到可以成功,就会成为排他性的,并且会尽力限制分散成员的收入和价值"②。为证明这一论点,他列举了集团分利行为的具体情形,"掌权的政治寡头则力图采取政治手段或军事手段不想让他人分享权力,掌权的经济集团往往倾向于建立寡头垄断,各类行业协会倾向于限制新成员进入本行业"③。而且他还进一步指出,"以分利为目的的院外集团必定是排他性的而不是兼容性的集团"④。

强势分利集团对公共决策起决定性作用,而其他相对弱小的群体在公共决策中处于劣势地位,导致最终形成的公共决策可能并不是出于全体成员的意愿,而只代表这些特殊利益集团的利益,或者说是向其利益倾斜的政策。分利集团的行动目标不是把蛋糕做大,而是设法在原有蛋糕中争取更大份额,因而不可避免地导致这样的结果,"公共政策可能沦为分利联盟的祭品,这些利益团体在追求自身利益时,经常是以牺牲整体的公共利益为代价的"⑤。更为糟糕的是,在分利集团排外性行为逻辑中,分利集团并不关心社会财富的损失与增加,而只关心自身所得,导致的结果是"一部分人虽然多拿了一些,但还会同时打破一些本来大家可以分到手的瓷器"⑥。总之,分利集团的排他性行为使得一些人群的特殊利益增加,但是也必然带来另外一些人的利益受到不公平的排斥,导致政策负排斥的发生。

---

① [美]曼瑟尔·奥尔森:《国家的兴衰:经济增长、滞胀和社会僵化》(李增刚译),上海:上海世纪出版集团2007年版,第66页。
② 同上书,第63—64页。
③ 同上。
④ 同上书,第72页。
⑤ 朱云汉:《台湾民主转型期经济政策制定的效率与公平性问题》,朱云汉、包宗和主编:《民主转型与经济冲突》,台北:桂冠图书股份有限公司1999年版,第26页。
⑥ [美]曼瑟尔·奥尔森:《国家的兴衰:经济增长、滞胀和社会僵化》(李增刚译),上海:上海世纪出版集团2007年版,第48页。

第三节 "他者"理论视阈的政策负排斥成因探究

"他者"概念的建构源自拉康的"镜像"心理分析。所谓"他者",是以一种二元"你我"思维模式中作为异己的力量而存在的,是一种异己的、陌生的"他者"。"他者"意识把自己与被视为处于从属地位的他者相区分,并认为他者是低下乃至粗鄙的,不应与自己享有同等权利。在中国,"他者"是"局内人"对"局外人"的定位,这种意识镶嵌于社会生活和政策体系中。如在某一单位中,通常有编内人员和编外人员之分。他者意识主要表现在两个方面。一是官方文件中的"他者身份"。在政府的正式用语当中,城市中失去工作岗位的人被称作"失业者"或是"下岗人员",而农村中实际失去工作岗位的人则被称作"剩余劳动力";城市人口被称作市民,而尚未纳入其体系的迁移者则被称作"外来人口"。二是城市居民的"他者想象"。城市居民的自我设定是基于对城市他者的想象,所以他们把农民工群体当作城市生活的外来者、潜在威胁者、扰乱社会秩序者等。事实表明,这种他者意识对政策负排斥形成了直接的影响。

一、"他者"意识:为话语权排他的正当性提供舆论支撑

他者意识为城市话语权的排他性提供了舆论支持。话语权是一个群体影响社会甚至影响政府决策的重要因素。强势群体可以通过他者化行动实现话语权的排他。比如,农民工就常常被媒体以"他者"的身份来描述,似乎不文明、随地吐痰、偷盗等行为就是农民工的特征,而且,一个地方一旦发生了刑事案件,进入城市的农村人常常成为首先被怀疑的对象。① 通过他者化行动,迁徙者被置于他者的位置,只能由城市群体代言,造成外来务工人员在城市公共生活中的话语权缺失。比如,直到十一届全国人大,农民工代表才首次进入国家政治舞台,而且人数只有三个,农民代表也只有十三个。王晓明对乡村话语权的这种尴尬处境表达了深刻的担忧,"实质上所有关于农村问题的讨论都发自城市,很难听到真正的农村声音,

---

① 李培林主编:《农民工:中国进城农民工的经济社会分析》,北京:社会科学文献出版社2003年版,第155页。

除了李昌平的上书"①。显然,强势群体的他者化行动不仅强化了他们对话语权的掌控,更强化了对困难群体的控制,建构并有力地维护了保障自身利益的话语体系。

依据他者话语系统,城市居民常常以"本地人"和"外地人"来建构他们的思维框架,并以此来论证外来者不能公平分享城市公共服务、应当接受不公正待遇的正当性。城市居民常常说的话是,"因为他们是外地人,所以没有权利来分享我这个城市的公共服务"。比如,在城市居民看来,所有外来人口是"他者",其子女自然要回到原户籍地参加高考,而不能到城市来抢他们子女的高考名额。2012年10月21日上午,20多名沪籍人士聚集在上海市教委大门口,戴着印有"No"字的口罩,"做出奥特曼的手势",手持"抵制异地高考,维护上海市民权益""蝗虫滚出上海!上海不需要外地蝗虫!"等标语。从现实情况来看,城市居民的"他者化行动"已经产生了实质性的负排斥效应:直到现在,大多数城市设置的异地高考门槛较高,多数外来人口子女因为达不到其条件只能选择回老家参加高考,形成了对这部分考生的政策负排斥。

二、"他者"意识:为负向排斥性政策提供理论辩护

在他者意识中,人天生就是权利不平等的。既得利益者、先得利益者歧视后来者、后起者与外来者;体制内的人歧视体制外的人;城市人歧视农村人,等等。这些在他者的话语场域中都是正常现象。既然迁徙者是外来人口,是"他者",那么他们就没有权利来享受"我"这个城市的公共服务,如果要享受,就得交额外的钱(户口费或城市建设使用费),这就是城市既得利益者的思维逻辑。在这一思维逻辑的主导下,他们建构了一系列"从管理者的角度,特别是从一种对城市稳定性的忧虑和对本地生活标准的维护的立场出发"的政策安排。比如,为了维护城市居民的利益,城市政府制定了城市居民子女与农民工子女不同的义务教育入学政策。在城市义务教育入学政策中,农民工子女只能就读于民工子弟学校,"即便是进入城市公立学校就读的城市外来人员子女,也往往难以享受到质量较高的教育,这些接收城市外来人员子女的公立学校,往往属于城市中基础薄弱的学校,教育质量不容乐观,一些学校甚至将城市外来人员子女单独编班,实施一

---

① 王晓明:《新意识形态与中国当代文化——王晓明教授在汕头大学的演讲》,《汕头大学学报(人文社会科学版)》2003年第2期,第159页。

种显性排斥"①。

户籍政策是当代中国最为典型的负向排斥性公共政策。户籍政策把中国公民划分为"农业户口"和"非农业户口"两个基本群体,并把持"非农业户口"的人当作"他者"来对待,在择业、住房、就医等方面对其实行区别对待的政策。比如,在择业方面,上海市劳动局在1995年颁布的《上海市单位使用和聘用外地劳动力分类管理办法》中就明确规定,金融保险、各类管理人员、业务员等C类工种不得聘用外地劳动力。在城乡分割的户籍政策作用下,被他者化的农民工在择业、住房、就医等方面被置于不利的处境,难以融入城市的主流社会,最终阻碍了其参与城市分工,使被他者化的农民工成为城市化进程中的"边缘人",形成了对他们的政策负排斥。特别是,在社会保障上,户籍政策使得原本为困难群体而提供的社会保障,却实际上对农民工这类困难群体产生了负排斥。可见,城乡分割的户籍政策直接导致了同一社会共同体中不同社会成员和社会群体所享有的权利不平等,从而使某些困难群体在社会竞争中处于更加不利的地位,形成对其的政策负排斥。"放牛班的孩子合唱团"的创建者张轶超就曾表达对政策负排斥现象的无奈:"对农民工子女而言,怕就怕制度上、结构上的歧视,因为具体的某个人看不起我,这种个别的歧视是可以战胜的,譬如比他们更优秀;而抽象的、普遍意义的歧视是无法战胜的。"②

三、"他者"意识:为"中心与边缘"的负排斥社会结构提供实践理据

既然农民、农民工是城市的他者,那么,他们就没有权利享有城市的核心、优质资源;相对于城市核心来说,他们就只能被置于边缘的地位。城市居民与外来人口是一种"中心与边缘"的关系,这就是他者意识的逻辑。在就业方面,农民工到现在都没有国家认可的正式的职业资格证书或技术等级证书,因此被排斥在国家认可的技术人员的队伍之外。《中华人民共和国劳动法》在用工的适用范围上也规定不包括"民工",也没有禁止"劳动者户籍歧视"的条款。在医疗方面,公共卫生资源、优质医院都布局在城市,而农村与城市相比,公共卫生资源占有差距巨大。根据第五次全国人口普

---

① 彭波、袁东敏:《城市外来人员子女接受义务教育的"三难"困境及突破》,《教育研究与实验》2015年第1期,第68页。

② 熊易寒:《城市化的孩子:农民工子女的城乡认知与身份意识》,《中国农村观察》2009年第2期,第11页。

查数据,中国城乡人口比例大约为36%和64%,但城乡公共卫生资源占比却是60%和40%。在教育布局上,重点中学基本上都设在城市或城镇,而在乡村的极少。

在他者意识的影响下,城市既得利益者成功维系了"中心与边缘"的负排斥社会结构。在城市居民看来,只有维系这种"中心与边缘"结构才能更好地保护自身的利益,而且对双方都有好处。就安排外来人口子女入学来说,在城市家长看来,"外来人口子女的整体素质比本地子女低,如学习基础差、生活和学习习惯不好"①,于是,"许多本地孩子的父母不愿意子女与外来人口子女在同一个班级上学,怕给子女带来不好的影响"②。他者意识也对处于"边缘"的农民工对自身身份的认同构成了显著的影响。相关调查显示,大多数新生代农民工依然对自己的农民身份存在强烈的认同感,调查对象中认为"自己是农村人"的占比57.6%,认为"自己是城市人"的占比19%,有14.58%的人认为"我既不是农村人又不是城市人"。③而且,他们对自己作为城市"局外人"的身份有较普遍的认同。④

"中心与边缘"的负排斥社会结构将进一步导致阶层固化,进而恶化政策负排斥状况。潘泽泉的研究表明,由于在城市中,农民工的社会关系网络存在一种排斥性壁垒,农民工参与的社会活动多局限于老乡或建基于传统的血缘或地缘关系,交往的圈子亦多是与自己相似的农民工,参与的活动多以老乡之间的可接触"生活半径"为主,大都集中在房租低廉、流动人口集中的城市边缘区、老城区,社会网络结构呈现单一化、封闭性特点,形成一个"自愿性的隔离区"或自我交往的封闭群体。⑤更糟糕的是,他者意识还导致被他者化的人难以安排自己的生活、难以规划自己的前途,"他不知道能不能在城里待下去、待多久,所以他要做出两套生活安排,把不多的钱用在两处,要维持两处住房、两套生活用品,还要做好准备随时应付两种生计手段,想得多的人还要考虑参加两套社会保障系统"⑥。

---

① 高慧:《上海外来人口子女义务教育现状》,《当代青年研究》2010年第3期,第25页。
② 同上文,第25页。
③ 岳中志、彭程、徐磊:《我国新生代农民工身份认同的现状及影响因素研究》,《西北人口》2011年第6期,第98页。
④ 熊易寒:《城市化的孩子:农民工子女的城乡认知与身份意识》,《中国农村观察》2009年第2期,第11页。
⑤ 潘泽泉:《自我认同与底层社会建构:迈向经验解释的中国农民工》,《社会科学》2010年第5期,第77页。
⑥ 魏诚:《中国农民工生存状况调查》,《时代文学》2008年第2期,第14页。

第四节　新制度主义视阈的政策负排斥成因论析

20世纪80年代，马奇与奥尔森发表了《新制度主义：政治生活中的组织因素》一文，被视为揭开了新制度主义政治学研究的序幕。新制度主义纠正了行为主义过于关注人的行为而忽视制度环境的缺陷，将重点转向研究行动者与结构之间的互动关系，形成了包含历史制度主义、理性制度主义、社会学制度主义的新制度主义学派。新制度主义的"新"体现在既关注制度在公共生活中的作用，又吸收行为主义的研究方法。新制度主义强调制度与行为的互动：一方面注重制度对行为的影响，任何行为以及任何理性选择都"嵌入"一定的制度背景中，制度对行为有着重要的影响；另一方面强调政策参与者对制度环境和制度安排也会发生反作用，这种反作用集中表现为政策参与者通过协商、妥协等博弈过程创设新的制度。以新制度主义视角来考察政策负排斥的成因，一方面要考察制度环境对政策参与者（主要是政府）的政策选择的影响；另一方面要审视政府行为动机和行为能力对政策排斥向度的影响。

一、锦标赛式政治晋升：影响政策负排斥走向的制度环境因素

根据行政生态学理论，公共政策负排斥必然在一定的制度环境中运行。作为公共政策负排斥主导者的政府，其行为选择及效果必然受特定制度环境的影响，"制度环境为人们可供选择的制度安排的范围设置了一个基本的界限，从而使人们通过选择制度安排来追求自身利益的增进受到特定的限制"[①]。政府作为社会治理的最主要主体，其推动经济增长和社会发展的热情和行为方式选择直接关系到经济增长和社会发展的快与慢、好与坏。诺思悖论深刻揭示了这一道理，"国家的存在是经济增长的关键，然而国家又是人为经济衰退的根源"[②]。那么，如何激发政府的热情并引导政府的行为就成为社会治理中的关键课题。周黎安认为，政治晋升锦标赛是中国政府官员的最主要激励模式，只不过是改革开放后晋升锦标赛的考核标

[①] 樊纲：《渐进改革的政治经济学分析》，上海：上海远东出版社1996年版，第28页。
[②] 〔美〕道格拉斯·C.诺思：《经济史中的结构与变迁》（陈郁等译），上海：上海三联书店、上海人民出版社1994年版，第20页。

准由在任期内的经济绩效取代了过去一味强调的政治挂帅。① 运用锦标赛式政治晋升机制来考察地方政府和中央各部委的行为动机具有非常重要的价值。

在晋升锦标赛机制中,地方政府之间、政府部门之间引入了竞争机制,这种竞争可以大大促进各种生产要素(尤其是资本和人力资本)的流动;同时,每个官员的仕途升迁都与本地(本部门)的业绩挂钩,大大调动其推动地方经济或部门工作的积极性,这在相当程度上解决了信息不对称的问题,大大节约了监督成本。再者,晋升锦标赛还会内生出一种维持这种激励制度的积极因素,因为上级领导作为这种激励制度下的优胜者,他们会自觉地维护这种制度的持续运行。

然而,这种政治晋升锦标赛机制也对政府决策产生了诸多消极影响,进而产生政策负排斥效应。第一,为了便于比较,政府官员的考核与晋升依赖于一些可测度的经济指标,于是,官员政绩考核往往以 GDP 和财政收入等较容易测度的指标为核心,从而导致地方官员过分注重 GDP 的增长,而忽视经济的持续发展和社会全面发展,导致养老保障、医疗保障、住房保障等方面的社会建设被长期排斥在政府议程之外,致使公民的基本养老权、基本医疗权、基本住房保障权等未纳入"国家义务"的范围。在这种背景下,富人可以自己的能力获得各种社会保障,穷人则由于能力缺失而难以获得基本的社会保障权,形成公民基本权利差序格局。第二,政治晋升锦标赛机制是一种自上而下的考核机制,客观上让地方官员形成了"只对上负责,不对下负责""不怕群众不满意,只怕领导不注意"的思维习惯,导致公众所遭受的政策负排斥问题难以优先得到政府官员的关注。第三,政治晋升锦标赛机制也会诱使公共政策偏向于强势群体。在政治晋升锦标赛背景下,政府官员的根本利益在于辖区的经济增长,那么一切利益诉求必须与经济增长的要求相兼容,而强势群体常常是当地经济增长的支柱,这就容易形成双方的利益结盟。凭借这种结盟关系,强势群体往往对地方政府或中央部委的政策制定产生重要影响。例如,为了迎合强势经济主体的需求和实现自身利益最大化,政府在购房落户、学区房、流动人口子女"借读费"、企业家子女中考加分、招商大户子女照顾入学等负向排斥性政策中扮演着自觉推动的角色。第四,晋升锦标赛对地区发展政绩的关注也会诱导地方政府官员担任地方利益的代言人,从而成为排斥外来人口的主

---

① 周黎安:《中国地方官员的晋升锦标赛模式研究》,《经济研究》2007 年第 7 期,第 39 页。

要施动者。因为,在财政分权的背景下,地方政府与辖区形成了"利益共容"的关系。一是由于辖区内居民和企业直接影响地方财政收入的多少,导致地方政府不得不重视居民和企业的偏好;二是地方政府官员必须维护和代表辖区利益,来换取辖区民众对国家政策的支持;三是社区民众特别是社会精英可以通过对政府官员的评价来表达自己的偏好,对地方官员施加压力,影响其职位升迁。在以上三个方面的作用下,虽然地方政府仍然会履行中央政府的代理人角色,但在很多方面,地方政策则代表着辖区利益。① 在辖区利益狭隘思维的影响下,地方政府常常成为农民工不能享受城市社保、医保,农民工子女未能平等进入城市学校就学,高等教育名额的区域非均衡分配等负向排斥性政策的助推者和制定者。总之,地方政府或中央部委制定负向排斥性政策与政治晋升锦标赛机制密切相关。

二、政策变迁的路径依赖:影响政策负排斥向度的制度惯性因素

诺思的路径依赖理论认为,人们过去做出的选择决定了其现在可能的选择。② 换言之,路径依赖的分析框架所要解释的核心问题是既有政策如何束缚、限制了政策变迁主体对新政策的选择,或者说是既有政策如何影响、制约着政策变迁的路径。路径依赖使得政策变迁一旦走上某一条路径,它的既定方向会在以后的发展中得到自我强化。当代中国的诸多政府决策都受路径依赖的深刻影响,如中国"城乡二元"养老保险政策就受到城乡二元户籍制度的影响。依据城乡二元的户籍制度,1991 年 6 月《国务院关于企业职工养老保险制度改革的决定》出台,之后民政部又在 1992 年 1 月颁布《县级农村社会养老保险基本方案(试行)》,自此,中国的"城乡二元"养老保险政策得以建立并日益固化。在城乡养老保险一体化改革过程中,决策者也采取了先选择一些社会经济条件好的地方试点,然后总结试点经验、扩大试点地区,最后权衡利弊再在全国范围推广实行的改革路径。可见,城乡养老保险政策对渐进式政策变迁方式具有强烈的路径依赖。

长期以来的城乡二元分割体制还形成了国家制定其他领域政策的思维定式。在医疗领域,中国建构了城镇职工基本医疗保险、城镇居民基本医疗保险和农村合作医疗保险并行的医疗保险结构,城市职工、城镇居民

---

① Hans Hendrischke and Feng Chongyi, *The Political Economy of China's Provinces: Competitive and Comparative Advantage* (London: Routledge, 1999), p. 6.

② 〔美〕道格拉斯·C. 诺思:《经济史中的结构与变迁》(陈郁等译),上海:上海三联书店、上海人民出版社 1994 年版,第 53 页。

与农民分别享有较大差别的医疗保障水平。在教育领域,高校招生名额的城乡分配不均衡数十年沿袭不变,也深刻体现了政策负排斥向度的路径依赖。政策变迁的路径依赖不仅导致制定新的政策难以摆脱原有负向排斥性政策的政策框架,而且使既得利益者的特权得到进一步强化,原有的具有负向排斥性的利益分配格局难以出现实质性改变。

三、政府能力的有限性:影响政策负排斥向度与强度的现实因素

新制度主义认为,行动者所处的制度环境将塑造其行为策略,而不同行动者在互动过程中又会建构出新的制度环境。作为核心行动者的政府,其行为能力也将深刻影响政策排斥的向度与强度。换言之,政策负排斥的结果与政府能力密切相关。这是因为,从权利层面说,公共政策负排斥表现为对公民基本权利的排斥,而政府能力的强弱是基本权利保障质量的重要先决条件,即政府能力决定了基本权利的实现范围和保障质量。政府能力对政策负排斥的影响主要体现在以下几个方面。

其一,受认识能力所限,政府未能有效构建公民基本权利的保护框架,导致公民的基本权利未能得到国家法律的有效保护。公共政策负排斥表现为对公民基本权利的排斥,因而,一个国家(通过政府)对公民基本权利的认可范围及其程度将直接决定公共政策负排斥的向度与强度。换言之,国家(通过政府)所认可的公民基本权利的范围越大、赋予程度越高,那么公共政策负排斥程度就可能越低。这是由权利的本质特性所决定的,即权利是一种资格,它能帮助我们(作为权利的拥有者)向国家、社会、集体或其他任何的责任承担者提出要求。然而,哪些权利应该纳入公民基本权利的范畴,却受到政府及其官员认识能力的限制。政府的认识能力对公共政策负排斥的影响可以从公民权利的发展历史中得到验证。随着自然权利思想的产生,社会契约思想逐步深入人心,政府对公民基本权利的认识发生了重大变化。国家赋予公民的权利逐渐增多,不仅赋予了公民政治、经济、社会等权利,而且进一步拓展了结社权、言论自由权、受教育权、社会保障权等众多权利。而且,随着政府对公民基本权利认识的深化,公民基本权利享有者的覆盖面也进一步扩大。在古希腊时期,能够成为城邦的公民并且享有公民权利的人少之又少,外邦人、奴隶、妇女等都不具有公民资格,不能享有公民权利。到了近代社会,公民权利也不是国家内所有成员都可以享有的,以财产、性别和种族作为区分公民身份的标准的做法还大量存

在。就拿英国来说,19 世纪以前,妻子在法律上的人格被看作合于其夫的人格,如其婚前及婚后财产完全归丈夫所有及支配;直到 1975 年制定《反性别歧视法》,雇佣、婚姻关系、财产所有权等方面的男女不平等才被禁止。① 中国现代公民权利发展史也可以证明政府认识能力对公共政策负排斥的深刻影响。中华人民共和国成立以后,公民的基本权利得到了空前的扩展。1954 年《中华人民共和国宪法》第三章规定,公民享有选举权和被选举权、休息的权利、受教育的权利、劳动的权利、获得物质帮助的权利,享有居住和迁徙的自由等。但是,受认识能力等因素的影响,长期以来,政府未把劳动就业、医疗保障、社会保障、住房保障等纳入公民基本权利的范围,导致困难群体在这些领域中长期被置于不利的处境。特别是,由于认识能力的限制,长期以来,公民基本权利的救济未有效纳入法律范围。例如,2018 年修订的《中华人民共和国宪法》第三十三条第二款规定了中华人民共和国公民在法律面前一律平等,第四十八条规定了中华人民共和国妇女在政治的、经济的、文化的、社会的和家庭的生活等各方面享有同男子平等的权利。但是,由于缺乏相应的配套救济机制,在现实中,公民的平等权受到侵犯却难以得到法律的有效救济。平等救济权的缺失主要表现在两个方面。一是没有"禁止歧视"条款。作为平等权的积极保护措施,立法禁止政府、社会组织和个人歧视他人,对政策负排斥治理有积极意义,但作为根本大法的宪法还没有具体规定禁止歧视的条款,这显然不利于政策负排斥治理。二是《中华人民共和国宪法》第三十四条只规定了公民不分民族、种族等都平等享有选举权和被选举权,却没有就平等享有文化、经济、社会权利和其他政治权利等作出相应规定。

在基本权利没有得到国家充分保障的背景下,"穷者能否充分实现受教育权、就业权、社会保障权、医疗健康权等权利,很大程度上将只能取决于自己的经济条件"②。美国经济学家萨缪尔森也承认:"今天,较低层的或工人阶层的父母常常无法负担把他们的子女送去商学院或医学院所需要的费用,这些子女就被排除在整个高薪职业之外。"③近十年来,随着对公民基本社会权利认识的深化,政府建立了覆盖基本教育、基本养老、基本医疗、基本住房等领域的社会政策体系,逐渐削弱了教育、医疗、住房、社保等

---

① 应克复等:《西方民主史》,北京:中国社会科学出版社 1997 年版,第 335 页。
② 郝铁川:《权利实现的差序格局》,《中国社会科学》2002 年第 5 期,第 123 页。
③ 〔美〕保罗·A.萨缪尔森·威廉·D.诺德豪斯:《经济学(第 12 版)》,北京:中国发展出版社 1992 年版,第 1252—1253 页。

政策对困难群体的负排斥强度。

其二,受财政能力所限,政府未能及时承担起公民基本权利的保护义务,最终产生政策负排斥。即使政府已经确立较为完善的公民基本权利保护框架,但是,如果缺乏履行国家义务的财政能力,那么公民基本权利的保障最终仍然难以有效实现。换言之,政府财政能力的有限性影响国家对公民基本权利保护义务的履行程度,进而影响政策负排斥的强度。诚如郝铁川所言:"受财政实力制约,国家对公民经济、社会和文化方面权利的救济总是有限的……救济范围的广狭和救济程度的强弱,不能不受制于国家的财力。"① 政府财政能力对政策负排斥的影响主要体现在两个方面。一是任何社会权利的实现,取决于国家或地方财政的实力、经济的发展程度等一系列社会条件。例如,要让人人都享有基本的养老保障,就必须有强大的国家财力支撑。有学者通过数据统计测算证明国家财力对养老保障的重要价值,"只要我们的财政预算能够保证养老金支付在未来30—40年不出风险,……中国的养老问题就能基本得到解决"②。实际上,民众社会权利实现的地区差别,也与地区财力差距密切相关。现实证明,在东部沿海发达地区,民众享受的社会权利往往要比中西部落后地区更全面、标准更高。二是公民基本政治权利的实现程度,也与国家的经济发展能力乃至综合能力等密切相关。科恩认为,民主的运转性条件包括物质条件、法制条件、智力条件、心理条件、保护性条件。③ 可见,一个国家的经济发展状况不仅制约着民主政治的运作和实现,而且制约着公民基本权利的享有和实现。总之,正如郝铁川所论述的那样,"解决公民应然权利与实然权利、法定权利与实然权利的冲突,根本依赖于经济的极大发展"④。

其三,由于决策者思虑不周,所制定的政策可能不协调,不自觉地致使政策负排斥发生。例如,本来旨在抑制投机的限购政策却把具有改善性需求的购房者排斥出去了。再如,为了打击炒房,控制房价过快上涨,有关方面制定了提高首付比例和利率上浮等银行信贷政策,导致一些经济困难的刚需人群没有能力支付首付或申请住房贷款而放弃购买首套住房的负排斥现象,或者发生即使购买了住房却要背负巨大的债务压力而降低其生活

---

① 郝铁川:《权利实现的差序格局》,《中国社会科学》2002年第5期,第123页。
② 毕红霞:《农村社会保障的财政支持研究》,山东农业大学博士学位论文,2011年,第113—114页。
③ 〔美〕科恩:《论民主》(聂崇信、朱秀贤译),北京:商务印书馆1988年版,第102—202页。
④ 郝铁川:《权利实现的差序格局》,《中国社会科学》2002年第5期,第124页。

水平的负向效应。

　　总之,政府能力的有限性是政策负排斥生成的重要根源,"政府既是公共利益实现的必要前提,同时又是公共利益实现的威胁"[①]。政府能力的有限性也表明,政策负排斥的治理有其历史制约性,政府和社会应坚持积极的渐进主义策略,积极为治理公共政策负排斥创造良好的制度环境和物质条件。

---

　　① 黄健荣:《论现代政府合法性递减:成因、影响与对策》,《浙江大学学报(人文社会科学版)》2011年第1期,第27页。

第六章　合作治理：当下中国公共政策负排斥治理方略综论

> 人们在一起可以做出单独一个人所不能做出的事业；智慧+双手+力量结合在一起，几乎是万能的。
>
> ——诺亚·韦伯斯特

公共政策负排斥的成因是复杂的，既有社会观念因素，又有社会博弈结构失衡因素，还有公共决策能力异化、政府能力有限性和制度机制不合理等因素。有效应对这些复杂因素，需要确立合作治理的思维。当代中国著名行政管理学家夏书章教授指出："公共领域的事务纷繁，关系复杂，问题迭出，政府并非万能，需要与非政府、非营利的社会团体或第三部门、中介组织之类进行合作治理。"①建构公共事务的合作治理模式是当下中国治理公共政策负排斥的必由之路。

"合作治理"一词已经成为近些年公共行政研究文献中的一个常用术语，但学界对其的界定尚未达成统一的认识。学者从不同的角度对其内涵进行了阐释。有学者从公私伙伴关系视角将合作治理理解为"一系列用于确保合作伙伴关系和制度有效运行的协调活动"②。有学者从协作性公共管理视角指出，合作治理就是"为了实现一个公共目的，使人们有建设性地参与跨公共、私人、公民团体的公共政策制定和管理的过程和结构"③。有学者从治理范式角度提出，合作治理是"政府部门与私营部门、第三部门或公民个人等其他主体以平等主体间的自愿行为，通过权力共享与相互合作

---

① 夏书章：《合作治理》，《中国行政管理》2012 年第 8 期，第 105 页。
② John M. Bryson, et al., "The Design and Implementation of Cross-Sector Collaborations: Propositions form the Literature," *Public Administration Review*, 66(s1), 2010, pp. 44-55.
③ Kirk Emerson, et al., "An Integrative Framework for Collaborative Governance," *Journal of Public Administration, Research and Theory*, Vol. 22, No.1, 2012, pp. 1-29.

的方式共同管理社会公共事务的过程,是一种打破且超越政府过程公众参与的中心主义结构的行为范式,是对参与治理和社会自治两种社会治理模式的扬弃"①。

综上所述,学界虽然对合作治理内涵的界定存在分歧,但在如下四个方面是一致的。(1)治理主体的多元性。与统治不同,治理的主体强调多元。多元合作的核心在于合作,多元主体之间的谅解、信任和合作是这种模式有效运行的基础。(2)治理过程的协商性。合作治理是一个协商的过程,这一过程往往以对话形式展开,多元主体能够就共同利益进行讨论,而不是就各种私利展开竞争。在合作治理过程中,平等对话机制处于核心位置。(3)治理目标的共识性。合作治理是一个以共识为导向的决策过程。合作治理强调通过包容、平等、自由的对话机制,就治理目标达成社会成员广泛接受的共识,促成各方合作。(4)治理责任的共担性。合作治理强调每个主体都要主动为自己的行为承担责任,安舍尔和加什认为,合作治理不仅需要非政府部门直接参与公共事务的治理过程,还需要各参与者对治理结果负责。②

合作治理对于公共政策负排斥治理具有很强的适用性。其一,合作治理强调治理主体的平等性,这将有利于建构公共政策负排斥的治理结构和决策体制,因为只有确立政府、市场、社会组织、公众之间合作、互动的治理模式,才能保障各政策主体特别是各利益相关者能够以平等的身份充分参与到公共政策负排斥治理过程中来,实现多元主体在权力平等条件下共同制定、执行公共政策,实现对政策负排斥的有效治理。其二,合作治理强调治理过程的协商性,这将有助于破解公共政策负排斥生成的"权力垄断"问题。在公共政策负排斥环境下,政策往往是"权力垄断"的产物。各方行动者所拥有的政治资源和行动能力等的差异,再加上人数众多的困难群体要面对的"集体行动"的困境,都导致困难群体无法对强势群体形成有效制约,"在制度与行动者之间,一般是强势行动者决定制度的正义程度及其实施,弱势行动者寻求制度变迁,以期保护自身利益的可能性或机会很少"③。所以,公共政策往往成为强势行动者"精心设计并被强加于其他行动者之

---

① 张康之:《论参与治理、社会自治与合作治理》,《行政论坛》2008年第6期,第1—6页。
② Chris Ansell and Alison Gash, "Collaborative Governance in Theory and Practice," *Journal of Public administration, Research and Theory*, Vol. 18, No. 4, 2008, p. 544.
③ 李月军:《以行动者为中心的制度主义——基于转型政治体系的思考》,《浙江社会科学》2007年第4期,第75—80页。

上的产物"①。合作治理主张通过电子政府、听证会、公共咨询与质询、协商对话等方式,积极促进困难群体参与到公共事务的治理过程中去,赋予利益相关人对利益分配方案的否决权,打破权力精英的权力垄断,形成社会多元主体权力制衡的局面,抑制具有负向排斥性的公共政策的出台。其三,合作治理强调共识为导向,这将有利于最大限度地铲除公共政策负排斥产生的观念土壤。合作治理强调多元主体之间的协调与共识,通过最大程度实现公共利益的合作治理机制的设计,使得各利益群体进行充分的利益表达,理性深入地讨论各方观点和论据,识别利益分歧,发现冲突焦点,最后通过博弈寻找利益共赢之道,从而实现各方利益的协调和均衡,实现各方主体利益的最大公约数,从而有利于扭转公共政策负排斥的向度、降低公共政策负排斥程度。其四,合作治理强调治理责任的共担性,这将有利于有效促进公共政策负排斥的高效治理。合作治理强调政府、市场与社会要发挥各自的优势,风险共担、收益共享,合作提供高质量的公共服务。这种责任共担意识有利于调动多元主体参与供给公共服务的积极性,从而完成一元主体不可能完全承担起的任务。同时,合作治理强调发挥政策的伦理关怀功能,给那些处于绝对不利的人提供最基本的保障,以此促使弱势的一方参与合作,实现利益共享,从而使消除困难群体的负排斥状况成为多元主体的共同责任,推动公共政策负排斥的有效治理。

合作治理模式的提出,为传统的公共政策负排斥治理路径迎来了转型契机。在公共政策负排斥的治理中,通过多方协同或合作的方式将不同利益主体的利益、资源进行整合,通过联合行动努力消除各方被政策负排斥的风险,实现各方利益和公共目标。在合作治理的语境中,价值的共识性、主体的互动性、过程的协商性、责任的共担性是取得治理成功的关键。可见,构建公共政策负排斥的合作治理体系,亟需政府和社会从培育价值共识、建构合作平台、优化合作过程、增强合作能力、夯实合作责任等方面发力。

第一节 树立合作思维:公共政策负排斥治理的价值导引路径

合作治理强调多元主体的平等性,这就意味着公共政策负排斥的治理

---

① 〔日〕青木昌彦:《比较制度分析》(周黎安译),上海:上海远东出版社2001年版,第205页。

首先要在破除差等权利观念的基础上树立身份平等观念，塑造"他在性"自我，为树立较为成熟的多元共治的合作思维创造良好环境。

一、破除差等权利观念，树立身份平等观念

在政策负排斥环境中，身份的特殊性在于国家基于差等权利观，并以公共政策形式赋予某一特定人群某种政治、经济或社会特权，为身份主导型政策负排斥提供了合法媒介。因此，治理公共政策负排斥要求公共政策制定者与执行者在利益分配过程中摈弃身份歧视，剔除将政治标签、经济标签、社会标签作为社会资源分配基本依据的传统做法，确立公正的分配原则，逐步消除利益分配中的特权。一是树立基本权利、机会平等观念，保障官民之间、城乡之间、地区之间、公有制与私有制企业之间，以及不同阶层社会成员之间在公共生活中享有平等的权利。二是树立按贡献分配原则，充分尊重并承认个体对社会的不同贡献，破除既得利益者的占先权、占优权和权贵阶层的特权。三是树立调剂原则，破除把对困难群体的救济看作施舍的观念，通过法律把保障公民基本权利设置为国家义务，充分保障困难群体平等享有公民基本权利。

二、铲除"他者"观念，促进包容性发展

在"他者"观念的思维逻辑中，他者是居于从属地位甚至是劣等的。因此，"他者"不应与"我"一样享有同等政治权利、经济、社会权利和公共服务，那么，基本医疗、基本教育、基本社保、基本住房等公共安排，应该对不同人群、不同地域或不同阶层实行双重或多重标准。这种公共安排人为制造了阶层差别、地区差距和城乡差距，制造困难群体，导致政策负排斥现象的产生，而政策负排斥又进一步加剧困难群体的劣势，造成劣势和负排斥的恶性循环。这与包容性发展理念是完全相悖的，因为包容性发展在尊重和承认个体对社会的不同具体贡献的同时更强调所有社会成员应普遍享受改革发展的成果，而"他者"观念则强调被他者化的对象不应与局内人同等享受改革发展成果，甚至连其基本的人格尊严也不应得到基本保障。据此，消解公共政策负排斥，必须铲除"他者"观念，建立有利于促进包容性发展的制度与社会安排。一是确立共享改革发展成果是人民的一项基本权利的理念，把共享权利与实现机制纳入法律和制度的范畴，并通过法律把共享改革发展成果确定为人民的基本权利，并使其规范化、标准化。二是

摒弃"局外人"观念,尊重所有社会成员在社会主义现代化建设事业中的主体地位,保护社会困难群体,让困难群体生活得更有尊严,倡导"在共建中共享,在共享中共建"行动,让最广大的人民群众都参与到改革发展的建设事业中来,提升社会成员整体的幸福感。三是优化社会结构,在既得利益之外培植新的利益,克服既得利益者的"尊贵"思维,使得社会的各种利益重新回归一种均衡状态,塑造开放的和包容的社会,消除政治、经济、社会过程的封闭性和排他性。四是强化政府基本公共服务的保障责任,推进基本公共服务均等化,让最广大人民群众最大限度地享受到健康权、居住权、受教育权、工作权、养老权等基本权利。

三、塑造"他在性"自我,促进多元合作共治

在"他者"意识中,"他者"被置于从属地位而存在,这就形成了"自我"与"他者"之间的中心与边缘关系。这种中心与边缘的关系实际上构成了强势群体对困难群体的支配与负排斥,结果形成"自我"与"他人"之间的分化和对立,最终也将威胁到作为中心地位的"自我"的利益和幸福。正如某记者所描绘的,"多数外来务工人员已经跟随春运返乡大潮离开这座超级大都市。公交不挤了,道路不堵了,可不少人还没来得及享受'空城'带来的惬意,就不得不面临饭馆、商铺歇业,快递大幅'停摆'等诸多不便"①。只有承认"他者"的存在,与"他者"和睦相处、充分融合才能保障"自我"的利益和幸福的存续。这就需要政府、"局内人"、强势群体等"自我"主体承认"他者"的存在,向"他者"开放,在实践中塑造"他在性"的"自我",为"他者"与"自我"的平等协商、合作治理创造条件。因为,当政府、"局内人"、强势群体等接受了"他者化",变成了与其他"他者"平等的一个"他者"而存在时,行动主体间的所有不平等关系也就不复存在了,从而为双方平等合作、相互建构提供了可能。塑造"他在性"的"自我"可以从以下两方面着手。一是从拒绝"他者"转向承认"他者"。比如,政府要承认社会自治力量在治理中的重要作用,城市居民要承认外来人口在城市发展中的重要贡献和主人翁地位,男人要承认女人在推进人类社会发展中的"半边天"价值,强势群体要承认困难群体在维系社会合作体系中的重要贡献。当每个主体成为他人眼中的他人时,这种自我与他人之间的对立关系将会被承认并

---

① 韩建平:《北京春节遇"空城"烦恼:商户歇业居民生活不便》,新华网,http://news.xinhuanet.com/politics/2016-02/07/c_128709284.htm,2017年10月3日访问。

包容他者的合作关系所取代,进而为合作共治创造条件。二是向"他者"开放。向"他者"开放体现了他在性的本质特征,"他在性的本质并不是以他者为宗旨,而是对他者的开放"①。向他者开放在实践中具体体现为:城市公共服务向外来人口开放;"局内人"与"局外人"的身份界限彻底打破,一切社会机会向社会成员平等敞开;强势群体与困难群体彼此尊重、包容,相互融合。向他者开放意味着承认与尊重任何外来行动者,从而为主体间的平等合作关系创造条件,有序促进多元主体的合作共治。

第二节 建构合作平台:公共政策负排斥治理的博弈改善路径

合作治理是一种权力分享活动,这就意味着公共政策负排斥治理需要构建多元力量相对均衡的合作平台,进而为多元社会主体对公共政策负排斥治理活动的有效合作创造条件。建构多元主体平等博弈平台,需要在强化对强势群体的引导与规制的基础上,提高困难群体的组织化程度以增强困难群体的政策博弈能力,建立多元主体平等协商机制,构筑多元主体合作共治格局。

一、强化对强势群体的引导与规制,形成对强势群体的有效制衡

改革开放以来,随着社会阶层的分化,社会各种利益集团也出现了。其中,以机构型利益集团和公司型利益集团为代表的强势群体由于掌握了国家公权力、公共资源的垄断使用权和经营优势,并常常将自己对公权力的使用、公共资源的垄断与经营等与公共利益挂钩,使其披上公共利益的合法性外衣,实现"部门利益公共化""行业利益公共化"。一般而言,强势群体对公共政策影响的能力通常比困难群体更强,这主要出于三个原因:一是强势群体通常对自己的利益认识更为清晰;二是强势群体常常更容易接触政治决策中心而影响决策者;三是强势群体掌握了更多的政治、经济、社会资源。强势群体的组织化优势,使他们很容易影响或主导公共政策制定过程,制定出有利于自身的公共政策,将困难群体排斥在政策利益受众

---

① 张乾友:《朝向他在性:公共行政的演进逻辑》,《中国人民大学学报》2013年第6期,第113页。

之外,形成事实上的政策负排斥。强势群体对公共政策过程的掌控会影响公共政策内容,实现对困难群体的剥夺,显然违背社会公正的基本原则,可能导致强势群体和困难群体之间的对抗和冲突,最终影响社会和谐与稳定,进而会在事实上损害强势群体的长期利益。因此,有必要加强对强势群体政策参与行为的引导和规制,建构多元监督机制。一方面,强化强势群体的社会责任意识,使其充分认识公共政策负排斥对社会公共利益及强势群体自身利益的破坏性影响,削弱其积极推动出台负向排斥性政策的原发性动机;另一方面,要建立多元主体监督机制,加强对强势群体的行为规制,防止其滥用强势地位而造成不合理的政策负排斥现象,或阻挠政策负排斥治理政策的制定和执行。

二、拓宽困难群体政策参与渠道,提高困难群体的政策博弈能力

改革开放使中国在社会经济领域获得了巨大成就,但也使中国社会呈现出一个新特征:占有大量资源的强势群体和庞大的困难群体并存。与强势群体和一般社会阶层相比,困难群体通常较为贫困,生活质量处于社会底层,对各种困难和灾难的承受能力相对较弱,这又使他们的组织博弈能力较低,利益聚合和利益表达能力孱弱。困难群体远离社会政治生活和公共政策决策中心,政治参与机会和政治影响力都较小,常常难以有效获取信息,也没有通畅的渠道来表达自己的利益诉求,这些都导致他们常常被排斥在公共政策过程之外,成为公共政策过程的被动受众,进而沦为政策负排斥的对象,这又进一步弱化其地位,从而形成恶性循环。要改变这种状态,就必须提高困难群体参与公共政策过程的政策博弈能力。

首先,要提高困难群体的经济生活水平和经济地位。在针对困难群体的政策负排斥中,最具有基础意义的是经济方面的政策负排斥,因为经济方面一旦被排斥,其他方面的排斥会接踵而至。因此,在世界范围内的反政策负排斥的努力中,人们都将消除贫困作为重要途径,欧洲国家都将反社会排斥的重点放在劳动力市场介入、提升经济竞争能力、提高困难群体经济收入等经济领域。就当前中国来说,国家要在医疗、住房、最低生活保障等领域给予困难群体更多的关注和政策支持,同时还要加强对困难群体在发展性领域的政策支持和倾斜,不断提升困难群体的自我发展能力。其一,要加大对困难群体及其子女的教育保障力度。既要为困难群体提供再教育和再就业机会培训,提升困难群体自身的科学文化素质和技能,提高困难群体自己走出困境的能力,更要从根本上保障困难群体子女的受教育机会和成长机会,防止困难群体陷入代际循环。其二,要加强对困难群体的就业支持力度。既要出台政策保障困难群体公平就业的机会,更要保障困难群体获得公平就业待遇的机会,使困难群体能够公平、及时地获得同等就业待遇。其三,要加强对困难群体创业的政策扶持和政策倾斜力度。在创业资金、税收、贷款、准入等方面给予他们政策扶持和倾斜,降低困难群体准入门槛,使困难群体有更多的创业成功机会,并为困难群体创业提供保障性政策支持,消除困难群体创业的后顾之忧。

其次,要为困难群体提供参与政策过程的渠道和机会。从政策过程来看,各种针对困难群体的负向排斥性公共政策得以出台的直接原因是困难群体缺乏参与公共政策过程的渠道和机会,从而使其难以有效表达自己的政策主张与意见。因此,要提高困难群体的政策博弈能力,就要为困难群体提供参与政策过程的渠道和机会。这要在两个方面做出努力:一是国家应该进一步拓宽开放式利益表达渠道,加强对困难群体的教育和训练以提升他们的利益诉求表达能力,同时应建立通畅的民意聚合和吸纳机制,倾听困难群体声音,并将其转化为影响政策过程的实质性因素;二是要将困难群体的选举权和被选举权真正落到实处,进一步提高困难群体在人大、政协中的代表比例,增强困难群体在国家决策过程中的影响力。

最后,积极提升困难群体的政策参与能力。政策过程实质上是多元利益集团互动参与的政治博弈过程。在这样一个政治博弈过程中,群体意识弱、组织化程度低、凝聚力不足的困难群体,面对群体意识强、组织化程度高、凝聚力强而且可以动用大量政治经济资源的强势群体,其政策博弈能力的弱势地位显而易见。因此,一方面应当积极培育困难群体的政策参与意识,增强困难群体的博弈能力,让困难群体能真正有效地参与到政策的讨论中来;另一方面要开展教育和引导,训练困难群体的政策参与技巧和能力,提升困难群体公共素养,防止和消除各种极端行为,激励困难群体之间互助合作,提高困难群体的政策参与水平。

三、创建协商论辩平台,构筑良好的界面协商关系

合作治理是一种制度安排,这个制度安排要保障多元主体对公共政策负排斥治理活动的有效参与,并通过协商的方式解决各方共同关心的问题。为了保持公众意见与政策决定之间的连续性,界面协商承担将公共领

域的意见过渡到正式的政策决定的功能。界面的良好协商关系可以沿着两条进路展开。一是在官僚体系的决策机构中嵌入公共领域中的公众协商。二是在公共领域中嵌入正式的官僚体系的协商。要保障这两条进路的有序展开,就需要进一步完善听证会、论证会和座谈会等协商论辩平台,实现上述两种协商形态之间的相互渗透和保持公众协商与政策决定之间的连续性。

第一,优化听证会。公共政策听证是在公共政策出台前或实施后,就公共政策问题、公共政策方案或公共政策效果等方面听取政策相关者的意见,是一种对称性的公共政策辩论。① 在中国,虽然听证会大量进入政策的决策过程,然而在实践中"凡听必涨"的现象表明,听证会并没有产生应有的论证和说服功能。要真正发挥听证会的民主协商功能,还须做出如下努力。一是保障所有利益相关者都能在听证活动中取得平等的代表权。二是渐进扩大听证的范围,将重大民生项目引入市民听证范围。三是听证过程必须公开、透明以接受检视。四是要健全听证结果的处理机制,用法律保障听证结果对决策起关键作用。

第二,完善论证会。论证会是邀请专家就有待做出决定的问题所涉及的相关要素的必要性、可行性、有效性和科学性等进行论证并做出评估的一种常用的制度。专家作为界面协商中的一方,只有当不同的专家意见和观点都能得到合理的评估和衡量时,论证会才能发挥界面协商的功能。因此,论证会的制度设计应充分考虑以下因素:参与论证的专家要体现不同的意见和观点;专家的立场应真正做到客观、中立;持不同观点和意见的专家在论证会上可以充分讨论;要充分保障官僚体系的决策机构对专家协商论证的尊重与协商结果的使用。

第三,改善座谈会。座谈会就是政府邀集与某一议题相关的人来听取意见的互动方式。座谈会的质量取决于发起方是否能够让与其持有不同意见的代表参加座谈以及座谈过程能否避免外在的操控。因此,夯实座谈会制度平台首先要求发起者树立群体意识,放手发动公众参与;同时,还应采取民主恳谈会等形式保障民众真实意愿的表达;另外,还须建立民众意愿回应机制,从制度上保障座谈会取得实效。

---

① 陈潭:《旁听、听证与公共政策民主》,《理论探讨》2003年第6期,第95页。

第三节　优化合作过程：公共政策负排斥治理的过程优化路径

合作治理强调治理过程的协商性，这就意味着公共政策负排斥的治理还要从政策过程出发，把协商的理念和方式镶嵌于公共政策负排斥治理的全过程之中。从政策供给过程角度看，我们可以将政策负排斥过程分为：政策问题界定过程中的负排斥、政策议程设置过程中的负排斥、政策方案制定中的负排斥、政策合法化过程中的负排斥等。如前所述，政策排斥过程是一个涉及多元利益主体的复杂的博弈过程。因此，公共政策负排斥治理需要建构利益相关者有效参与政策过程的机制，并创建制度保障利益相关者对政策过程的实质影响，维护诸利益相关者的共同利益。

一、完善自由表达与平等尊重机制，促进政策问题的协商建构

问题界定是立法和公共政策制定中的焦点，作为一项关键的政治活动，问题的本质往往就决定了政治过程的本质。① 然而，在精英决策思维中，政策问题往往由政府及其决策者通过一些隐蔽的方式来定义，比如政府可以借助意识形态和社会价值的宣传、灌输等来改造普通公民的自然需要层次，塑造社会需求。② 同时，政策问题界定也可能受到精英和利益集团的操控。因此，政策问题界定需要民主的规约，它需要利益相关者充分自由的表达以及各方的意见得到平等尊重。达尔说："如果你在国家的统治中被剥夺了平等的发言机会，那么与那些有发言机会的人相比，非常有可能你的利益无法受到同样的重视。"③在公共政策问题界定过程中嵌入利益相关者的参与，保障利益相关者意见的自由表达并得到平等尊重，对于建构广泛包容性政策，有效减少政策负排斥具有重要价值。首先，要保障利益相关者的"充分知情"。只有将政策问题界定的各种理由公开化，利益相关者才能够对这些政策问题的前提和含义提出疑问，他们才有机会评论问题界定中的疏忽。在政策过程中，倘若政策相关各方对自己需要了解的问

---

① 赵成根：《民主与公共决策研究》，哈尔滨：黑龙江人民出版社2000年版，第47—48页。
② 同上书，第48页。
③ 〔美〕罗伯特·达尔：《论民主》（李柏光、林猛译），北京：商务印书馆1999年版，第84页。

题和信息一无所知或知之甚少,他们的政策诉求就会变成无的之矢,他们的利益则极有可能被忽视。其次,要保障利益相关者的意见得到平等的尊重。除了表达自由之外,还需要保障他们表达的意见能够得到决策者的重视,并在政策问题的界定中得到体现。再次,要提高政策主体对问题界定的责任心。每一个参与政策问题界定过程的利益相关者都要说明赞成或反对某个政策问题的理由,提高政策问题界定主体的责任心,并通过各利益相关者的辩论过程提升政策问题的公共性。

二、建立过程控制机制,促进政策议程的协商设立

在政策议程设定过程中,强势群体可以凭借其强大的经济实力控制决策议程并实现其特殊的利益,造成最终的公共政策偏离公共利益的轨道。然而,即使困难群体的利益诉求完全符合公共利益的需要,但由于他们发出的呼吁声音太小而不为决策者所注意,造成议程设定中的隐蔽议程等问题。因此,要保障政策相关者围绕政策问题的性质、轻重缓急程度、重要性、解决的可能性等进行持续和真诚对话的机会与能力,促进议程参与者从分歧性的意见中通过偏好转换来逐步达成议程共识,实现普通民众特别是利益相关者对政策议程设立的最终控制。普通民众特别是利益相关者可以通过问责制来实现对政策议程的最终控制。具体程序应该包括政府官员介绍议程提议、公民回应、议程修订、公民再回应等。通过严密的机制设计来保证民选代表能够对选民负责,从根本上制约政府在政策议程设定方面的随意性和自由裁量权的滥用。

除了保障利益相关人的最终控制权,还要提高公民平等参与公共政策议程设定的能力。要保障每一个利益相关人对政策议程设置的平等影响力,就需要重新分配权力和资源,改革公共政策议程设定程序,保证公民和社会团体有平等参与公共政策议程协商和讨论的机会,使设定政策议程的公共协商只受"最佳论证力量"的影响而不受政府权力的左右,防止强势群体利用其拥有的权力和资源优势操纵公共政策议程设定,力求任何个人和团体都拥有平等地将其关注的问题转化为公共政策议程的机会和能力。

三、健全政策共识机制,促成政策方案的协商制定

公共政策负排斥的消解在一定意义上取决于政策方案的充分辩论及在此基础上达成共识的程度。只有达成了更充分的政策共识,才能最大程

度地包容各方利益,有效增进公共利益,从而有效递减政策负排斥。

促使利益相关各方达成政策共识,需要为多元主体平等参与政策方案的制定过程、展开对话互动创造条件。首先,政府可以通过"网络问计于民""民智调研""民间提案""政情民意"电视栏目等多种参与形式,向社会广泛征求政策方案、意见或建议,引导利益各方充分参与到与公众利益密切相关的公共决策中来。其次,政府要引导利益相关各方通过平等协商过程中所达成的最基本的共识和共有的价值系统,理性认识自身的利益需求,合理选择利益目标,自觉调整利益需求,科学选择利益表达行为。再次,通过社情民意反映、重大社会事项公示等制度安排,促进政府与公民、第三部门之间在公共治理中开展广泛对话,达成各主体间的良好沟通,以求利益各方在政策方案上达成共识。又次,要提供多元主体的行为选择平台。通过多元主体的信息交流共享和利益评估,多元博弈各方可以通过协商对话平台评估各方利益所得或利益损失,并为多元主体提供行为选择机会,促使其做出有利于公共利益和消除政策负排斥的行为选择,为政策负排斥治理提供可能性。最后,要构建合作奖惩的激励平台。通过多元合作平台,对多元利益主体的合作行为,尤其是对为公共利益做出利益让渡和牺牲的利益群体进行表扬和激励,对违约、损公肥私的行为进行惩罚,以利于合作的达成和合作博弈结果的有效执行。

第四节 积聚合作能量:公共政策负排斥治理的国家义务强化路径

虽然合作治理强调要通过政府与社会的合作互动来达成解决公共问题的方案,但是它也同样重视政府对社会治理的推动作用,正如汪锦军所言,"社会的良好治理有赖于政府的积极介入,无论是在制度建构层面,还是在社会运行层面,社会治理都离不开一个积极有效的政府"[①]。政府作为公民权利保障和公共政策负排斥治理的主体,理应以公民基本权利为参照,不断积聚合作治理所需能量,不断强化履行国家义务的使命感,为公共政策负排斥的有效治理提供坚强的物质和精神支撑。

---

① 汪锦军:《合作治理的构建:政府与社会良性互动的生成机制》,《政治学研究》2015年第4期,第101页。

一、完善公民权利清单制度,优化公民权利结构

国家义务源于公民的基本权利,基本权利的范围决定了国家义务的边界。公共政策负排斥本质上是对公民基本权利的差等对待,那么要实现对公共政策负排斥的有效遏制和治理,必须依赖于一套完善的公民权利清单制度。正如杰克·唐纳利所言,"拥有权利就被赋予力量来坚持权利要求,这种要求通常比功利、社会政策以及人的活动的其他道德或者政治基础更加重要"①。基本权利在不同的时代有不同的内容,具有较强的时代性。1948年的《世界人权宣言》将基本权利分为两种体系:一是政治权利和公民权利,包括生命、财产、言论自由、宗教自由、集会自由、参与选举等;二是经济、社会、文化权利,其内容包括工作和取得报酬的权利、劳动权、休息权、参与文化活动的权利等。2018年修改的《中华人民共和国宪法》第二章规定了公民所享有的基本权利,包括选举权和被选举权,人身自由,人格尊严,言论、出版、集会、结社、游行、示威的自由,宗教信仰自由,住宅不受侵犯,通信自由,劳动权,休息权,公民在年老、疾病或者丧失劳动能力的情况下获得物质帮助的权利,受教育权,进行科学研究、文学艺术创作和其他文化活动的自由,申诉、控告或检举的权利等。同时,国家还制定了《中华人民共和国全国人民代表大会和地方各级人民代表大会选举法》《中华人民共和国劳动法》《中华人民共和国社会保险法》等一系列保障公民基本权利的法律和法规。可见,中国已经建立了一套以宪法为依托的公民基本权利清单制度。但是,仔细分析,可以发现这套公民权利清单制度还存在一些问题:一是对基本权利的规定不够完善,如公民的知情权、迁徙自由权、社会救助权、基本医疗权、基本住房保障权、基本养老保障权、社会优抚权等都还没有在宪法中予以宣示;二是基本权利保障仍存在不合理的差别,如城市和农村公民在社会保障权、劳动权和受教育权等方面被差别对待;三是在结构上存在公民的经济社会权利规定薄弱,对政府否定性的规定缺失等问题。

因此,要进一步夯实保护公民基本权利的国家义务,还须进一步完善公民基本权利清单制度、优化公民基本权利结构。首先,加强社会权利立法,增加公民的经济社会权利的比重,即逐步把基本医疗保障权、基本住房保障权、基本养老权、社会救助权、社会优抚权、迁徙自由权、环境权等纳入

---

① 〔美〕杰克·唐纳利:《普遍人权的理论与实践》(王浦劬等译),北京:中国社会科学出版社2001年版,第3页。

公民基本权利范围,加强社会经济、社会权利保障的立法,从立法层面上减少政策负排斥的可能性。其次,健全宪法权利体系。依据权利设置的相关原理,应该完善宪法权利体系。一是平等权,包括政治平等权、社会经济平等权、民族平等权、男女平等权等。二是个人权利,包括人格权、生命权、财产权、迁徙自由权、表达自由权、人身自由权、精神自由权等。三是政治权利,包括检举权、监督权、选举权与被选举权、罢免权等。四是经济社会文化权利,包括劳动权、休息权、受教育权、健康保健权、社会保障权、生活环境权、文化活动权和基本生活保障权利等。再次,完善实施宪法的部门法和地方法体系,增强宪法的实施功能,即对于限制公民基本权利的法律条文要做到文意具体明确,减少政府运用合法手段侵犯公民基本权利的可能性。

二、提升公务人员的公民权利意识,强化政府履行国家义务的自觉性

国家机关及其工作人员是实施公民基本权利国家保障义务的具体履行者,其行为的方向及效果直接决定公共政策负排斥的治理成效。例如,异地高考政策负排斥的治理成效虽然受制于人口、经济等社会因素,但是,更主要的影响因素是城市政府及其工作人员的行为动机和行为选择。督促国家机关及其工作人员致力于保障公民的基本权利,需要建立一套机制。首先,培育公务人员的公民权利优先意识。明确权力与权利的关系,牢固树立公民权利保障观念,变管理职能为服务职能,坚持权利本位、服务本位,切实把实现公民的权利和满足公民的利益作为行为的优先项,为全体公民提供政治、经济、文化、信息等方面的优质、平等的服务。其次,将保障公民权利的内容纳入考核体系,以此作为考评国家机关及其工作人员日常工作成效的一项重要内容,激励国家机关及其工作人员积极履行公民权利保障义务。最后,强化社会监督与问责机制,明确规定不履行保障义务应承担的法律责任。要进一步拓宽公民监督问责的渠道,保障公民对公务人员评价权、问责权,加强对公务人员履职不力的问责,强化政府及其工作人员履行国家义务的自觉性。

三、大力促进国家经济发展,增强国家义务的实现能力

依据基本权利的不同,国家义务也有不同层次的分类。传统的宪法权利理论在积极权利与消极权利二分的基础上将国家义务分为积极义务与

消极义务。① 积极义务指国家以作为的方式,为保障个人自由和满足个人利益提供条件、资源的义务,消极义务指国家对个人自由负有不加侵犯与防止他人侵犯的义务。美国学者亨利·舒将与基本权利对应的国家义务分为三个层面:"(1)避免(avoid)剥夺的义务;(2)保护(protect)的义务;(3)向被剥夺者提供帮助的义务。"②日本学者大沼保昭进一步认为国家义务应包含尊重、保护、满足和促进等四个层次的义务。③ 综合学者的观点,与基本权利相对应,国家义务应包含尊重义务、保护义务和给付义务,"尊重义务是指国家自身不妨碍和干预公民自由的义务;保护义务是指国家必须采取措施预防、制止、惩罚第三人侵害的义务;给付义务是指公民通过自身努力不能达到基本权利的最低要求时国家予以救助的义务"④。随着社会的发展和环境的恶化,给付义务开始成为一种越来越重要的国家义务种类。⑤ 然而,"给付义务的履行不仅受政治体制、民主程度等社会条件的影响,也受到一国经济条件的限制"⑥。显然,一个国家履行义务的能力,必须要以强大的经济财政能力为支撑,否则,增强国家义务的实现能力就只能是一句口号。

经济条件的制约决定了实现国家义务要坚持渐进主义思维。一是确立保障底线公平基础上的效率原则,发挥市场在资源配置中的决定性作用,既要分好蛋糕,更要做大蛋糕。二是做好预算规划和管理,加大财政对民生领域的投入,保障每一个公民都能过上基本的、有尊严的生活。三是加大转移支付,发挥中央政府的再分配功能,缓解"由于各地经济资源、物质力量有限且分布不均给各地公民带来经济、社会和文化的实然权利不均衡"问题。四是实现有序给付和精准给付,保障真正的贫困人群能充分享受受教育、社会保障、医疗健康等社会权利。一方面,按照基本权利的标准,对通过自身努力不能满足基本生活需求的贫困人群予以优先救助;另一方面,按照精准救济的要求,使"那些在受教育、就业、社会保障、医疗健

---

① 王世杰、钱端升:《比较宪法》,北京:中国政法大学出版社1997年版,第61页。
② Henry Shue, *Basic Rights: Subsistence, Affluence and U.S. Foreign Policy* (Princeton: Princeton University Press, 1980), p. 13.
③ 〔日〕大沼保昭:《人权:国家与文明》(王志安译),北京:生活·读书·新知三联书店2003年版,第21页。
④ 龚向和、刘耀辉:《基本权利的国家义务体系》,《云南师范大学学报(哲学社会科学版)》2010年第1期,第79页。
⑤ 同上文,第81页。
⑥ 同上。

康等方面真正处于困境的人群"得到国家救济,而把那些不需要救济的人群精确排除,"富者由于具有雄厚的经济实力,经济、社会、文化权利的实现自然是不成问题的"。①

第五节 落实合作责任:公共政策负排斥治理的结果矫正路径

合作治理意味着各参与者要对政策结果负责,即"从实质意义上做到共享决策权力,共担决策责任"②。要实现各政策主体对政策负排斥的结果负责,就必须有完备的政策救济体系。无救济即无权利。美国学者马季佛说过:"凡在事实上——形式上姑且不论——有排斥歧视的情形,使人人不能有平等仰求法律救济的机会,法治原则便算被蹂躏了。"③在中国,由于抽象行政行为(公共政策的表现形式之一)具有不可复议性和不可诉性,一些不合理甚至是违法的公共政策难以通过行政或司法机制进行纠偏,从而导致政策负排斥现象的发生。因此,治理公共政策负排斥,还须健全行政救济、司法救济、法律援助等组成的法律救济网络。

一、拓宽行政复议受案范围:基于公民权利的行政救济

根据《中华人民共和国行政复议法》的规定,除"规定"这一类抽象行政行为可与具体行政行为一起一并提起行政复议之外,其他抽象行政行为不属于行政复议的受案范围。多数抽象行政行为的不可复议性导致被排斥社会成员难以通过行政复议的途径来救济行政权力给自身带来的损害,而且行政机关在实践中往往可以借口依据规章而逃避责任,从而造成政府与民众之间的不信任甚至是矛盾冲突,因此,应逐步把规章以下的抽象行政行为纳入行政复议受案范围,并强化行政复议的有效性。一方面,在强化抽象行政行为合法性审查的同时,还应进一步强化对其合理性的审查。比如,要进一步加强抽象行政行为的内容是否符合社会公平正义等价值理念

---

① 郝铁川:《权利实现的差序格局》,《中国社会科学》2002年第5期,第123页。
② Chris Ansell and Alison Gash, "Collaborative Governance in Theory and Practice," *Journal of Public Administration Research and Theory*, Vol. 18, No. 4, 2008, pp. 543-571.
③ 〔美〕马季佛:《现代的国家》(胡道维译),上海:商务印书馆1937年版,第245—246页。

的审查。另一方面,要进一步强化行政救济机构的独立性。比如,设立行政复议委员会,赋予其独立的地位,最大可能地保障行政复议机构和人员的独立性,实现行政裁判的公平性。

二、扩大行政诉讼受案范围:基于公民权利的司法救济

在现实中,公共政策的表现形式主要体现为公共机构做出的抽象行政行为。依据我国现行的行政诉讼法,抽象行政行为不属于行政诉讼受案范围。因此,当行政相对人的合法权益受到某一公共政策侵害时,很难启动司法程序以获得司法救济。抽象行政行为的不可诉将固化公共政策负排斥的格局,加剧公共政策负排斥的程度。有条件地把抽象行政行为纳入行政诉讼的受案范围,是从司法层面上治理政策负排斥的一条重要路径。实际上,一些行政诉讼制度比较完善的国家把抽象行政行为纳入了行政诉讼受案范围。例如,在法国,除一部分紧急条例外,行政法院对于行政机关制定的规范性文件,均有权管辖;①在美国,"一切行政行为都应该接受司法审查,无须法律明文规定"②。我们可以借鉴国外的一些做法,逐步将抽象行政行为纳入司法救济渠道。当然,司法审查的范围不能过宽,应该在立足于行政权与司法权界限的基础上,逐步考虑扩大司法审查的范围,有序地把抽象行政行为纳入行政诉讼的受案范围,逐步实现对所有抽象行政行为的司法审查。

三、完善法律援助制度:基于公民权利的社会救济

除了宪法救济、行政救济、司法救济缺失之外,法律援助的不完善也是当前被排斥群体利益受损却得不到有效救济的一个重要原因。一是在法律援助缺失的背景下,对于法律意识不强、法律知识匮乏的被排斥者来说,其权利被侵犯后不知该通过何种渠道来维护自己的权利。二是缺乏对困难群体事前的法律救助,导致有些被排斥者因难以支付诉讼费用而无法启动诉讼程序。因此,实现对公共政策负排斥的有效救济还应完善法律援助制度。首先,可以考虑政府出资聘任由专职律师组成的法律援助机构,提供免费的法律咨询服务,加大对困难群体的事前法律援助。其次,鼓励和

---

① 王名扬:《法国行政法》,北京:中国政法大学出版社1989年版,第146页。
② 王名扬:《美国行政法》(下),北京:中国法制出版社1995年版,第615页。

支持社会组织开办法律援助律师事务所,让社会组织充分参与到对困难群体的法律援助中来。再次,加强对被排斥群体诉讼成本上的经济援助。在政策负向排斥中,被排斥群体大多是困难群体,会因经济上的贫困而难以负担昂贵的诉讼成本,因此,国家应对这部分群体进行经济援助,保障他们充分行使司法救济权。

第七章 分类治理：当下中国公共政策负排斥治理方略分论

> 高于道德的东西必须基于公正，包含公正，并通过公正的途径去获取。
> ——亨利·乔治

公共政策负排斥的多样性和复杂性决定了治理的复杂性。根据公共政策负排斥的排斥机理不同可以将公共政策负排斥划分为政治主导型政策负排斥、资本主导型政策负排斥、身份主导型政策负排斥等不同类型。由于公共政策负排斥各类型的形成机理不同，在具体政策负排斥治理中，不应该也不可能采用单一治理方式，而需要采用不同的治理路径和治理策略。

第一节 政治主导型政策负排斥的治理

究其根本，政治主导型政策负排斥是高度集中的体制的产物。正如李强指出："改革开放前的制度可以简单地概括为：它是以单位制为细胞的、以纵向组织为中介的、高度中央集权的体制。"① 为了保证国家对社会的全面控制，政府确立了以政治统帅一切的思维来管理社会各种事务，而高度集中的体制为这种思维的现实运行提供了外部保障。在这种体制下，国家权力实现了对社会和市场的全面管制：国家控制着社会成员的入学、就业、社保、住房等社会生活的方方面面；生产资料和土地实现了公有与集体所

---

① 李强：《国家能力与国家权力的悖论》，载张静主编：《国家与社会》，杭州：浙江人民出版社1998年版，第21页。

有,个人的生产和分配都由国家统一调度。在资源严重短缺的情况下,原本仅具有社会群体划分功能的政治标签体系被赋予了确定资源分配等级和顺序的功能。因此,从根本上说,治理政治主导型政策负排斥,就必须废除政治身份歧视,构建政治权力扩张的制衡机制。

一、摈弃政治身份歧视,逐步消除政治特权

政治身份是一种特殊的社会身份,它的特殊性就在于国家以法律的形式赋予享有者一定的政治和非政治特权,从而为政治主导型政策负排斥提供合法媒介。政治身份歧视在新中国成立后较长时间里仍十分突出。例如,在改革开放以前,工人、贫下中农、干部、军人等,都属于政治地位比较高的群体;反革命分子、资本家、右派、地主、富农等群体的政治地位都相对较低。① 改革开放后,政治主导型政策负排斥虽然有所减弱,但政治身份歧视现象仍然存在。因此,遏止政治主导型政策负排斥就是要摈弃政治身份歧视,彻底剔除将政治身份或政治标签作为社会资源分配基本依据的传统做法,逐步消除利益分配中的政治特权。

在政治主导型负排斥环境下,政治权力在社会公共资源分配中居于主导地位,政府、市场、社会三者难以形成有效的制衡,致使利益分配中的政治特权现象时有发生。因此,消除利益分配中的政治特权,关键要强化社会监督力量,建构政府、市场、社会三元有效制衡的权力格局。黄健荣的论析可谓鞭辟入里:"这三种力量的和谐是现代社会之根本性和谐。"② 当下,治理政治主导型政策负排斥尤其要发挥好市场和社会两种力量:一方面,认可、促进和培育市场的力量,发挥"市场在资源配置中的决定性作用"③;另一方面,要完善党委领导、政府负责、社会协同、公众参与的社会治理体制,发挥社会组织作用,减少政府对社会生活的过度干预和不当干预,实现政府治理和社会调节、公众参与的良性互动。

二、健全官员利益分配回避制度,遏制"官二代"现象的生成与蔓延

在政治主导型政策负排斥环境下,家庭背景占优势地位的社会成员或

---

① 李强:《政治分层与经济分层》,《社会学研究》1997年第4期,第34页。
② 黄健荣:《论现代社会之根本性和谐——基于公共管理的逻辑》,《社会科学》2009年第11期,第5页。
③ 《中共中央关于全面深化改革若干重大问题的决定》,新华网,http://news.xinhuanet.com/politics/2013-11/15/c_118164235.htm,2017年11月16日访问。

社会群体往往在利益分配中享有优势,而没有家庭背景或政治背景弱的社会成员在利益分配中较为被动甚至处于被边缘化的地位。产生这种结果的根本原因在于家庭背景占优的人群可以凭借父辈所掌握的政治权力为其谋取利益分配中的特殊照顾。因而,要遏制政治主导型政策负排斥就是要健全利益相关者的回避制度,切断父辈运用政治权力为其子女谋取特权的通道,遏制政治背景的代际再生产和"官二代"现象的生成与蔓延。

首先,细化回避的范围,增强回避制度的可操作性。比如,在回避范围的规定上,除了涉及本人及与本人有亲属关系的情况外,还应将其他可能对公务的公正执行有影响的各种利害关系,如同乡、同学、战友、师生或曾经的同事、上下级等予以详列;在回避的提出主体与方式,审查的主体、标准与方式,回避的时限等方面的规定,予以细化和明确。

其次,确立行政回避制度中利益相关者的保护程序。一方面,设置行政回避告知程序。公务人员在行使行政职权的过程中,应该将利益相关者享有申请行政回避的权利和法律依据告知对方,以便利益相关者行使相关权利,保障行政事项得到公开公平的处理,维护利益相关者自身的合法权益。另一方面,设置申请回避事项的特别监督程序。对于利益相关者提出回避申请的行政案件,必须列入监督机关的特别关注范围,对行政过程给予密切关注,督促公务人员公正处理行政事务。

再次,明确回避违规的责任承担。对于在行政过程中应当回避而没有回避的公职人员给予行政处分;对于违反行政回避制度而实施的行政行为,应当认定该行政行为违法,因此不具有法律效力。

最后,完善行政回避制度的相关配套监督机制。可以通过政府内部的自律式管理来实现回避,更需要社会监督这种配套监督机制来监督回避。比如,媒体监督机制、公众参与机制等。

三、以显规则取代潜规则,压缩官场潜规则的生存空间

进入 21 世纪以来,在政府和社会的共同努力下,显性政治主导型政策负排斥明显减弱,但是隐性政治主导型政策负排斥却依然严重。这种隐性政策负排斥主要依赖于潜规则的作用,比如"我是谁的儿子""我是谁的亲戚"等成为得到更好的政策照顾的理由。因此,遏制隐性政治主导型政策负排斥就是要打破"官二代""权力世袭"的潜规则,压缩官场潜规则的存在空间,使显规则战胜潜规则。

第一，针对官场潜规则"注重人情"的特点，要树立情理、脸面统一的思想和行为方式，铲除潜规则得以生存的土壤，营造一个公平竞争的良好社会环境。要把中国人对血缘家族关系的运用限制在私人领域，而不能扩展到公共领域。因为这种血缘亲情关系如果渗透到公共领域，则会造成"隐形世袭"等现象，客观上有害社会公平；而且，如果这种血缘亲情扩展到整个家族甚至亲戚网络，则会形成以血缘为联系纽带的关系网络，严重时会扭曲公共领域正式规则的有效运行。

第二，需要整个社会宣扬一种依靠个人努力和能力来争取获得社会认同的"面子"观念，为官场潜规则的应对和官场正式规则的通行提供良好的思想环境。

第三，完善各种法律、制度等显规则。通过建立新的显规则，进一步压缩官场潜规则的生存空间；不断强化显规则的约束力，使官场潜规则彻底失去植根的土壤，并最终走向消亡。

第二节　资本主导型政策负排斥的治理

如前所述，资本主导型政策负排斥是政治权力主体与经济权力主体结盟、合谋的结果。按此逻辑，治理资本主导型政策负排斥应从切断政治与经济结盟通道入手。具体须完成三大任务：一是消除政治权力主体主动与经济强势主体结盟、合谋的动机；二是消除经济强势主体主动与政治权力主体结盟、合谋的动机；三是有效遏制政治权力主体与经济强势主体合谋行为的实现。

一、改革政绩考核机制，抑制政府"傍富"动机

政绩考核是引导政府部门和地方政府政策行为最重要的手段。在计划经济体制下，地方在政治上服从党中央的领导，在经济上完成国家制订的严格计划，"地方服从中央"和全国"一盘棋"就是其行动逻辑。此时地方政府运行的是地方绝对听从中央指示和命令的"忠诚/命令"式的、单向度的激励机制。改革开放以来，"忠诚/政绩"式的考核机制成为上级政府调动下级政府积极性的新手段。在这种考核机制中，上级政府尤其是领导个人对统计数字和总量指标进行评价要比实地调研成本小得多，也容易得

多;对现时辖区经济总量的统计也要比考察其潜在的发展能力更为简单易行。于是,作为理性的"经济人",上级政府常会把 GDP、税收、就业率等考核指标作为评价和奖惩地方官员的主要依据。这就给地方政府千方百计与强势经济主体结盟提供了原始的动机,因为辖区内强势经济主体"用税投票"和提供更多的就业岗位等行为与地方经济发展和税收增长有较强的正相关性。因此,要扭转政治权力主体寻求与经济强势集团的结盟与合谋的动机,关键就是改革现有政绩考核机制,力促自上而下的压力型政绩考核机制转变为自下而上的民生型政绩考核机制。

第一,强化官员政绩的民主考评。要坚持考评主体的多元化,尤其要注重听取广大民众的意见,把民众对政府施政的满意度纳入官员的考核过程,同时还要把官员政绩考核的民众评议程序纳入到法律层面,转化为法律的强制性规定,通过法律来保障民众评议的重要价值。另外,为了便于民众敢于说真话,官员政绩的民主考评还可采取"干部移位考察制度",即将过去惯用的干部工作调动前在原工作单位进行考察改为调离原工作单位后再对其在原工作单位的表现进行考察。① 在对地方政府进行考核中,让人民群众的评价作为考核结果的重要部分,赋予普通民众否决权,让官员寻求与经济强势主体结盟、合谋的行为不但不能获得政治晋升,反而可能招致人民群众抛弃,从而引导地方政府制定符合公共利益的政策。

第二,强化官员政绩考评的民生内容。政绩考核要坚持以人为本,以社会全面进步指标代替经济指标,既要看有形的、可以量化的"实绩",又要下功夫多方考察那些无形的、不容易量化的"潜绩"。在具体操作过程中,既要看经济建设成果,又要看社会进步程度;既要看城市的变化,又要看农村的发展;既要看硬环境的提升,又要看软环境的改善;既要看当前的发展,又要看发展的可持续性;既要看经济增长的总量,又要看人民群众得到的实惠;既要看主观努力,也要看客观条件。要通过民生为内容的考核指标体系建构,使官员从事长期行为的收益多于从事短期行为的收益,这样才能从根本上鼓励长远规划,遏制短视行为,鼓励政府部门和地方政府时刻把实现大多数人民群众的利益作为政策制定的行动指南。

第三,强化官员任用公示制。当前干部任前公示制还应从以下几个方面进行完善。一是丰富公示的形式,比如通过官方网站、电视、报纸、社区

---

① 丁煌:《我国现阶段政策执行阻滞及其防治对策的制度分析》,《政治学研究》2002 年第 1 期,第 34 页。

专栏等方式进行公示,最大可能地让普通民众了解干部任用情况。二是丰富公示的内容,比如官员在上一个任期中做出的成绩和任用的理由向公众展示,将拟用干部的实绩公示于众,自觉接受社会监督。三是增强公示的实效,即对公示过程中群众通过各种渠道反映的问题,要切实组织调查与回应,澄清是非,给民众以真实详细的答复,对经查实存在问题的公示对象,必须依法给予严肃处理,倒逼官员对民众负责。

二、加强规制,铲除滋生强势经济主体资本异化的土壤

在资本主导型政策负排斥环境下,除了政府寻求与强势经济主体结盟以获得更多的政绩外,强势经济主体也通过行贿等手段积极寻求与政府的结盟以获得更多的特权。比如,一些企业家通过聘请相关专家学者担任独立董事,利用其话语权给政策制定者施加压力,或通过行贿等不正当的利益输送手段直接影响公共政策的判定或执行。从这个角度看,资本主导型政策负排斥包含了资本的权力化过程,即资本通过对公共权力的入侵而获得一种在利益分配上的优先权。因此,治理资本主导型政策负排斥还要从防范资本异化入手,加强规制,铲除滋生强势经济主体资本异化的土壤。第一,政府要通过市场准入政策和公平营商政策,搭建好各经济主体平等竞争的平台,削弱强势经济主体资本异化的动力。第二,要规范企业依法经营和诚信经营的基本制度建设,引导各类企业把守法诚信作为安身立命之本,依法经营、依法治企。第三,制定有效约束特殊利益集团广泛侵蚀社会各个领域的社会组织法,完善社会组织法等相关法律,明确游戏规则,规范强势经济主体的政策参与行为,将强势群体的利益诉求及实现置于法定规则之下。

三、推行阳光行政,切断政治权力主体与经济强势主体结盟的通道

历史经验告诉我们,阳光是最好的防腐剂。正如布兰代斯大法官所言:"阳光是最好的消毒剂,灯光是最有效的警察。"[1]切断政治权力主体与强势经济主体结盟的最好途径就是推行阳光行政,建立透明政府。美国司法部部长拉姆齐·克拉克深刻地揭示了阳光行政的重大意义,"如果一个政府真正实行的是民有、民治、民享的政治的话,人民必须能够详细地知道

---

[1] 〔美〕路易斯·D.布兰代斯:《别人的钱:投资银行家的贪婪真相》(胡凌斌译),北京:法律出版社2009年版,第62页。

政府的活动……如果我们不知道我们怎样受管理,我们怎么能够管理自己呢?在当前大众时代的社会中,当政府在很多方面影响每个人的时候,保障人民了解政府活动的权利,比任何其他时代更为重要"①。遏制政治权力主体与经济强势主体结盟的关键在于依法依规公开政商关系内容,让政商运行过程置于社会监督之下。一方面,政府要主动公开企业办事程序,完善政务服务体系建设,制定"权力清单""责任清单""负面清单",做到资源、项目、政策获得的条件和程序公开化,杜绝暗箱操作,使企业能够公平获得财政补贴、公正获得优惠政策。另一方面,依法公开政务进展情况,如公共项目招标的执行情况、政策优惠的条件和对象、财政补贴的对象和数额等,只要不涉及商业机密的内容,都应按照法律规定实行公开。及时发布政商运行动态信息,以便其他企业和社会公众能够及时了解政策过程信息,让政商运行过程依法暴露在阳光之下。推行阳光行政,虽然不能从根本上解决政治权力与经济权力合谋的问题,但是可以大大增加政治权力主体与经济主体双方进行权钱交易的成本和风险,限制他们实现各自利益的渠道,缩小乃至消除强势经济主体与政治权力主体结盟的利益空间,从而有效遏制资本主导型政策负排斥的发生。

第三节 身份主导型政策负排斥的治理

在身份主导型政策负排斥中,人们能否获得某种权利、社会机会或者社会地位主要由其社会身份及身份之间的关系所决定。这种政策负排斥以社会成员的社会身份(民族、性别、户籍、职业、文化、职位、所有制等)作为社会利益分配的根本依据,实质就是把人分为不同的等级,并在资源分配上施行双重或多重标准。因此,治理身份主导型政策负排斥,一方面要消除社会身份的等级属性,赋予公民平等的社会权利并保障其充分实现;另一方面要建构共享式利益整合机制,充分保障公民平等参与社会政策的决策过程,净化身份主导型政策负排斥的生成土壤。

一、消除社会等级制度,保障公民平等享有社会权利

现阶段的身份主导型负排斥归根结底是由社会等级制造成的,即按照

---

① 〔美〕路易斯·亨金:《宪政·民主·对外事务》(邓正来译),北京:生活·读书·新知三联书店1996年版,第136页。

社会身份等级的高低来分配权利,而这种社会等级制与社会公正是相悖的。早在一百多年前,恩格斯就指出:"一切人,或至少是一个国家的一切公民,或一个社会的一切成员,都应当有平等的政治地位和社会地位。"①马歇尔也指出,社会阶层间的不公平,只有在一个提供了平等公民权的体系里面,才是可以接受的。② 因此,治理身份主导型政策负排斥首先就是要消除那些具有社会等级性质的相关制度。

一是逐步废除城乡二元的户籍制度,建立城乡统一的户口登记管理制度。在现有的户籍制度下,因户籍不同,附在人们身上的基本权利和社会机会也不同,农民不能享受和城市居民一样的基本医疗、基本教育及其他基本公共服务。户籍制度作为重要的公共管理制度,理应以维护社会公平、促进公民平等发展为使命。基于公民平等发展权的考虑,国家理应建立统一的户籍登记制度,以稳定职业、合法住所等社会性标准取代现行的个人身份标准,剥离附在城市户籍上的教育、住房、就业、医疗等隐性福利,为城市户籍与农村户籍的接轨创造条件,进而保障公民在就业、迁徙等方面的自由和权利。

二是逐步取消城乡二元的社会保障制度,建立平等的社会保障制度。应从国家层面制定保障全民基本生活水平的社会保险制度、保障全民基本健康的医疗保险制度、保障公民尊严的国家救济制度,消除当前医保、社保中的二元结构,逐步推行社保、医保一体化制度。"权利平等是全体社会成员进入国家社会的逻辑起点和实践基点。"③

三是逐步取消城乡二元的公共教育制度,建立基于平等受教育权的公共教育制度。受教育权是公民发展权的核心。当前影响平等受教育权的主要障碍是分配不均的教育资源,因此,完善公共教育制度要从教育财政经费向薄弱学校倾斜、公平分配高等教育招生名额、对教育质量差的学校及学生进行成本补偿、完善高校学生资助体系等方面发力。

只有消除了那些具有社会等级性质的制度,建立平等的公共管理制度,实现社会公正才有可靠、可操作的制度保障。在这种制度环境中,无论公民身处城市还是农村、东部还是西部,无论其身份、性别、族裔、阶层,都享有基本的社会权利。

---

① 《马克思恩格斯选集》第3卷,北京:人民出版社2012年版,第480页。
② 郭忠华、刘训练编:《公民身份与社会阶级》,南京:江苏人民出版社2008年版,第5页。
③ 梅萍:《和谐社会权利平等的伦理思考》,《江淮论坛》2008年第1期,第42页。

二、优化社会支出结构,保障社会性公共产品的均等供给

公民社会权利的平等享有不仅需要法律来支撑,更需要社会性公共产品均等供给来保障,因为"公民的社会权利必须通过社会性公共产品的供给才能得到确认和保障"①。比如,公民受教育权、医疗保障权、社会保障权等社会权利的实现,实际上表现为国家保障每一个公民都可以平等享受基础教育、基本医疗和基本社保等公共产品和公共服务。从这个意义上说,社会权利的分配问题实质上就是社会性公共产品②的分配问题。基本社会权利的不可剥夺性和平等性,决定了社会性公共产品的刚性供给,同时也决定了政府有责任保障社会性公共产品的均等供给。

保障社会性公共产品的均等供给依赖于政府社会性支出的优化。一方面,政府应该调整经济性支出与社会性支出的比例,进一步扩大社会性支出比重,提高义务教育、基本医疗、社会保障支出占财政支出的比重,解决低收入群体在这些服务方面的可获得性问题。另一方面,更要注重社会性支出的结构性调整,增加对困难群体的针对性支出,譬如就业培训为残疾工人提供康复服务、创造更多就业机会等"造血式"支出,提升中低收入家庭社会成员的"可行能力",通过"授人以渔"的方式来体现社会性支出的公平性,实现对困难群体的有效补偿。

三、发挥统筹职能,强化国家的再分配功能

即使国家为每个公民提供了平等权利的制度保障,但因公民个体行为能力和地区经济发展水平的差异,不同地区、不同人群之间也不可能真正平等地享有社会权利。因此,要保障不同地区、不同阶层的人群都能享受到基本的社会权利,需要发挥国家的再分配职能,使不同地区、不同阶层的人群共享社会发展的成果。

一方面,要合理安排基本社会性公共产品的供给责任,提高基本社会公共服务的统筹层次。基础教育、基本医疗保障、基本社会保障属于公民的基本社会权利,理应由政府平等保障。基本权利的平等性意味着不同地

---

① 王春福:《社会权利与社会性公共产品的均等供给》,《中共中央党校学报》2010年第1期,第91页。

② 所谓社会性公共产品是公民社会权利所规定的、以公共事业为依托的公共产品,是与经济性公共产品、政治性公共产品、文化性公共产品相并列的公共产品。(参见王春福:《社会权利与社会性公共产品的均等供给》,《中共中央党校学报》2010年第1期,第92页。)

区居民应均等地享用与公民基本权利有关的公共服务项目,这就决定了中央政府和省级政府是基础教育、基本医疗和基本社会保障的主要责任承担者。为此,在基础教育、基本医疗和基本社会保障上,需要把目前县、市级统筹为主改为中央和省级政府统筹为主。在政府间责任分工方面,中央政府主要负责涉及公民基本权利的公共产品供给,通过转移支付、提供配套补助等工具,向欠发达地区倾斜,使不同地区的公民都能享受到基本权利;对于具有外部效应的公共产品,如跨省交通、公共教育、公共医疗、公共环境等,应由中央和地方政府共同承担。

另一方面,落实个人所得税制,适时推出遗产税,增强税收政策的再分配功能。不同阶层、不同人群之间的基本社会权利差距问题可以通过调整个人所得税的累进标准和征收遗产税来缓解。个人所得税和遗产税是调节贫富差距、维护不同群体平等权利的重要工具。征收遗产税,一方面可抑制富裕阶层子女在财富、教育、科技、社会地位等方面具有的领先优势,另一方面可弥补贫困阶层后代在经济能力和素质教育方面的弱势,以最终实现不同阶层的人群都能平等享受基本社会权利。就目前来说,国家已经修改和完善了《中华人民共和国个人所得税法》,现在的任务就是要把个人所得税的相关政策落实到位,并根据经济的发展情况动态调整个人所得税免征额,使真正的高收入人群成为主要征收对象,较好地实现高收入群体对低收入群体的经济补偿,使不同地区、不同阶层的人群能够共享社会发展成果,能够共享基本社会权利。

余论：认识当下中国公共政策负排斥及其治理问题的方法论

> 在政府事务中，公正不仅是一种美德，而且是一种力量。
>
> ——拿破仑

政策是否符合社会公正或能否有利于促进社会公正是区分政策正向排斥与负向排斥之根本界标。如果这种政策排斥符合社会公正或有利于促进社会公正，即为公共政策正排斥，反之即为公共政策负排斥。然而，正如马克思所言，公正是相对的、历史的，"希腊人和罗马人的公平认为奴隶制度是公平的；1789年资产者的公平要求废除封建制度，因为据说它不公平。在普鲁士的容克看来，甚至可怜的专区法也是对永恒公平的破坏。所以，关于永恒公平的观念不仅因时因地而变，甚至也因人而异"①。因而，理解当下中国公共政策负排斥及其治理问题必须坚持相对主义或特殊主义的视角。但是，在整个人类文明演进过程或人类文明演进特定历史阶段，公正又有其普遍意义上的价值内涵，因此，理解当下中国公共政策负排斥及其治理问题又必须坚持绝对主义或普遍主义的视角。朝着普遍意义的公正理想行进，政府和社会应坚持积极的渐进主义策略，积极为治理公共政策负排斥创造良好的制度环境和物质条件，促使公共政策负排斥向公共政策正排斥转化。

一、理解公共政策负排斥治理的相对主义视角

当评价一个政策是否存在负排斥时，我们总会把某一特定政策放置于特定的时间、空间范围内进行考量。显然，认识公共政策负排斥问题总避免不了某种相对主义的视角，因为，公正理念——作为公共政策正负排斥

---

① 《马克思恩格斯全集》第3卷，北京：人民出版社2012年版，第261页。

的评价标准——在不同的制度环境、不同的民族国家、不同的历史时期下有着不同的具体内涵。

理解公共政策负排斥的相对主义立场首先体现为某一政策现象的评价标准或价值目标具有多元性和时代性特征,因而,要以相对主义视角来理解公共政策负排斥问题。一是不同政策类型具有不同的正负排斥评价标准。以成本划分的公共政策类型为例,分配型政策、管制型政策、构成型政策应更注重效率,而再分配型政策则应更注重公平。再如,经济政策更关注资源配置效率,更加强调效率价值;而社会政策更关注社会价值合理再分配,更加强调公平价值。二是审视某项或某类政策现象存在多元价值标准或政策目标,而多元价值标准或政策目标之间可能存在冲突。(1)公平与效率的冲突。以高校的区域招生政策为例,如果实行依照各省人口比例来分配入学机会,那么可能会带来一些基础教育发达地区许多优秀学生上不了重点大学,而一些基础教育落后地区成绩一般的学生却上了重点大学的无效率现象。有学者调查发现,西部某省份出现过考生数学高考成绩为零仍就读于大学数学专业的畸形现象①,这无疑不利于大学人才的培养和教学质量的提高。但如果仅强调以效率为主的"分数面前人人平等"的做法,就可能走向另一个极端,则又不可避免地产生各省录取人数严重不均的尴尬局面。显然,两种公平观都各有其道理和合理性。公平与效率呈现对立又统一的关系,而且公平与效率的关系呈动态变化,决定了公共政策负排斥必须坚持相对主义的态度,注重两者之间的协调与平衡。(2)短期利益与长远利益、局部利益与整体利益之间的冲突。比如,近年来,为了进行经济结构调整,国家对一些高耗能、高污染的企业进行关闭或整改。从短期利益来看,这一政策侵犯了企业的经营自主权,对这些企业构成了政策负排斥,侵害了局部利益,同时也影响了短期的经济增长;但从长期来看,这一政策有利于转变国家的经济增长方式,有利于国家整体的长期经济健康发展,有利于实现国家的整体利益。(3)政策目标之间的冲突。如北京市限制小排放量的汽车就是一个典型的事例。1998 年,北京市公安局发布通告:每天 7 时至 20 时,长安街禁止旅行车、轻型小客车、吉普车和发动机工作容积小于 1.0 升的小轿车通行。这一政策的初衷在于改变城市交通状况,改善市容。但在实际的运作过程中,由于限制了小排量汽车,人们就只能大量使用大排量汽车,导致城市环境进一步恶化,同时增加了社会

---

① 陈中原:《中国教育平等初探》,广州:广东教育出版社 2004 年版,第 68 页。

对相关能源的需求量,这与我国环境保护和建设节约型社会的政策目标之间构成了明显的冲突。政策价值标准或政策目标的多元性原理表明,一项政策的合理性要以相对性视角来审视。

理解公共政策负排斥的相对主义态度也体现在认识一项政策负排斥的形成要坚持历史主义的态度,即政策负排斥的形成有其历史制约性。认识公共政策负排斥的历史制约性首先体现为公民权利的内容具有历史性特征。其一,理解和判断公共政策负排斥现状的一个基本依据是公民基本权利保护状况,而公民基本权利保护范围又与国家对基本权利的认识和环境变迁密切相关。比如,现代福利国家理论的兴起,要求国家为公民提供福利,从而拓展对公民基本权利的保护范围。环境的变迁在某种程度上也促进甚至决定国家对基本权利认识的深入。比如,进入工业文明时代以后,工业化生产使自然环境受到极大的破坏,如环境噪声、酸雨、雾霾等环境问题层出不穷,人类的生存环境面临着严重威胁,促使环境权逐渐进入国家的基本权利保护范围。再如,随着信息在个人生活和社会发展中的作用日益凸显,信息权保护的问题也不断地反映到立法层面,并逐渐进入公民基本权利的保护范围。其二,受到国家能力的制约,公民的实然权利有一个不断拓展的过程。比如,公民的经济、社会和文化权利的实现,需要国家履行基本权利保护义务,而国家义务的实现能力不能不受制于国家的财力。换言之,公民权利特别是基本社会权利的拓展必须以国家雄厚的经济基础和强大的财政实力为支撑。认识公共政策负排斥的历史制约性还体现在我们要自觉置身于特定历史条件下来评价一项政策的合理性问题。比如,20 世纪 80 年代中国确立了计划生育政策,本质是对公民基本生育权的排斥,是一种政策负排斥,但是,这一政策是在中国人口快速增长对国家社会经济建设产生越来越大的负面影响的环境下提出来的。这一政策负排斥有其历史的合理性。综上,一个国家公共政策负排斥现象的存在具有历史的合理性,因而,公共政策负排斥的治理不能一蹴而就,而应走增量调整之路,积极创造良好的制度环境和物质基础,推动政策负排斥向政策正排斥转化。

理解公共政策负排斥的相对主义态度,不仅意味着其时代性,亦意味着其民族性或地方性。一方面,我们判断一项政策排斥是"负排斥"还是"正排斥"时,不能离开一个民族或地方的特定历史与文化,因为对一项政策公正性的判断离不开一个民族或地方自身独特的历史和现实的政治经济文化条件。正如黑格尔所言,"如果要先验地给一个民族以一种国家制度,即使其内容多少是合乎理性的,这种想法恰恰忽视了一个因素,这个因素使国家制度成为不仅仅是一个思想上的事物而已……每一个民族都有适合它本身……的国家制度"①。另一方面,由于地方经济发展水平的差异,公民的基本权利实现状况也存在地区之间的差异。比如,《中华人民共和国义务教育法》规定,凡具有中华人民共和国国籍的适龄儿童、少年,不分性别、民族、种族、家庭财产状况、宗教信仰等,依法享有平等接受义务教育的权利,但是由于地区之间财政投入的差异,实际上中西部地区的小孩难以享有与东部沿海省份的小孩同等质量的义务教育。因此,考察政策负排斥还须确立地方性视角,即由于地方经济社会发展水平的差异,政策负排斥在一定历史时期是不可避免的,公共政策负排斥的治理决不意味着把各地区的经济社会发展水平拉平。对目前现实中存在义务教育水平地区之间的巨大差异问题,不能搞绝对的平均主义,而要坚持积极的渐进主义策略,有计划地增进教育公平,比如区一级政府统筹为主改为市政府统筹,市政府统一调配师资、硬件、软件等资源,改革财税体制以适应市政府提升统筹能力的需要,最终实现义务教育的高水平的均衡化发展。

二、理解公共政策负排斥治理的绝对主义视角

政策的价值多元性、时代性与地方性特质,意味着对政策的判断标准具有某种相对性,没有绝对普适的"正"或"负"的政策排斥。然而,政策排斥的这种相对性并不意味着政策的负排斥完全没有确定性的规定或内容。政策排斥的"负"具有某种绝对性规定或内容。这个绝对性规定或内容有两个方面:"其一,在人类文明演进特定历史阶段的绝对性;其二,在整个人类文明演进过程中的绝对性。"②一项政策合理与否有不同的理据立场,判断政策的"负"排斥的理据立场大致可以分为两类:以功利主义为代表的目的论与以自由主义契约论为代表的权利论。功利主义强调政策的效率方面,并以此作为判断"正"与"负"排斥的基本依据。在功利主义的视界中,政策负排斥就是缺乏效率、不能给社会全体成员带来最大福利的政策排斥。自由主义契约论注重政策的正当性方面,并以是否能保障平等权利作

---

① 〔德〕黑格尔:《法哲学原理》(范扬、张企泰译),北京:商务印书馆1961年版,第261—262页、第291—292页。
② 高兆明:《制度伦理与制度的"善"》,《中国社会科学》2007年第6期,第50页。

为判断"正"与"负"排斥的基本依据。自由主义的权利论超越了功利主义以功能本身评价政策性质的局限性,应当成为政策"正"与"负"的基本判断立场。人类文明演进的历程表明,人类社会的文明史是人们不断追求并逐步实现权利平等的历史,因此,权利平等可以看作政策排斥性质判断标准的绝对性内容。以权利论为理论依据,公共政策负排斥的绝对性或普遍性具体体现为:一是政治共同体内某些个人、阶层或群体的基本权利未受到政策的平等保护;二是社会机会未实现公平获得;三是在分配方面未获得与个人所付出的劳动与贡献相当的收入;四是困难群体未得到政策的特殊保护。尽管政策负排斥的普遍性在不同历史阶段有不同的具体内容,但是考察当代政策排斥的性质时,首先应当考察这种政策排斥的普遍性内容,而不应当在一开始就为其特殊性所遮蔽进而丧失洞察力。

公共政策负排斥的绝对主义表明,公共政策负排斥具有可治理性。一是关于某一具体的政策负排斥现象,针对其负排斥的某一表现,对症下药。比如针对就业领域中的性别排斥,国家可以制定性别平等法案,并通过对这一法案的贯彻实施,实现对这一政策负排斥现象的有效治理。二是针对一个国家整体意义上的政策负排斥而言,可以将公正的普遍性内容作为治理的目标,不断地推动政策负排斥向政策正排斥转化。正如金里卡所言,作为一种全面的正义理论,多元文化理论既考虑个体有差别的特殊地位和权利,又考虑人类的普遍性权利和利益。① 因而,实现公民的普遍性权利应当成为政策负排斥治理的目标指向。具体言之,保障社会成员的基本权利、保障社会机会的公平获得、实行非基本权利按贡献原则进行分配、保障困难群体得到合理的补偿理应成为公共政策负排斥治理的未来方向和永恒的目标。

三、公共政策负排斥治理的战略思维:积极的渐进主义

公共政策负排斥治理的相对性和绝对性特质表明,一个国家整体意义上的政策负排斥既不是短时间能够彻底消除的,也不应该是无动于衷、无所作为的。因此,公共政策负排斥的治理既要树立循序渐进的思路,也要树立积极作为的心态,即要树立"积极的渐进主义"的治理思维。

---

① 〔加〕威尔·金里卡:《多元文化公民权:一种有关少数族群权利的自由主义理论》(杨立峰译),上海:上海世纪出版集团 2009 年版,第 7 页。

首先，把握好公共政策负排斥治理目标的优先序。如前所述，公共政策负排斥整体性治理要从保障社会成员的基本权利、保障社会机会的公平获得、实行非基本权利按贡献原则分配、保障困难群体得到合理的补偿等方面下手。但是，如果对其中某一项过度看重，都会带来新的不合理之处。比如，如果一个国家对困难群体补偿过度的话，那么势必会不恰当地增大对强势群体的征税力度，从而削弱按贡献分配规则的价值与作用，造成新的社会不公现象。因此，公共政策负排斥治理是一个系统工程，其治理目标的全面实现应当有步骤、有重点地进行。一般的排序应为：(1)最优先的当属保障社会成员的基本权利；(2)第二考虑的是保障每个人社会机会的公平获得；(3)贡献原则优先于调剂的原则。①

其次，要积极为治理公共政策负排斥创造条件。以实现高等教育公平为例，高等教育公平的实现路径主要有考试公平和区域公平两条路径。实际上，考试公平与区域公平都各有其合理性。如果不考虑地区之间经济、文化和教育水平的巨大差异，单纯从考试制度设计的层面出发，"分数面前人人平等"的考试原则无疑更符合"公民身份平等"的要求。但是，如果实行一张试卷、统一考试、统一录取的政策，必然会导致基础教育薄弱的中西部地区考生考上大学的机会大为减少，造成深层的、实质的机会不公平。因此，考试公平是一种考试制度设计的理想目标，而区域公平则是高考改革在现有的社会政治和经济条件下的一种现实选择。高等教育的改革必须立足现实，追求理想，通过促进区域经济的协调发展和人口管理、户籍管理等众多体制的综合改革，使各地基础教育逐步走向均衡发展，逐步改善高等教育不合理的地域布局，逐渐地向考试公平的理想目标靠近。

最后，公共政策负排斥的治理要分步骤、分阶段地推进。从现实层面上说，公共政策负排斥治理的重要目标就是通过扩大公共财政的覆盖面，逐步消除各地区公民基本权利实现上的各种差别，让全体社会成员机会均等地享有水平大致相当的基本公共服务。但是，由于公民基本权利的实现程度取决于政府财力，而在一定时间内政府财力是有限的，因此，公民基本权利只能循序渐进地、分阶段地实现。以城乡基本医疗保障权为例。在医疗保险制度安排中，不同群体之间的医疗保障待遇差距应当逐步消除，最

---

① 吴忠民：《公正新论》，《中国社会科学》2000年第4期，第58页。

终实现公民基本医疗保障在全国范围内无差别。但是,由于区域经济发展水平的不均衡和制度建设的复杂性,建立全国统一的基本医疗保险制度只能走渐进发展之路。第一阶段,继续扩大医保覆盖面,实现医疗保险的全民覆盖。第二阶段,进一步加大技术和制度创新,城镇职工医疗保险、城镇居民医疗保险和新型农村合作医疗保险合并扫清技术和制度障碍,和新型农村合作医疗保险合一创造条件。第三阶段,构建全国统一的基本医疗保险制度,让全体国民都能充分地享受大致相当的基本医疗保障。

参考文献

一、中文著作

[1] 胡象明:《政策与行政:过程及其理论》,北京:北京大学出版社 2008 年版。

[2] 何增科主编:《公民社会与第三部门》,北京:社会科学文献出版社 2000 年版。

[3] 孔繁斌:《公共性的再生产》,南京:江苏人民出版社 2008 年版。

[4] 张康之:《行政伦理的观念与视野》,北京:中国人民大学出版社 2008 年版。

[5] 张维迎:《博弈论与信息经济学》,上海:上海人民出版社 2004 年版。

[6] 胡伟:《政府过程》,杭州:浙江人民出版社 1998 年版。

[7] 朱光磊:《当代中国政府过程(修订版)》,天津:天津人民出版社 2002 年版。

[8] 俞可平:《治理与善治》,北京:社会科学文献出版社 2000 年版。

[9] 吴忠民:《走向公正的中国社会》,济南:山东人民出版社 2008 年版。

[10] 荣敬本等:《从压力型体制向民主合作体制的转变:县乡两级政治体制改革》,北京:中央编译出版社 1998 年版。

[11] 黄少安:《制度经济学研究》(第二十六辑),北京:经济科学出版社 2009 年版。

[12] 殷志静、郁奇虹等:《中国户籍制度改革》,北京:中国政法大学出版社 1996 年版。

[13] 俞德鹏:《城乡社会——从隔离走向开放》,济南:山东人民出版社 2002 年版。

[14] 张谦元、柴晓宇等:《城乡二元户籍制度改革研究》,北京:中国社会科学出版社 2012 年版。

[15] 陆益龙:《户籍制度:控制与社会差别》,北京:商务印书馆 2003 年版。

[16] 敬义嘉:《合作治理:再造公共服务的逻辑》,天津:天津人民出版社 2009 年版。

二、中文论文

[1] 黄健荣:《政策、决策及其研究》,《理论探讨》2001 年第 1 期。

[2] 黄健荣:《论现代社会之根本性和谐——基于公共管理的逻辑》,《社会科学》2009 年第 11 期。

[3] 黄健荣:《论现代政府合法性递减:成因、影响与对策》,《浙江大学学报(人文社会科学版)》2010年第9期。

[4] 郑辉、李路路:《中国城市的精英代际转化与阶层再生产》,《社会学研究》2009年第6期。

[5] 李杰、吴永辉:《我国决策模式剖析》,《社会科学研究》2006年第6期。

[6] 周黎安:《中国地方官员的晋升锦标赛模式研究》,《经济研究》2007年第7期。

[7] 李强:《改革开放30年来中国社会分层结构的变迁》,《北京社会科学》2008年第5期。

[8] 谢宇:《认识中国的不平等》,《社会》2010年第3期。

[9] 揭爱花:《单位:一种特殊的社会生活空间》,《浙江大学学报(人文社会科学版)》2000年第5期。

[10] 李路路:《再生产与统治——社会流动机制的再思考》,《社会学研究》2006年第1期。

[11] 刘小萌:《"血统论"与知青上山下乡运动》,《青年研究》1995年第2期。

[12] 李强:《政治分层与经济分层》,《社会学研究》1997年第4期。

[13] 郝铁川:《权利实现的差序格局》,《中国社会科学》2002年第5期。

[14] 竺乾威:《地方政府决策与公众参与——以怒江大坝建设为例》,《江苏行政学院学报》2007年第4期。

[15] 孙永怡:《强势利益群体对公共政策过程的渗透及其防范》,《中国行政管理》2007年第9期。

[16] 张宇燕:《利益集团与制度非中性》,《改革》1994年第2期。

[17] 朱旭峰:《政策决策转型与精英优势》,《社会学研究》2008年第2期。

[18] 周怡:《贫困研究:结构解释与文化解释的对垒》,《社会学研究》2002年第3期。

[19] 周玉:《制度排斥与再生产——当前农村社会流动的限制机制分析》,《东南学术》2006年第5期。

[20] 唐钧:《社会政策的基本目标:从克服贫困到消除社会排斥》,《江苏社会科学》2002年第4期。

[21] 吴忠民:《论机会平等》,《江海学刊》2001年第1期。

[22] 吴忠民:《公正新论》,《中国社会科学》2000年第4期。

[23] 李月军:《以行动者为中心的制度主义——基于转型政治体系的思考》,《浙江社会科学》2007年第4期。

[24] 龚向和、刘耀辉:《基本权利的国家义务体系》,《云南师范大学学报(哲学社会科学版)》2010年第1期。

[25] 陈潭:《公共性:公共政策分析的一般范式》,《湖南师范大学社会科学学报》2002

年第 4 期。

[26] 谢宇、谢建社、潘番：《教育公平视野下的异地高考新政思考》，《复旦教育论坛》2013 年第 5 期。

[27] 朱亚鹏、肖棣文：《政策企业家与社会政策创新》，《社会学研究》2014 年第 3 期。

三、译著

[1] 〔美〕加布里埃尔·A. 阿尔蒙德、小 G. 宾厄姆·鲍威尔：《比较政治学：体系、过程和政策》(曹沛霖等译)，上海：上海译文出版社 1987 年版。

[2] 〔美〕詹姆斯·E. 安德森：《公共决策》(唐亮译)，北京：华夏出版社 1990 年版。

[3] 〔美〕托马斯·R. 戴伊：《理解公共政策》(彭勃译)，北京：华夏出版社 2004 年版。

[4] 〔美〕戴维·伊斯顿：《政治体系：政治学状况研究》(马清槐译)，北京：商务印书馆 1993 年版。

[5] 〔古希腊〕亚里士多德：《政治学》(吴寿彭译)，北京：商务印书馆 1996 年版。

[6] 〔美〕约翰·罗尔斯：《正义论》(何怀宏等译)，北京：中国社会科学出版社 1988 年版。

[7] 〔美〕拉雷·N. 格斯顿：《公共政策的制定》(朱子文译)，重庆：重庆出版社 2001 年版。

[8] 〔美〕曼瑟尔·奥尔森：《集体行动的逻辑》(陈郁等译)，上海：上海三联书店、上海人民出版社 1995 年版。

[9] 〔美〕托马斯·R. 戴伊：《自上而下的政策制定》(鞠方安等译)，北京：中国人民大学出版社 2002 年版。

[10] 〔德〕哈贝马斯：《公共领域的结构转型》(曹卫东等译)，上海：上海学林出版社 1999 年版。

[11] 〔美〕迈克尔·沃尔泽：《正义诸领域：为多元主义与平等一辩》(褚松燕译)，上海：译林出版社 2002 年版。

[12] 〔美〕诺曼·杰·奥恩斯坦、雪利·埃尔德：《利益集团、院外活动和政策制定》(潘同文等译)，北京：世界知识出版社 1981 年版。

[13] 〔美〕曼瑟尔·奥尔森：《国家的兴衰：经济增长、滞胀和社会僵化》(李增刚译)，上海：上海世纪出版集团 2007 年版。

[14] 〔古希腊〕柏拉图：《理想国》(王杨译)，北京：华夏出版社 2012 年版。

四、外文著作

[1] Kenneth, L. and O. Michel, *Policy Making in China Leaders Structures and Processes*

(Princeton New Jersey:Princeton University Press, 1988).

[2] Howlett, M. and M. Ramesh, *Studying Public Policy: Policy Cycles and Policy Subsystems* (Oxford: Oxford University Press, 1995).

[3] Sabatier, P., *The Theories of the Policy Process* (Boulder: Westview Press, 1999).

[4] Hudson, J. and S. Lowe, *Understanding the Policy Process: Analyzing Welfare Policy and Practice* (Bristol: The Policy Pres, 2004).

[5] Birk, L. and A. Thomas, *An Introduction to Policy Process: Theories, Concepts, and Models of Public Policy Making* (New York: M. E. Sharpe, Inc, 2001).

五、外文论文

[1] Kabeer, N., "Social Exclusion, Poverty and Discrimination Towards an Analytical Framework," *IDS Bulletin*, Vol. 31, No. 4, 2000.

[2] Karen, W., "Unavoidable Inequalities: Some Implications for Participatory Democratic Theory," *Social Theory and Practice*, Vol. 23, No. 2, 1997.

[3] Peter, M. and D. Halpin, "Deliberative Drift: The Emergence of Deliberation in the Policy Process," *International Political Science Review*, Vol. 29, No. 2, 2008.

六、学位论文类

[1] 熊易寒:《当代中国的身份认同与政治社会化：一项基于城市农民工子女的实证研究》,复旦大学博士学位论文,2008年10月。

[2] 张玮:《城市户籍制度改革的地方实践》,华东师范大学博士学位论文,2009年4月。